中国—中东欧研究院丛书

CHINA-CEE INSTITUTE

中东欧国家 2017 年回顾和 2018 年展望

Central and Eastern European Countries:
Reviews on 2017 and Perspectives on 2018

陈新 ◎ 主编

中国社会科学出版社

图书在版编目（CIP）数据

中东欧国家2017年回顾和2018年展望/陈新主编．—北京：中国社会科学出版社，2019.9

（中国—中东欧研究院丛书）

ISBN 978 - 7 - 5203 - 5039 - 6

Ⅰ.①中⋯　Ⅱ.①陈⋯　Ⅲ.①中欧—研究　②东欧—研究　Ⅳ.①D751

中国版本图书馆CIP数据核字（2019）第196401号

出 版 人	赵剑英
责任编辑	范晨星
责任校对	闫　萃
责任印制	王　超

出　　版	中国社会科学出版社
社　　址	北京鼓楼西大街甲158号
邮　　编	100720
网　　址	http://www.csspw.cn
发 行 部	010 - 84083685
门 市 部	010 - 84029450
经　　销	新华书店及其他书店
印　　刷	北京君升印刷有限公司
装　　订	廊坊市广阳区广增装订厂
版　　次	2019年9月第1版
印　　次	2019年9月第1次印刷
开　　本	710×1000　1/16
印　　张	17.25
字　　数	212千字
定　　价	88.00元

凡购买中国社会科学出版社图书，如有质量问题请与本社营销中心联系调换

电话：010 - 84083683

版权所有　侵权必究

前　　言

本报告是中国—中东欧研究院的第一本年度国别分析报告。

中国—中东欧研究院非营利有限责任公司由中国社会科学院于2017年4月在匈牙利首都布达佩斯注册成立，是中国在欧洲首家独立注册的新型智库。中国—中东欧研究院坚持务实合作的原则，稳步而积极地寻求与中东欧国家智库合作，并以匈牙利为依托，在中东欧乃至整个欧洲开展实地调研、合作研究、联合出版、人员培训、系列讲座等学术和科研活动。

中国—中东欧研究院成立之后，联系中东欧国家的智库和高校，邀请中东欧学者参与研究，迅速建立起针对中东欧国家的国别研究网络，依据第一手的研究信息，出版了大量的原创成果，并在中国—中东欧研究院的英文网站（www. china - cee. eu）及时发布。中文信息通过"中国—中东欧研究院"微信公众号进行发布。

本报告由中东欧国家的学者们于2017年年底至2018年年初撰写而成，英文版已经第一时间在中国—中东欧研究院网站进行了发布。所有报告均为原创成果，对于我们了解中东欧国家在2017年的发展状况和对2018年的预测展望提供了很好的文献。文中表达的观点均为作者个人观点，并不代表中国—中东欧研究院的立场。

◆ 前　言

　　中文版的出版，虽然在时间上有所滞后，但考虑到这些报告所进行的分析，对于我们理解中东欧国家的内政外交仍有很大的参考价值，因此，决定予以出版。希望本报告以及随后出版的系列年度国别分析报告，在推动国内外对中东欧国家的国别研究方面成为有价值的文献。

陈　新　博士
中国—中东欧研究院执行院长、总经理
中国社会科学院欧洲研究所副所长

目　　录

上篇　2017年回顾

一　国内政治 …………………………………………（3）
　（一）波兰 ………………………………………（3）
　（二）捷克 ………………………………………（7）
　（三）罗马尼亚 …………………………………（9）
　（四）马其顿 ……………………………………（13）
　（五）塞尔维亚 …………………………………（20）
　（六）斯洛伐克 …………………………………（24）
　（七）斯洛文尼亚 ………………………………（29）
　（八）匈牙利 ……………………………………（33）

二　经济发展 …………………………………………（38）
　（一）波兰 ………………………………………（38）
　（二）捷克 ………………………………………（43）
　（三）马其顿 ……………………………………（46）
　（四）罗马尼亚 …………………………………（51）
　（五）塞尔维亚 …………………………………（55）
　（六）斯洛伐克 …………………………………（60）

目录

　　（七）斯洛文尼亚 …………………………………………（63）
　　（八）匈牙利 ………………………………………………（67）

三　社会发展 …………………………………………………（72）
　　（一）波兰 …………………………………………………（72）
　　（二）捷克 …………………………………………………（74）
　　（三）马其顿 ………………………………………………（78）
　　（四）罗马尼亚 ……………………………………………（83）
　　（五）塞尔维亚 ……………………………………………（87）
　　（六）斯洛伐克 ……………………………………………（91）
　　（七）斯洛文尼亚 …………………………………………（95）
　　（八）匈牙利 ………………………………………………（98）

四　外交关系 …………………………………………………（103）
　　（一）波兰 …………………………………………………（103）
　　（二）捷克 …………………………………………………（107）
　　（三）马其顿 ………………………………………………（112）
　　（四）罗马尼亚 ……………………………………………（118）
　　（五）塞尔维亚 ……………………………………………（123）
　　（六）斯洛伐克 ……………………………………………（127）
　　（七）斯洛文尼亚 …………………………………………（131）
　　（八）匈牙利 ………………………………………………（134）

下篇　2018年展望

五　国内政治 …………………………………………………（141）
　　（一）波兰 …………………………………………………（141）

（二）捷克 ··· (146)
　　（三）马其顿 ·· (148)
　　（四）罗马尼亚 ··· (153)
　　（五）塞尔维亚 ··· (158)
　　（六）斯洛伐克 ··· (160)
　　（七）斯洛文尼亚 ·· (164)
　　（八）匈牙利 ·· (168)

六　经济发展 ··· (173)
　　（一）波兰 ··· (173)
　　（二）捷克 ··· (177)
　　（三）马其顿 ·· (178)
　　（四）罗马尼亚 ··· (184)
　　（五）塞尔维亚 ··· (187)
　　（六）斯洛伐克 ··· (193)
　　（七）斯洛文尼亚 ·· (198)
　　（八）匈牙利 ·· (202)

七　社会发展 ··· (207)
　　（一）波兰 ··· (207)
　　（二）捷克 ··· (211)
　　（三）马其顿 ·· (211)
　　（四）罗马尼亚 ··· (216)
　　（五）塞尔维亚 ··· (220)
　　（六）斯洛伐克 ··· (224)
　　（七）斯洛文尼亚 ·· (229)

（八）匈牙利……………………………………………（232）

八　外交关系……………………………………………（237）
　（一）波兰………………………………………………（237）
　（二）捷克………………………………………………（241）
　（三）马其顿……………………………………………（242）
　（四）罗马尼亚…………………………………………（249）
　（五）塞尔维亚…………………………………………（253）
　（六）斯洛伐克…………………………………………（257）
　（七）斯洛文尼亚………………………………………（262）
　（八）匈牙利……………………………………………（266）

上篇

2017 年回顾

一 国内政治

（一）波兰

在讨论2017年波兰政治时，我们应该考虑两个问题：司法体系改革的争议以及马泰乌什·莫拉维茨基（Mateusz Morawiecki）对新旧政府组建的争议。首先应该在国内改革和欧盟内部关系的背景下进行讨论，其次是作为法律与公正党党内权力转型的重要组成部分，其志在2019年赢得新的选举。

波兰司法改革中提出的主要问题偏离了以自治为导向的框架。新设立的司法部部长任命模式受到质疑，即在获得法院大会的意见后，司法部部长将有权提名和开除波兰地方以及上诉法院法官。然后，根据修正案，司法部部长和总检察长被赋予司法系统个人提名的"超级权力"。正如政府所说，改革是朝着良好方向迈进的一步，事实上这是一项必要的和早该进行的改革，将使公民日常更容易获得司法救助。此外，法律与公正党认为波兰的法院体系与其他部分一样，仍然是政治转型的残余，应该被取消。

议会反对党认为，司法改革是将司法系统的其他部分置于法律与公正党的控制之下。正如所说的那样，这样做是为了反映政府的利益，不提供方便的、独立的法官将会被撤职。议会多数的这个决定导致舆论提出抗议。

应该注意到的是，波兰共和国总统安杰伊·杜达也对此表示担忧。反对党佐菲亚·罗马谢夫斯卡（Zofia Romaszewska）补充说，不仅仅是一个政党，司法部部长和总检察长也能在司法问题上决定波兰将发生什么。正如她所说："你不能实行独裁统治，因为你想改变的是一整套的细节。"

作为最终决定，总统决定否决法律与公正党向最高法院和国家法院登记处提交的两部法律。正如2017年7月总统办公室所表示的那样，总统将准备新的文本并将其呈送波兰议会。此外，杜达承认，在通过新法律之前，他没有被征询甚至没有收到通知。从6月底到7月初，政治气氛非常紧张。反对党和非政府组织抗议该司法改革修正案。根据警方的信息，大约有4.5万人参加了抗议游行，而游行的组织者——公民平台和保卫民主委员会在进行游行通报时说，有超过24万人参加。为了缓和紧张局势，总统办公室召集议会各方进行了磋商。

像"Justitia"这样的司法自治组织也引起了关注。根据"Justitia"提出的观点，这些司法改革违反了波兰共和国宪法［特别是第2、7—8、10、173、178—180、186（1）和187款］以及欧盟委员会制定的国际标准以及哥本哈根标准，而正因为波兰达到了这些标准才使得波兰成为欧盟成员国。

公民平台的反对党说，波兰最终可能"失去其欧盟成员资格，因为没有民主国家会希望与一个政治家对法官进行统治的国家结成联盟"。此外，欧洲理事会主席唐纳德·图斯克（Donald Tusk）认为，法律与公正党的举动违背了欧洲的价值观和标准，最终波兰面临在欧盟失去声誉的风险。图斯克说："我认为，最近的行动违背了欧洲的价值观和标准，并有可能损害我们的声誉。"

另一方面，政府试图说明，波兰进行司法改革是由于波兰的司法制度存在一些问题，通过司法改革以构建正常的、服务于人民的司法制度。右翼杂志 *Nasz Dziennik*（《我们的日记》）评论说，很明显，整个讨论是与波兰的政治斗争。正如所说的那样："背后有许多有影响力的团体和政治家，波兰将成为一个开放的、遭受外部干涉的弱国。"政府为此进一步提出了问题：为什么欧盟不对斯洛文尼亚和克罗地亚这两个成员国之间的边界争端采取立场，以及2017年10月1日在西班牙加泰罗尼亚举行的关于独立的公民投票（西班牙政府认为加泰罗尼亚独立公投是非法的）问题上采取立场？

2017年7月，欧盟委员会发表"正式通知函"，要求波兰政府在一个月内作出回应。该声明提出，欧盟委员会确定了几个可能违反欧洲法律的问题，包括"基于性别的歧视"以及司法部部长的"自由裁量权"。最大的担忧是"新规则允许司法部部长对个别普通法官施加影响"。

但除了政治辩论之外，还需要考虑波兰司法制度的现实。第一，根据调查，48%的波兰人认为，拘留时间是波兰司法存在的最重要的三个问题之一。第二，任命和提拔法官的程序，威胁到司法独立。只有35%经过欧洲司法委员会网络审查的法官表示，在波兰要想获得提升还要经过实质性的考核标准。此外，经过欧洲司法委员会网络审查的48%的法官认为，在波兰，法院领导施加压力，要求他们在特定时间对具体事项作出裁决。此外，13%的法官承认，他们必须根据同等水平法官的指导原则进行裁决。第三，主管法院的权利受到威胁。根据民法进行分配时，没有透明和客观的程序，经过欧洲司法委员会网络审查的法官中有7%承认，向法官转交案件时，他们知道以某种方式可以影响案件的结果。第四，法律援助使用不足，波兰基金会法庭观察的志愿者看到，每四个人中就有一个在法庭上没有专业代表或辩护人。正如调查所说，在波兰，需要法律帮助的人中只有1.3%的人能够得到法律援助。

2017年第二个重要问题是总理的变动，正如在议会投票后政府所发生的变化那样。议会成员投票反对政府的动议，政府的动议被拒绝。虽然他们知道，他们将这个问题提交议会上届会议时没能得到议会多数的同意。议会共239名成员投票，168名议员同意，17名议员投弃权票。

投票后几小时，前总理贝娅塔·希德沃（Beata Szydlo）被要求辞职。一个有趣的问题是，这个消息不是在总理办公室发布的，而是在法律和公正党总部。

为了更为详细地理解这一事件，我们需要讨论雅罗斯瓦夫·卡钦斯基（Jaroslaw Kaczynski）作出的决定，其中至少有几个观点需要关注。第一个观点，卡钦斯基认为贝娅塔·希德沃政府是无效的，前总理没有平息部长之间的冲突，其中大部分冲突被提交给卡钦斯基，要求他来解决。第二个观点是，莫拉维茨基在银行业务方面的职业生涯使他更能胜任总理的职能。应该考虑的还有莫拉维茨基对波兰经济和公共财政的未来有远见卓识，并且证明了他作为发展和财政部部长的能力。此外，作为一个相对"新角色"，他不被视为对现任法律与公正党领导人构成威胁，甚至可能被视为该党的未来领袖。莫拉维茨基被认为是非常善于平衡的人，甚至是技术专家。有了这种立场，他可以在法律与公正党内平衡各派别。值得一提的是，雅罗斯瓦夫·卡钦斯基在谈到国际政治时，预计新成立的政府将缓解由贝娅塔·希德沃政府所造成的波兰与欧盟、法国和德国之间的紧张局势。除了上述因素外，莫拉维茨基还将重塑政府形象，并将获得商界更多的信任。不用说，莫拉维茨基在法律与公正党中没有得到最右翼的支持,从这个角度来看,2019年即将举行的选举可能会赢得更多的中间派选民支持。

总之,2017年关于司法改革的辩论成为波兰政治的焦点。波兰日益增加的社会民主和自由问题引起了欧盟的关注。但是,这不应该仅仅被理解为波兰的情况,而应该被理解为欧盟未来的一部分。分界线是建立像马丁·舒尔茨(Martin Schulz,德国)这样的社会民主党人一样,呼吁建立更紧密的联邦联盟,还是建立更保守的联盟,即把欧盟看作只是经济区域而没有进一步的政治整合。

另一个重要问题是任命新总理莫拉维茨基。虽然上面讨论了对决定的看法,但还是应特别提出这个问题。选择莫拉维茨基作为波兰新总理应该被理解为未来波兰是以经济为导向。2019年赢得选举可能不是一个简单的问题。拥有银行业丰富经验的莫拉维茨基适合这个计划。从这个角度来看,莫拉维茨基总理将加强国家在经济中的作用,继续执行前政府的社会政策,还应该指出的是这将缓解与欧盟的紧张关系。(罗兹大学亚洲研究中心多米尼克·米耶尔泽耶夫斯基撰写)

(二)捷克

自2014年1月以来,捷克共和国由最大党派捷克社会民主党(CSSD)领导的中左联盟,即两个联合党派("ANO 2011"运动和基督教民主联盟—捷克斯洛伐克人民党,KDU-CSL)执政。2017年5月,财政部部长安德烈·巴比什(Andrej Babiš)因被怀疑逃税而接受调查,政府爆发危机。

2017年10月20—21日,捷克举行大选,由中间派的"ANO

2011"运动获胜，击败传统和最大的中左翼和中右翼，在拥有200名成员的下议院占78个席位，与2013年大选相比，增加了31个席位。由彼得·菲亚拉（Petr Fiala）领导的右翼党派公民民主党以11.32%的选票获得第二名。这次选举的特点是，捷克共和国政治左翼空前崩溃，特别是社会民主党和捷克和摩拉维亚共产党（KSCM）（见表1-1）。另外，还有新的党派首次强势进入议会。由伊万·巴托斯（Ivan Bartoš）领导的中左翼自由派党——海盗党，获得了10.79%的选票，并在选举中获得了第三名。自由和直接民主党（SPD）是由冈村富夫领导的一个民族主义且颇为民粹主义的右翼政党，赢得了10.64%的选票。大选结束后，众议院由9个党派的代表构成，派别非常分散。

"ANO 2011"运动也是捷克共和国最新的政治党派之一，其受欢迎的领导人安德烈·巴比什①（Andrej Babiš）于2017年12月被正式任命为总理。2018年1月，众议院对新政府进行了信任投票。总理巴比什第一次失去了信任投票（只有78名"ANO 2011"运动国会议员投票支持少数派政府），其实，这早已在意料之中，主要原因一是由于其无法找到联盟合作伙伴，二是正在对他进行欺诈调查，巴比什一直否认对他的所有指控。巴比什在同一时间被剥夺了豁免权，允许警方调查他的补贴欺诈行为。不过，巴比什一再否认对他的指控。

尽管大选结束后政府结构尚未完善，但捷克经济始终稳定而且增长强劲，捷克议会通过了"ANO 2011"运动领导的新的少数派政府提交的重要法律。2017年12月21日，议会通过了2018年的

---

① 安德烈·巴比什先生是最富有的捷克人之一，创立了爱格富（Agrofert）集团，这是捷克最大的农业、食品和化学品控股公司。他从2014年1月至2017年5月担任捷克共和国财政部部长。在他任职期间，安德烈·巴比什采取了一些有争议的政策，如2016年实行电子货物和服务现金销售记录（EET）。

一 国内政治

国家预算法案（2018年预算收入为1.3135万亿捷克克朗，支出为1.3645万亿捷克克朗）。（布拉格经济大学国际关系学院亚洲研究中心祖赞娜·斯杜赫丽科娃撰写）

表1-1　　　　　　　　　　2017年参选党派

党派	赢得票数（万票）	比重（%）	席位数（席）
"ANO 2011"运动	150.0113	29.64	78
公民民主党（ODS）	57.2962	11.32	25
海盗党（P）	546393	10.79	22
自由和直接民主党（SPD）	53.8547	10.64	22
捷克和摩拉维亚共产党（KSCM）	39.3100	7.76	15
社会民主党（CSSD）	36.8347	7.27	15
基督教民主联盟—捷克斯洛伐克人民党（KDU-CSL）	29.3643	5.80	11
"TOP09"党	26.8811	5.31	6
市长和独立党（STAN）	26.2157	5.18	6
其他	34.6992	6.29	0

注：2017年10月20—21日捷克共和国议会大选投票率为60.84%。

资料来源：The European Elections Monitor, http://www.robert-schuman.eu/en/eem/1735-andrej-babis-s-party-ano-wins-the-czech-elections.

（三）罗马尼亚

罗马尼亚2017年的政治事件可以放在一个二维框架中：即2017年年中的政治危机，这个危机随着总理的变动，甚至是最初提出的政党以及司法改革的变化而开始。因此，2016年选举之后非常需要的平静状态（有利于经济建设、可持续发展）被政治舞台上的不断斗争激化。政治从对经济改善的迫切需求转向对政治决策的关注。

1. 6月政治危机

社会民主党（PSD）在2016年12月获得议会选举胜利并获得两院议会中的相对多数之后，其任务是提出首相人选。因此，2017年1月4日至6月29日，政府由索林·格林代亚努（Sorin Grindeanu）领导，他得到社会民主党和自由民主党执政联盟的政治支持。

在对待司法改革方式问题上，新成立的政府抵制了反对派于2008年2月发起的谴责行动。2017年1月31日，政府通过了"第13号紧急条例"，修订和补充刑法第286/2009号法律、刑事诉讼法第135/2010号法律。这两项法律规定的是针对与大赦和赦免有关的几个问题。紧急条例通过了专门为消除某些政治人物背负的刑事指控以及减轻腐败行为的量刑，紧急条例的通过导致在布加勒斯特和罗马尼亚其他重要城市发生了大规模的抗议活动。公民的这种压力的结果是废除了"第13号紧急条例"。

5月底，社会民主党领导人利维乌·德拉内纳（Liviu Dragnea）与总理格林代雅努之间的关系变得紧张起来。虽然原因尚不完全清楚，但总理被指责在决策过程中与部长们缺乏磋商。在同一时期，尽管当时欧盟官方统计数据显示罗马尼亚2017年第一季度的经济增长率在欧盟最高，但对政府治理的评估似乎给政府的活动带来了负面影响，并要求其进行整改。此后不久就发生了政治危机。社会民主党领导人利维乌·德拉内纳多次要求总理辞职，但每次总理都拒绝这样做。结果，社会民主党和自由民主党执政联盟收回对政府的政治支持，因此，除总理和交通部部长外，所有部长都已辞职。

执政联盟为解散自己组建的政府所做的努力变得相当困难。总理拒绝辞职，执政联盟只能以一种不光彩的方式解决，以实现自己的目标，社会民主党和自由民主党执政联盟需要通过议会的多数投票让总理辞职。因此，在执政联盟——社会民主党和自由民主党提出的要求总理辞职的动议之后的第175天，索林·格林代亚努下台。

执政联盟在6月成功地做到了反对党于2月没有做到的事——让格林代亚努总理辞职。此外，前总理也被排除在社会民主党之外。考虑到执政联盟内部近一个月的争端，在略微的拖延之后，社会民主党和自由民主党执政联盟设法找到了继续其政治合作的途径，任命了社会民主党成员米哈伊·图多塞（Mihai Tudose）担任政府总理。此外，图多塞政府的16位部长也曾经是格林代亚努政府的部长。

政治危机的主要风险是政府的行动放缓，这也可能阻碍投资项目。在那段时期，国家的资本支出处于非常低的水平。不幸的是，即使有稳定的政府，这一情况在随后新政府上台后的改善进展也微乎其微。很少有投资项目启动，而基础设施、教育或健康方面的主要融资需求仍然难以解决。

2. 争取通过三项主要司法法律的波折

对于罗马尼亚来说，2017年似乎以其开始的相同方式结束：涉及司法改革的抗议爆发。

对司法改革的努力始于2017年年初，当时大赦和赦免法被纳入公共议程。公众的注意力放在该项目的速度上，无论是提交还是采纳，速度非常快。该项司法改革导致所有正在进行的不能大赦的罪行的司法程序和调查停止。立法的变化被解释为减轻政治阶层中腐败分子量刑的措施。

政府于2017年1月18日首次尝试通过这些措施，但由于总统克劳斯·约翰尼斯（Klaus Iohannis）在应该通过立法改革的政府会议上出现意外事件，因此未能成功。罗马尼亚主要城市发生了几起大规模的抗议活动，以敦促政府完全放弃改变法律条款。尽管如此，政府还是在讨论经济举措的借口下，于1月31日晚安排了一次不一般的会议。会议通过了"第13号紧急条例"，修订和补充刑法第286/2009号、刑事诉讼法第135/2010号法律。当然，这个决定宣布之后，从那天晚上开始导致全国的一系列抗议活动。简而言之，"第13号紧急条例"规定公职人员滥用职权罪涉案金额不足20万列伊，将不被追究刑事责任；如超过20万列伊，量刑将从2—7年减少至6个月到3年；删除有关玩忽职守罪的条款；等等。由于紧急条例将在10天内生效，抗议活动每天举行，这是自1989年剧变以来最大规模的抗议活动。5天后，政府颁布了"第14号紧急条例"，废除了"第13号紧急条例"，司法部部长提出辞职，结束了几个月的抗议活动。

2017年8月，新司法部部长再次宣布对法律条款进行若干修改后，局势又一次升级。同样，政府急于尽快颁布这些标准而不是遵循正常的立法程序，取得了主要相关机构和有影响机构的同意或进行影响研究，引发了与1月类似的情况。此外，国际机构的建议要么被罗马尼亚政府忽视，要么就是根本没有预料到（如威尼斯委员会的建议）。这些法律条款的改变将引起司法的政治化，并因为其公正性受到质疑而对司法系统中的人力资源造成压力。

罗马尼亚有三项主要法律将要改变：关于法官和检察官地位的第303/2004号法律，关于司法组织的第304/2004号法律以及关于高等治安官、法官的组织和运作的第317/2004号法律。这些法律文件于2017年10月31日在众议院登记，目的是在议会的紧急程序中获得批准。尽管新一轮反对通过这些法律的抗议活动已在进行，但政府联盟似乎决心在2017年年底前通过这些法律。

2017年11月27日，美国国务院发布了一份新闻声明，表达了对罗马尼亚局势的担忧，因为罗马尼亚所设计的立法"可能会破坏反腐败行动和削弱司法独立"，同时威胁到"罗马尼亚最近在建立强有力的司法机构、防止政治干预方面所取得的进步"。罗马尼亚司法部部长在国家和国际司法改革持续对话框架内，于2017年12月与欧盟国家、美国和加拿大的几位驻罗马尼亚大使举行会议。会议重申坚决要求罗马尼亚继续在加强法治、司法独立和反腐败斗争方面的努力。大使们强调，罗马尼亚应该为完成欧盟合作与核查机制下的目标创造必要的框架，并避免任何可能危及这一目标的决定。会议强调与所有利益相关者进行广泛和公开磋商的重要性，包括威尼斯委员会关于司法改革某些基本方面的意见。

目前，这些法律及其修正案正在议会讨论，其中一部分已经由众议院通过，另一部分正在特别议会司法委员会讨论，然后法案将被送到两院的全体会议，随后颁布。鉴于社会民主党和自由民主党执政联盟在议会中已经占多数，这些法律的通过会受到政治的影响。预计未来会出现新的情况。（罗马尼亚科学院奥阿娜·克里斯蒂娜·波波维奇撰写）

（四）马其顿

马其顿内部革命组织民族统一民主党（VMRO-DPMNE）长达11年的统治导致旷日持久的政治危机，使马其顿濒临崩溃，造成权力和平过渡的重大延误以及发生了大量戏剧性事件，2017年是终于看到马其顿国家掌舵人转换的第二年。经历了长时间的抗议，选举结果的不明确，种族冲突的传言，无法组建政府，对司法的妨碍，以及政治家和记者在议会的暴力袭击事件（4月27日事件），最终，2017年夏季，由马其顿社会民主联盟（SDSM）的佐兰·扎埃夫（Zoran Zaev）领导的新政府宣誓就职。2017年10月，马其顿社会民主联盟赢得了地方选举，在各个层面取代了马其顿内部革命组织民族统一民主党。到2017年12月，逮捕了马其顿内部革命组织民族统一民主党的高官以及与4月27日事件相关的党派的支持者，而马其顿内部革命组织民族统一民主党的长期领导人尼古拉·格鲁埃夫斯基（Nikola Gruevski）暗示很快辞去党的领导职务。简而言之，在不到一年的时间里，马其顿经历了政治格局的彻底变化。鉴于马其顿内部革命组织民族统一民主党的统治具有许多专制性质，并且从他们手中夺取权力具有许多"颜色革命"的特征，很多人认为马其顿的政治变化近似于"政权更迭"。然而，这些仅仅是政府人员方面的变化，还是新的马其顿社会民主联盟主导的政府实现其长期设想的进行实质性政治改革的理想，仍有待观察。

然而，要理解马其顿政治的前景，我们首先需要了解该国发生的事情。这绝非易事。其中一个障碍是政治和社会的分化。在危机期间，马其顿成为一个两极分化的社会，即马其顿社会民主联盟和马其顿内部革命组织民族统一民主党之间的二元逻辑极大地影响了人们对政治发展的理解方式。因此，这份报告试图解构两个极端，并就马其顿的变革轨迹提供客观的报道。

1. 政治变革如何发生

历史是由胜利者书写的。在马其顿政治变革的背景下，这意味着由马其顿社会民主联盟领导的新执政联盟已经获得了话语权，并进行了政治变革的铺垫工作。这一变革计划如下：在格鲁埃夫斯基统治下的马其顿内部革命组织民族统一民主党所制定的规则制造了很多违法行为，因此，马其顿内部革命组织民族统一民主党应受到严厉的惩罚，而马其顿社会民主联盟实施了这种惩罚。根据官方的叙述，由于马其顿社会民主联盟报道了泄露的窃听报告，揭露了马其顿内部革命组织民族统一民主党的不法行为，并且由于马其顿社会民主联盟的开放态度，接纳了其他一些政治上重要的社会人物和团体，马其顿社会民主联盟逐渐成功地推翻了当时的政权，没有导致重大的暴力或伤亡。正如现政府许多新任命的公共关系部门的政府官员所说的那样："我们设法只用一支钢笔打败了马其顿内部革命组织民族统一民主党政权。"马其顿社会民主联盟的领导人和其他高级官员在 2017 年 4 月 27 日遭到残酷袭击，这些领导人和官员的表现被视为一种英雄主义，也坚定了他们在改革过程中采取高水平道德底线的决心。

失败者通常抱怨犯规。马其顿内部革命组织民族统一民主党在长期危机期间和权力被取代后抱怨道，马其顿社会民主联盟与外国特务相勾结进行窃听，并且与阿尔巴尼亚人和邻国合谋非法推翻马其顿内部革命组织民族统一民主党政府，作为交换做出了巨大的让步，并为国家崩溃铺平了道路。他们认为，马其顿社会民主联盟在 4 月 27 日引发了公众的愤怒，非法选举前人民军指挥官塔拉特·贾菲里（Talat Xhaferi）为议会议长，这一举措才使新政府得以掌权（贾菲里曾担任马其顿内部革命组织民族统一民主党政府期间执政联盟的部长，但该党却削弱了他们的联盟）。

但是，要正确理解马其顿政权的变化，需要了解两种情况。特别是，虽然有确凿的证据显示，政治危机的核心原因确实是马其顿内部革命组织民族统一民主党的腐败，但动员公众的不满情绪对于马其顿政权变化的影响有限。事实上，结束马其顿内部革命组织民族统一民主党"体制"的是最大的阿尔巴尼亚党阿尔巴尼亚族融合民主联盟（DUI）拒绝与他们保持联盟以及外部因素施加的政治压力：美国和欧盟。马其顿内部革命组织民族统一民主党和格奥尔盖·伊万诺夫（Gjorge Ivanov）总统的行为加剧了这种情况，格奥尔盖·伊万诺夫事实上催化了政治的变革。

尽管对马其顿社会民主联盟的支持进一步增强，但2016年12月该党没有赢得议会选举。也许是因为马其顿内部革命组织民族统一民主党仍然可以自己利用国家机构的优势，但也许是因为在政治危机期间，马其顿社会民主联盟选择"两党之间的斗争"的策略，而不是公众所期望的"反腐败政治人物"，导致支持力度低于预期。然而，虽然赢得了最多的选票，但马其顿内部革命组织民族统一民主党仍需恢复与阿尔巴尼亚族融合民主联盟构成联盟以组建政府。而阿尔巴尼亚族融合民主联盟利用政治僵局，与更小的阿尔巴尼亚民族党派一起推动阿尔巴尼亚族人享有更多的权利，以此作为组建联盟的先决条件，同时也开始逐渐接受反腐败和法治的诉求，尽管阿尔巴尼亚族融合民主联盟官员也有腐败传闻。据信格鲁夫斯基终于就民族问题达成了一致，但却在反腐问题上陷入困境。无论哪种方式都无法与阿尔巴尼亚族融合民主联盟达成协议，格鲁埃夫斯基无法获得议会至少50% + 1的选票。

根据宪法，在这种情况下，组建政府的任务应该马上落在选举中的亚军的头上，即马其顿社会民主联盟的领导人扎埃夫。据信扎埃夫已经与阿尔巴尼亚族融合民主联盟谈判达成协议。然而，马其顿总统伊万诺夫（负责授权）滥用权力而不是尊重宪法，在将组阁权转交给马其顿社会民主联盟时大大推迟了这一转交过程，导致了危机的加深。与此同时，当时的议会议长特拉伊科·韦利亚诺斯基（Trajko Veljanovski）在几个月内延长了新议会的组建会议时间，目的是阻止扎埃夫投票否决伊万诺夫和投票允许组建新

一　国内政治

政府。格鲁埃夫斯基和马其顿内部革命组织民族统一民主党采用越来越民族主义的言论，并推动马其顿民族主义运动的兴起。这最终导致4月27日由马其顿内部革命组织民族统一民主党内部及与该党有关的人士策划的事件，阻挠新政府的组建。

2017年4月27日，马其顿社会民主联盟和阿尔巴尼亚族融合民主联盟的议会多数确实违反了议会的规则，以便选举一位新的议长，为新政府进行投票铺平了道路，因为议会多数党代表绕开了正式程序。在议会过道举行的一个非常规的程序中（该阶段被马其顿内部革命组织民族统一民主党的代表阻止），议会多数选举阿尔巴尼亚族融合民主联盟的贾菲里为新议会议长。除了程序的法律难题之外，选举贾菲里还是有争议的，因为他是前马其顿军队逃兵，于2001年成为人民军军官，后来成为马其顿内部革命组织民族统一民主党政府的国防部部长。议会多数认为贾菲里的行为构成叛国，但这一判决遭到由马其顿内部革命组织民族统一民主党所支持的民族主义运动的猛烈抨击。据称，进入议会的人中有安全机构的成员。戴着面具的人袭击了扎埃夫和议会多数的其他代表，其中一些袭击事件被认为是谋杀未遂。然而，暴力事件导致人们对马其顿内部革命组织民族统一民主党产生了严重抵制，使得正当的政权更替更加迅速。

然而，如果没有国际社会，危机的解决也是不可能的。首先，在两年的政治危机期间，欧盟和美国的代表是政治对话的调解人，并且发表了战略文件，这些文件仍然指导着权力转移的进程。其次，贾菲里作为议长的争议性选举，立即被国际社会承认为是合法的，使所有反对意见都销声匿迹。最后，4月27日之后，国际社会对伊万诺夫总统施加了强大的外部政治压力，使他无法阻挠新政府实现组建。参与政权更迭过程的唯一外部争夺者是俄罗斯，然而，在某种程度上，它也承认新政府是合法的。

所有这些表明，虽然马其顿社会民主联盟的努力和大众动员在驱逐马其顿内部革命组织民族统一民主党的腐败政府方面发挥了重要作用，但它们还不够。在这一天结束时，决定性因素是阿尔巴尼亚族融合民主联盟的转变以及来自国际社会的压力，首先是欧盟和美国。

2. 是否（以及如何）在2017年改变马其顿？

2017年马其顿政治转型的方式和程度如何？马其顿社会民主联盟提出的官方叙述是，随着政治变化，"格鲁埃夫斯基"时代的结束已经最终完成。新政府将自己描绘成是由自由战士和虔诚的自由民主人士组成，并且在民族上比过去的政府更具包容性。另一方面，马其顿内部革命组织民族统一民主党则指责马其顿社会民主联盟是为外国势力和叛国者服务的国家叛徒，并将尽一切努力安抚阿族民族主义。

然而，由马其顿社会民主联盟政府的组成可以看出，这是一个非常复杂的联盟。两位最有影响力的人物，扎埃夫总理和安久舍夫（Angjushev）副总理都是拥有巨大经济实力的大亨。后者据说代表了一个更大的商业集团，过去与马其顿内部革命组织民族统一民主党有着良好的合作关系，现在转到了另一方。扎埃夫还与来自马其顿内部革命组织民族统一民主党及其相关的许多前高级人物改善了关系。最后，如果扎埃夫没有获得最大的阿尔巴尼亚党阿尔巴尼亚族融合民主联盟的支持，那么这个权力的转移就不可能实现，阿尔巴尼亚族融合民主联盟与格鲁埃夫斯基和马其顿内部革命组织民族统一民主党已经有8年的合作时间，他们是关键的合作伙伴，虽然该党原先受到谴责，但现在恢复了其作为政权重要部分的地位。而这一点也使马其顿内部革命组织民族统一民主党声称，扎埃夫与阿尔巴尼亚族融合民主联盟的合作是服务于阿尔巴尼亚民族主义的，扎埃夫只是继续他的前任的做法。

在政治改革和公众反应方面，人们可能会再次看到，除了两个极端（马其顿社会民主联盟认为是用西方"自由民主"的统治取代马其顿内部革命组织民族统一民主党的威权主义，而马其顿内部革命组织民族统一民主党认为对方是用背信弃义取代爱国主义）之外，更现实的描述是，在马其顿社会民主联盟执政下，马其顿的变化主要在于政府的言论，而在实践中可以看到仍然具有延续性。例如，马其顿社会民主联盟批评马其顿内部革命组织民族统一民主党依赖于一个庞大的"宣传机器"，但扎埃夫政府的标志是公共关系部门的改造，由新的政府部门进行宣传（所谓的由公众组建的"真相部"），一些社会活动家作为公共关系官员得到聘用，延续了两极分化的政治言论。在第一次执政期间，扎埃夫和马其顿社会民主联盟必须注意到，所有的合作伙伴都因其对公职的忠诚（或感激），使政治利益优先于治理。例如，尽管马其顿正面临公共卫生危机，但政府仍未能就任命新的卫生部部长达成一致意见，因为在地方选举后，老部长成为市长，而联盟中的权力平衡改变了。

同时，虽然马其顿社会民主联盟提出了一个坚定的亲欧盟立场（并在政治上得到了欧盟的充分政治支持），但它的许多设想中的改革停滞不前（为此它也受到了欧盟的批评），最显著的是它没有改变马其顿内部革命组织民族统一民主党在关键领域（如监督）制定的许多有争议的法律。其新任命的官员已经存在某些不道德的做法，并且也有腐败的迹象。另外，马其顿社会民主联盟继承了一个精心设计的、具有强制和榨取性质的国家机构的网络，它也继续以疏远大部分人的方式进行统治（即经常以对酒吧和餐馆进行财务检查或其他类型的检查为借口行事）。从这个意义上讲，虽然进行了一系列综合改革，但马其顿社会民主联盟的规则仍然是"一切照旧"。

在权力转型的过程中，马其顿内部革命组织民族统一民主党在其前支持者眼中消失的速度比任何人都想象得要快。虽然仍然是第二大政党，但马其顿内部革命组织民族统一民主党处于内部混乱状态，越来越多的官员因贪污被指控起诉。尼古拉·格鲁埃夫斯基现在每隔几天就会去一次法院，因为他受到无数案件的指控，因此大大失去了公众的支持。在针对与4月27日事件有关的逮捕行动所举行的抗议活动中，马其顿内部革命组织民族统一民主党试图吸引小众人群。格鲁埃夫斯基暗示他很快会辞去党派领导人的职务，这将是马其顿内部革命组织民族统一民主党时代的结束。同时，这一变化也使得马其顿社会民主联盟成为长期内无可匹敌的政治力量。（阿纳斯塔斯·范吉利撰写）

（五）塞尔维亚

2017年塞尔维亚的主要政治事件是总统选举，关键的政治进程是发起了"科索沃内部对话"。

1. 总统选举

塞尔维亚总统选举于2017年4月2日举行，武契奇在第一轮中赢了其他候选人，赢得201.2788万票（54.34%）。选举结果证实了武契奇是塞尔维亚无可争议的领导人和最具说服力的政治权威人士。然而，尽管取得了胜利，武契奇也面临诸多挑战。

首先，他不允许前总统托米斯拉夫·尼科利奇（Tomislav Nikolić）代表执政党竞选，可能是因为他认为尼科利奇在第一轮不能取得胜利。这给武契奇与尼科利奇的关系带来了不利的后果，可能会给刚刚上台的执政党（塞尔维亚进步党）带来问题。

其次，虽然反对派被令人信服地击败，但两名候选人萨沙·扬科维奇（Saša Janković）和武克·耶雷米奇（Vuk Jeremić）利用这一运动将自己展现给国人，显示他们将是未来新的政治领导人。他们部分地取得了成功，并在选举后立即组建了自己的政党。新的反对势力正在出现，这对目前的执政结构来说是一个挑战。

最后，在选举中，具有讽刺意味的是，卢卡·马克斯莫维奇（Luka Maksimović）（以9.43%的选票获得第三名）取得了令人难以置信的成功，这对政治家和现在的政治制度是个挑战。这揭示了政治制度危机的开始。这是一个标志，表明公民厌倦了当前的传统政党，而且有很多可供选择的意识形态和政治运动空间。新反对派领导人的出现和"反对制度"的公民的抗议性投票都表明，在这次选举中，武契奇和他的塞尔维亚进步党在下一次选举中将面临更加困难的局面。还应该强调的是，选举之后，4月3日至5月31日塞尔维亚的街头出现抗议活动。这些活动都由非政府部门的代表们领导，质疑选举结果，并辩称选举的条件是不确定的。这些抗议本身并没有留下长期的后果，但这些行动表明，塞尔维亚社会正走向两极分化（"赞成"和"反对"武契奇），这对政治和国家的整体稳定都不利。

2. 启动"科索沃内部对话"

总统大选结束后，亚历山大·武契奇于2017年7月18日访问美国，与美国副总统迈克尔·彭斯（Michael Pens）进行了会谈，并在返回塞尔维亚后发起了所谓的"科索沃内部对话"。这一政治进程标志着2017年是属于塞尔维亚内部政治层面的一年，因为这是影响到如何回答其他一系列问题的关键。

塞尔维亚总统宣布在一个私营的、富有表现力的亲西方日报上发起对话，并发表一系列文章来解释塞尔维亚在科索沃问题上新的让步。实际上，2007年，在联合国秘书长主持的关于科索沃未来地位谈判期间，德国外交官沃尔夫冈·伊辛格（Volfgang Ischinger）提出了一个计划，此计划提出，塞尔维亚和科索沃应该像冷战时期的西德和东德一样建立关系（所谓的伊辛格计划）。在实践中，这意味着塞尔维亚不需要正式承认科索沃独立，但它也不会反对科索沃加入联合国和其他国际组织。这样一来，科索沃在国际关系中的地位事实上是合法的并将逐渐合法化（西方专家认为，除非塞尔维亚直接要求，否则很难预料俄罗斯会否决科索沃加入联合国）。这是美国和欧洲主要国家的立场，整个塞尔维亚的欧盟一体化进程受到这一举措的制约。

欧盟委员会2018年2月宣布向塞尔维亚打开大门，将其纳入加入欧盟的"加速路径"，与此问题密切相关的是在2019年年底前通过伊辛格计划。根据欧盟官员的分析，这种"加速路径"意味着在2025年之前接受塞尔维亚成为欧盟正式成员。

组织"科索沃内部对话"也是为了这一目标而进行导向宣传。然而，早在2017年8月和9月，来自不同领域的知识分子和专家就武契奇总统的文章提出了许多消极的回应。普遍的看法是，塞尔维亚不应该做出任何进一步的让步，但它应该要求国际社会尊重迄今为止签署的协议。塞尔维亚东正教教会和塞尔维亚科学院的一些学者处于这一立场的最前沿。因此，执政党试图为伊辛格计划提供两种替代的解决方案。首先，塞尔维亚外交部部长提出了一项关于科索沃分裂的提案（将科索沃北部划出并纳入塞尔维亚，承认其余部分为独立国家），其次是由弗拉丹·库特列希奇（Vladan Kutlešić）教授提出的联合提案，即塞尔维亚和科索沃组成

一 国内政治

一个实际的联盟。这两项提案都得到了武契奇的公开赞扬,给人的印象是两项提案都符合他与科索沃阿族人达成妥协的想法。

但是,这两项提案都被阿尔巴尼亚人以及美国和欧盟的代表拒绝。也就是说,在2006年由马尔蒂·阿赫蒂萨里(Martti Ahtisaari)领导的寻求解决科索沃地位问题的谈判中已经制定了西方国家严格遵守的"解决办法"的原则:不分割科索沃,不回到1999年的状况以及科索沃不加入另一个国家(即阿尔巴尼亚)。没有迹象表明这个原则可以改变,所以塞尔维亚所设想的两项替代方案都没有被认真考虑。因此,"科索沃内部对话"是一次失败的尝试,这一过程只能使"伊辛格计划"在塞尔维亚公众中逐渐合法化,仅此而已。这就是为什么许多美国和欧盟官员欢迎这一进程的启动。西方国家的期望是,这一进程将于2018年结束,方式是塞尔维亚将同意科索沃加入所有国际机构。科索沃阿尔巴尼亚人的领导人之一,贝赫杰特·帕乔利(Bexhet Pacolli)表示他们不希望得到塞尔维亚的正式承认,塞尔维亚不干涉就足够了。

作为回报,塞尔维亚应该得到一条"加速通往欧盟的道路"。但是,正如已经提到的那样,这样的结果对于无数个人、政党(议会政党"Dveri"和塞尔维亚民主党公开提出反对这一点,其余的反对党抵制"内部对话")以及其他机构是不可接受的。另外,根据2017年12月的民意调查,公民不会支持:38%的塞尔维亚人赞成塞尔维亚加入欧盟,35%的人反对,其余的人未作出决定。一方面,这是对欧盟信任度的一个严重下降,而另一方面,如果以直接题问的形式提出,即"加入欧盟意味着放弃科索沃,你怎么看?"塞尔维亚人对此的回答将使对欧盟的不信任将更加严重。

此外,值得注意的是,伴随着对欧盟不信任度的增加,对俄罗斯的信任度日益增加,同时塞尔维亚人支持与中国进行更深入和更全面的合作。2017年越来越多的态势表明，真正的欧盟成员国的替代方案是与俄罗斯（基于众多双边协议）和中国（在"一带一路"倡议框架内）加强合作，塞尔维亚应该不接受"伊辛格计划"及其带来的后果。最主要的直接后果是科索沃明确加入北约。也就是说，一旦科索沃成为联合国的一员，没有任何事会阻碍其加入北约。在这种情况下，军事上的中立不再能够得到捍卫，因为塞尔维亚的地缘政治形势将发生巨大变化。也就是说，塞尔维亚本身也会被迫加入北约。这将破坏与俄罗斯和中国的关系，在多极世界中，俄罗斯和中国明确表明他们有意在政治上支持塞尔维亚。

从根本上来说，"内部对话"所阐述的立场将决定在所有其他问题上的立场：对欧盟、北约、俄罗斯和中国的态度以及地区政治等问题。总统选举后的几周表明，对于武契奇总统所提出的计划，塞尔维亚社会进入了两极化时期。"解决科索沃问题"的另一个两极分化越来越明显，即进一步捍卫科索沃，反对在此事上倒退。这个过程肯定会在2018年更加明显，2019年也会继续这一趋势。（贝尔格莱德世界政治与经济研究所撰写）

（六）斯洛伐克

斯洛伐克共和国首次成功担任欧盟委员会轮值主席国，所有的国家机构都评估了其担任轮值主席国的表现，2017年年初的国内政治发展相对缓慢。

总之，这一年发生了几个重大事件，这几件大事在国内引起巨大反响，它们影响了现任政府，也标志着社会对国家发展的感受和看法。

在这几件最重要的事件中，我们首先选择了与目前斯洛伐克联合政府，即社会民主—方向党（SMER）、斯洛伐克民族党（SNS）和桥党（MOST-HÍD）的稳定性有关的事件，这些事件可以看出政府面临着最重要的抉择。第二个事件与正在进行的该国腐败问题的讨论和案例有关，其中包括学生们组织的反腐败抗议活动，以及特别法庭对两位前任部长的判决。第三个事件与地方选举有关，这一地方选举为更高一级的选举带来了一些惊喜和冲击。这个问题与第四个问题有关，那就是全国日益泛滥的极端主义和年轻一代对非西方民主体制的膜拜。最后一个问题与20世纪90年代后半期斯洛伐克政府中存在的政治代表滥用政治权力的丑闻有关。

1. 执政联盟的稳定

目前的政府由三个政党联合执政，社会民主—方向党是由总理罗伯特·菲乔（Robert Fico）领导的最强大党派，由安德雷·丹科（Andrej Danko）领导的斯洛伐克民族党担任全国委员会主席（议长），最后一个政党是桥党，这是一个匈牙利族党派，有几位经验丰富的（和非匈牙利族）政治家。

一般来说，斯洛伐克的联合政府是根据签署的协议，各方进行谈判而组成的，当时各方就国家内部的职位分工以及四年联合执政期内的计划达成一致。这些决定事实上由联合委员会通过，该联合委员会定期举行会议，讨论联盟各方的立场以及国家委员会议程或某个部长的提案。

目前的政府看起来似乎相当脆弱，政府内部各党派之间持续存在的分歧从来没有公开过，但却影响了执政联盟各方的关系。其中一些分歧导致斯洛伐克民族党主席安德雷·丹科于2017年夏季放弃联盟协议，他不同意政府的一些做法。最终联合协议的修正案得到采纳从而避免了危机的爆发。该修正案将重点放在执政联盟各成员之间的交流准则,以避免公开的分歧、批评和对抗。

此外,根据总理的强烈要求,斯洛伐克民族党提名的教育部部长于2017年8月辞职。主要原因是欧盟的科学研究拨款的分配过程中出现了不明确和可疑的问题,因为3亿欧元的资金只分配给了私人公司,而没有任何一所大学或社会科学研究机构得到资金。由于欧盟委员会的质疑,根据对不当行为的指控,欧盟在布鲁塞尔就停止为斯洛伐克提供资金进行了讨论,因此,欧盟推迟了向斯洛伐克的拨款。

后来任命了新的教育部部长玛丁娜·卢布约娃（Martina Lubyová）,她来自斯洛伐克科学院。

2. 反腐败游行

在媒体和反对派政治家公开讨论了一系列腐败丑闻之后,整个2016年夏季,斯洛伐克反对党——自由与团结党（SAS）组织了几次示威活动,大学生们于2016年4月、6月和9月在布拉迪斯拉发和其他城市组织了反腐败大游行。

大学生们向政府提出的要求包括：取消梅恰尔（Meciar）通过的赦免；调查两起涉及高层政治人物腐败的案件,即 Gorila 案①和巴斯捷尔纳克（Basternak）案②。此外,学生还要求撤销内政部部长卡利纳克、警察局局长加斯帕尔（Gaspar）和特别检察官科瓦奇（Kovac）的职务。

---

① 所谓的"Gorila"案是一个开放案例,该案可追溯到2011年,当时斯洛伐克情报局的一个标有"Gorila"的档案被泄露,包括对"PENTA"投资集团老板的监视和窃听信息,该集团老板与政府的政党和反对党的代表会面。该文件包括有关为这些当事党派提供资金的信息。检察官特别办公室仍在调查此案。

② 巴斯捷尔纳克案是另一个公开案例,它发生在2016年。当时律师拉迪斯拉夫·巴斯捷尔纳克（Ladislav Basternak）与包括内政部长卡利纳克（Kalinak）和总理在内的现任和前任政府的几名高级官员之间进行联系的信息遭到泄露。巴斯捷尔纳克涉嫌与布拉迪斯拉发一座豪华住宅区相关的逃税和税收减免一事。

第一次参加游行的人数约有7000人，第二次游行是在两个城市举行的，在布拉迪斯拉发参加游行的约为1万人，在科希策为4000多人。第三次游行有上千人参加。这些不满的年轻人不仅得到反对党的支持，还得到艺术团体的代表——演员和导演以及著名运动员等知名人士的支持，学生们将公众的意见转达给总理，但总理的反应堪称傲慢：他建议学生回到学校。此外，卡利纳克部部长表示，高层政治代表中不存在腐败现象，因此没有什么可调查的。

3. 地方行政选举

2017年11月4日，全国瞩目的地方选举开始了。斯洛伐克全国分为8个州，每个州选出代表机构和州长。一般来说，地方选举不会受到媒体或公众的关注。但是，2017年有所不同。

首先，2017年夏季对选举法进行了修改，将选举时间由4年改为5年，并将各州首脑的两轮选举制改为一轮制，这是一种赢家通吃的制度。

其次，其中一个州即班斯卡—比斯特理察州（Banska Bystrica）受到媒体和公众的密切监督。原因在于该州政府在过去四年是由2013年赢得地方选举的新纳粹党主席马里安·科特勒巴（Kotleba）和他的斯洛伐克人民党领导，该选举结果震惊全国。科特勒巴谋求竞选连任，但在17名候选人当中，企业家伦特（Lunter）在民意调查中获得相当高的支持率。其他一些候选人放弃参选并转而支持伦特先生，伦特最终赢得选举。

在其他地区，结果令人惊讶，证明公众对执政党日益不信任。由社会民主—方向党成员担任州负责人，或者与该党联合执政的党派担任州负责人的6个州中，只在两个州即特伦钦州（Trenčín）和尼特拉州（Nitra）再次胜选。布拉迪斯拉发地区是由反对党斯洛伐克自由与团结党的成员赢得的，布雷索夫州选择了非议会党基督教民主运动（KDH）的候选人，而科希策州、特尔纳瓦州和日利纳州则选择了政治运动——普通人和独立人士（OLANO）或由执政联盟中的反对党支持的候选人。

4. 取消梅恰尔（Meciar）赦免

2017年4月，全国委员会通过了一项立法，该法生效后将取消斯洛伐克25年来最具争议性的赦免。这个赦免是代总统，也是当时的总理，即弗拉基米尔·梅恰尔（Vladimir Meciar）主持通过的，他于1998年涉嫌与当时某些政府成员有关的案件有牵连。该案件涉及1997年全民公决的案件，另一起案件涉及1995年斯洛伐克共和国第一任总统科瓦奇的儿子从斯洛伐克被绑架到奥地利。1996年，科瓦奇提出不追究此事，因此，梅恰尔赦免没有被取消也与此有关。

并非所有情况都是消极的。虽然在整个夏季，前总理没有被调查，但很明显，该调查将重新开始。

取消这一赦免对于整个国家来说是一个重要的步骤。20世纪90年代后半期的斯洛伐克正在向民主过渡，当时社会发生了很多严重干涉分权制度、腐败、与黑社会和政府有关的犯罪事件。

在2017年发生的其他重要事件中，斯洛伐克政府在与斯洛伐克电力公司的仲裁案中获胜值得一提。特别法院判决两名前任部长的腐败案件被视为该国正在进行的反腐运动的一个重要标志。还有一个问题将影响2018年，特别是2019年大选前的政治发展，那就是总统基斯卡与总理和整个政府之间的争端日益加剧。

此外，反对党斯洛伐克自由与团结党的两名有影响力的成员已经离开并加入了两个新兴的反对党（运动），这两个新兴反对党（运动）于2018年年初在内政部注册，并可能参加将于2018年秋

举行的市政选举。（克里斯蒂娜·基隆斯卡撰写）

（七）斯洛文尼亚

2017年斯洛文尼亚政治领域出现了若干重要事件和事态。国内政治的主要特点是，2017年是总统选举的一年，也是准备2018年举行议会选举的一年。在这两个框架内，政党内部和政党之间都有了很多新的发展。在国内政治、经济和投资之外，还有一些事件极大地影响了政治的发展趋势，如关于在霍策（Hoče）的麦格纳（Magna）公司项目的激烈辩论和关于迪瓦察—科佩尔（Divača-Koper）第二条铁轨建设项目的公民投票。总的来说，政治发展态势可以从两个不同的层面观察：一是现有政党之间及其内部，二是议会党派之外，即在2018年选举之前其他的派别和团体组织。

1. 现有政党内部和政党之间的发展情况

2017年斯洛文尼亚国内政治表现在执政党内部、政府各党派之间以及政府与反对派之间的结构动态。反对派右翼政党之间也存在一些发展态势，这无疑都是被即将举行的2018年议会选举调动起来的。对于执政党来说，现代中心党（SMC）在这一年开始时出现了党的上层的分裂，即党主席、总理米罗·采拉尔与党副主席、议会议长米兰·布尔格莱兹（Milan Brglez）之间的分歧。争议在制定《外国人法》期间开始，议长米兰·布尔格莱兹反对政府提出的相当保守的移民法规。最初，采拉尔呼吁布尔格莱兹辞去副主席的职务，但他们在2月的现代中心党代表大会前解决了争议。这种分歧仍然使许多人猜测，为了保留政治权力，这个政党在2018年选举中的立场和观点是什么。政府与反对党之间的动态有时也揭示了政府联盟内部的一些裂缝。2017年9月，斯洛文尼亚民主党（SDS）号召议会对卫生部部长米洛伊卡·科拉尔·采拉尔茨（Milojka Kolar Celarc）进行质询，因为他没有成功进行所承诺的国家卫生保健系统改革。信任投票于9月14日进行，最终结果是23票不信任票，42票反对票，因此质询失败。然而令人惊讶的是，不仅议会的反对党成员支持不信任议案，而且一些政府党派成员也没有对采拉尔茨投支持票，并在议会辩论时对采拉尔茨提出批评。第二次质询是司法部部长戈兰·克莱门契奇（Goran Klemenčič）与主要反对党——斯洛文尼亚民主党领导人亚内兹·扬沙（Janez Janša）之间更直接的冲突。他们的分歧可以追溯到2012—2013年，当时代表斯洛文尼亚共和国反腐委员会主席的克莱门契奇发布了关于议会党派领导人的调查报告。2013年的报告显示，当时的首相扬沙和反对党领导人佐兰·扬戈维奇（Zoran Janković）违反了法律，未能正确上报其资产来源。这份报告后来受到这两位政治领导人的质疑，最终因程序上的原因而被废除，导致公众示威和扬沙政府倒台。2017年的质询主要是针对克莱门契奇作为反腐委员会主席的角色，据称他没有针对2011年卢布尔雅那新银行（NLB）的可疑活动采取措施，这涉及伊朗银行通过卢布尔雅那新银行进行的一项大的交易。11月17日的信任投票中，18人投票认为他应辞职，47人反对，因此保留了克莱门契奇的部长职务。主要反对党斯洛文尼亚民主党也出现了一系列转变，一些知名人士离开了该党，主要是因为与党主席扬沙的政策存在分歧，最著名的人物是维拉·巴恩（Vera Ban），议员安德列伊·索萨（Andrej čuš）和前部长德拉古廷·马特（Dragutin Mate）。

2. 由于2018年选举而出现的新的政治运动

目前，民意调查显示一个有趣的问题。在过去的两年中，对主要政府党——米罗·采拉尔总理的现代中心党的支持率非常低，约为10%，这与2014年选举时几乎达到35%的支持率形成鲜明对比。2016年民意调查结果最好的党是扬沙的斯洛文尼亚民主党，获得超过12%受访者的支持。然而，这种情况最近开始发生变化。特别是在2017年9月举行的第二次公投成功后，对现代中心党的支持开始缓慢回升，2017年10月接近12%。在最近的民意调查中表现最好的政党是社会民主党（SD），它的支持率已经达到10%左右，10月已经超过斯洛文尼亚民主党，达到16%以上，斯洛文尼亚民主党的支持率在一个月内从18%降至15%。很难说这是否是对总统选举的反映，在总统选举中，获胜者虽然据称是独立候选人博鲁特·帕霍尔（Borut Pahor），但得到了社会民主党的支持，他是社会民主党的终身主席。

另一种现象正在发生，在选举前这一现象相当典型。大约30%的受访者要么投票给"其他政党"（9个最突出的选择），要么选择"未列出各方""不打算投票"或"还不知道"。在上次议会选举中，这一部分的受访者有50%，其余的没有明确投票方向的选民为新政党和运动提供了一个巨大的机会空间。新成立的政党在议会选举中获得成功是众所周知的。最近的两次议会选举都是由新成立的政党赢得，这些政党以前没有国家治理经验。2011年选举前，两个政党成立，由格雷戈尔·维兰特（Gregor Virant）领导的自由党派公民名单党（Civic List，DL）于10月21日成立，在12月4日大选前一个多月，卢布尔雅那市长佐兰·扬科维奇（Zoran Janković）成立了他领导的积极的斯洛文尼亚党（PS）。双方在议会选举中都取得了成功，公民名单党得票率超过8%，而积极的斯洛文尼亚党的得票率出人意料地超过了28.51%。民意测验预测斯洛文尼亚民主党胜利，第二名与该党有2%的差距。尽管扬科维奇不能成功地组阁，导致了扬沙的中右翼政府组阁，但在下一次选举中重演了这一模式。在2014年选举之前，又组建了一个新政党，主要提倡反腐败和建立法治。它由著名运动员兼奥运会金牌得主老米罗·采拉尔（Miro Cerar Sr.）的儿子小米罗·采拉尔（Miro Cerar Jr.）领导。他的政党同样在2014年大选前一个半月成立，也获得了非常好的成绩，得到34.49%的选票。这种现象在媒体上称为"新面孔党"，在2017年总统选举中仍有部分情况重演。第二成功的候选人来自卢布尔雅那附近一个政治上不知名的小镇市长马里安·沙瑞克（Marjan Šarec），在博鲁特·帕霍尔（Borut Pahor）之后只有几个百分点的差距。

当被问及在第二轮失利后的计划时，沙瑞克暗示他将从地方政治领域转移到国家层面，以及表达了他参加2018年议会选举的实质性想法。其他几个新政党至少还要参加六场新的政治运动：马里安·沙瑞克（Marjan Šarec）；由阿列什·普利姆茨（Aleš Primc）、梅特卡·泽弗尼克（Metka Zevnik）和安格尔卡·里科维奇（Angelca Likovič）于2017年3月建立的保守的天主教党儿童和家庭之声（GOD）；前议员博扬·多博弗舍克（Bojan Dobovšek）于2017年11月成立的好国家党（Dobra država）；右翼总统候选人安德烈·斯西什科（Andrej Šiško）宣布参加他的联合斯洛文尼亚党（ZS）；议会安全议员安德列伊·索什（Andrej čuš）与少数（右翼）环保运动成员联合组成他的候选人名单；斯洛文尼亚人民党（SLS）分裂，成立了由马里博尔前市长弗朗克·康格勒（Franc Kangler）领导的中右翼新人民党（NLS）。（海伦娜·莫托赫撰写）

（八）匈牙利

在 2017 年上半年的事件之后，青民盟的负面政治支持率可能会反转。在这次运动中，该党主要强调"大规模移民"和政府采取的措施。匈牙利国家媒体与信息通信管理局（NMHH）的分析显示，在国家广播和电视新闻中有最重要的 11 个不同的政治话题。根据该出版物的调查，与 2017 年 1 月相比，8 月"移民危机"主题的比例略微下降了 0.1 个百分点（1 月为 1.9%；8 月为 1.8%），"匈牙利政府的移民措施"主题在 1 月没有出现在新闻中。但到了 8 月，这个话题的比例已经是 2.1%。

在分析 2017 年匈牙利政治的主要事件时，可以说 2017 年匈牙利政治围绕的是"移民"这个话题展开，这个话题在 2017 年也占据了舆论的主导地位。之所以这样，是因为该话题是建立在大规模移民威胁匈牙利国家存在的假设基础上的，这与匈牙利利益不相容，因此匈牙利人普遍谈论这件事。匈牙利人这么重视"移民"这个问题可以很容易地通过中欧和西欧不同的历史路径解释。因此，这一政治论点并不局限于匈牙利，它在波兰、捷克和罗马尼亚等国也很容易看到。对大多数中欧国家来说，对国家消亡的恐惧是普遍存在的，所以我们不会感到惊讶的是，政治战略可以建立在这一话题之上。这也会对欧洲一体化的政治发展产生影响。中欧国家不愿进一步参与欧洲一体化项目，这对欧盟统治精英和欧盟核心国家（德国、法国以及比荷卢三国）来说是一个震撼。这让他们感到意外，因为那些在 2004 年成为欧盟成员国的中欧国家在过去十多年中获得了欧盟的大量援助。尽管有明显的经济利益，但这些国家对欧盟的不满情绪在 2017 年大幅增长。

在这种不满情绪的推动下,执政党——青民盟成功地阻止了其直到2017年中期支持率的下滑。之后,青民盟变得更强,在选举中得票率达到31%,如表1-2所示。

表1-2　　　　　　　　各党派得票率　　　　　　　　单位:%

2017年	1月	2月	3月	4月	5月	6月	7月	8月	9月	10月
青民盟(Fidesz)	34	33	32	31	29	30	30	30	30	31
尤比克(Jobbik)	11	12	11	11	10	11	11	11	11	10
社会党(MSZP)	7	8	7	7	7	7	7	7	6	5
民主联盟(DK)	4	4	3	3	3	3	4	4	4	4
政治可以是另一个样(LMP)	3	3	3	3	3	2	2	2	3	3

资料来源:"视角"(Néőőpont)研究所。

2017年11月最新数据更说明了青民盟的强势趋势。匈牙利世纪末(Századvég)基金会发布了最近关于政党支持的研究结果。根据匈牙利世纪末基金会的分析结果,青民盟的支持率在过去一个月再次增长,该党9—10月的支持率提高了2个百分点(36%),而尤比克党和社会党的支持率分别为9%和8%。"政治可以是另一个样"党在选举中获得7%的选票,但民主联盟的得票率降为4%,低于进入议会的门槛。如果不考虑整个参选党派,而从选民角度考虑,将略有不同。10月,在可能的选民中,青民盟的支持率约为51%,而9月为49%;同时尤比克党为15%,社会党只有14%的选民支持,但基于这个数据分析,民主联盟会得到5%的票数,这样该党将被允许进入议会。

之后几周,匈牙利反对党(政治可以是另一个样、尤比克、社会党、民主联盟)开始了新的政治活动,而青民盟似乎一直坚持其迄今为止成功的战略,始终强调与移民有关的问题和所谓的

一 国内政治

"索罗斯计划"。对于这些政党的战略，可以很容易地看出来，相互之间存在分歧。政治可以是另一个样和社会党的战略中心偏重政治，而尤比克和民主联盟则强调经济问题。数据显示，如果这些策略的可信度都很强的话，那么这两种策略都可以成功。

随着时间的推移，在两种不同的战略发展演变的过程中，党派战略也在重塑。政治可以是另一个样和社会党的战略试图将重点转移到经济问题上，而民主联盟整天围绕着政治问题。值得注意的是这些不同的策略，因为它们的结果将影响2018年议会选举。

首先，政治可以是另一个样得到的支持的改善可能与该党进一步强化新战略有关。然而，不仅是该党，其他的小党派也在努力更新战略并推出新的行动，青民盟长期提出的主题（移民或所谓的"索罗斯计划"），为自己新战略的调整和提出提供了机会。年底的最后几周，这些活动渐渐消退，小型党派很可能会在圣诞节前的剩余时间内向公众发出信息。

其次，社会党正在采用一个非常类似的战略（强调政治问题），但结果不能在调查中显示，这很可能与最近几个月的党派竞争有关，使该党和党的领导信誉降低。这可能是社会党战略不起作用的原因，但这种方式却使政治可以是另一个样得到成功。必须补充的是，这几个月明确关注政治问题可能得到更多的支持，因为匈牙利的经济状况明显改善，工资上涨，失业率低。

再次，对民主联盟的战略进行简短的分析，可以看出很多关于该党在2018年选举中的政治策略。民主联盟强调了以下主题：存在于医疗保健、邮政服务和税收体系的缺陷（增值税和家庭补贴等）以及匈牙利公共交通系统重建的需求，围绕俄罗斯参与M3地铁线路的改造项目等问题。经济和社会问题明显地占据了该党的战略,与政治可以是另一个样和社会党讨论的议题形成对比,这两党将中心政治问题放在腐败、移民和与最高检察官相关的问题。

最后,尤比克党多方面落后,因为该党一直围绕6亿福林问题与匈牙利审计署进行沟通,这就是该党在12月15日进行和平游行的原因。尤比克党认为,审计署罚款的决定是受执政党意见的影响,尤比克党认为该决定是"专政"的明确标志。

综上所述,执政党在2017年主导了媒体的主要政治话题,反对党试图改变并提出新的话题,如私人家庭债务问题、匈牙利向西欧国家移民问题、加入欧元区问题或欧洲工资联盟等问题。在大多数情况下,他们在过去11个月的尝试都没有成功。2017年,青民盟的政治力量强大,因为在其执政期间,匈牙利经济基础坚实。人们从持续的经济增长中获益,收入增加,通货膨胀率低,预算稳定以及获得了欧盟转移资助,所以,从目前来看,暂时不会对青民盟政府及其在2018年的连任造成太多的威胁,然而,青民盟也应该考虑以下两个重要因素。

第一个因素,匈牙利人特别是年轻一代明确支持匈牙利的欧盟成员国地位和单一市场的四种自由(即流动、资本、货物和服务贸易的自由)。年轻一代不会容忍"匈牙利脱欧"的政策。因此,青民盟必须在强烈反欧盟的核心支持者与欧盟和欧元区的支持者之间取得平衡。

第二个因素,关于青民盟策略存在一个问题,"大规模移民"的假设能够"卖"给匈牙利选民多长时间。该党的竞选战略家们不能只执着于该话题,必须找到新的话题。2018年匈牙利政治也将再次受到经济问题的支配。

然而,很明显,目前各政治党派在2018年的前6个月正在加紧进行活动。青民盟可能因现状的变化而失去更多的支持，因此，青民盟更有可能坚持原来的战略，重点仍放在"索罗斯计划"、移民和其成功的经济策略上，其他党派仍在寻求新闻途径以得到广泛的社会支持。（乔鲍·莫尔迪茨撰写）

二 经济发展

（一）波兰

普遍认为，波兰的经济表现是"有希望的"，然而，并非没有持续的短缺。2017年第三季度，波兰经济增长4.7%，而第二季度的增长调整为4%。事实上，这是自2011年第四季度以来的最好成绩。讨论其背后的原因，我们需要承认两个因素：不断增长的国内消费和对外贸易。在讨论波兰未来经济发展的不足时，至少应该讨论两个问题：一是私人公司对国内投资的未来；二是欧元区潜在国家和欧元区国家的进一步融合。

在外贸方面，我们需要注意的是，2017年前7个月，波兰出口增长8.4%，达1146亿欧元，进口增长11.1%，达1140亿欧元。虽然从数字上看非常积极，但在2017年年底之前，顺差超过6亿欧元，而2016年同期的顺差则是31亿欧元。顺差的下降是由于汇率赤字进一步加深所致：与较不发达的市场、西方以外的市场（考虑到地理问题）进行贸易以及矿物产品（出口产品）贸易的汇率赤字。

波兰对欧盟出口增长7.5%（约910亿欧元），其中对德国出口增长8.3%，对英国增长5%，对捷克增长4%，对法国增长4.7%，对意大利增长9.7%。出口增长两位数的国家有：对荷兰增长11.2%，对斯洛伐克增长10.4%，对奥地利增长14.7%和对罗马尼亚增长13.7%。

波兰与发达市场的非欧盟成员国一直保持着贸易额大幅增长的态势。2017年前7个月，波兰对这些国家的出口增长14.9%，出口额接近81亿欧元，其中与美国的贸易增长27.1%，与瑞士增长13.3%，与澳大利亚增长53%，与南非增长16.4%。此外，向挪威的出口增长了1.6%。波兰的进口增长了21.9%，高达86亿欧元。

波兰与中国的贸易逆差规模庞大，是双边贸易中的主要问题，且逆差有增长的趋势。在10年前波兰与中国的贸易逆差是114亿欧元，2015年达到187亿欧元，2016年增至199亿欧元。2017年很可能会超过200亿欧元。

私人消费是波兰经济增长的第二大动力，同比增加4.8%。这种动态反映了劳动力市场的表现良好。虽然好的表现会进一步鼓励消费者通过储蓄为购买提供资金，但波兰推出的"家庭500+"计划对处理家庭收入的积极影响在2017年可能开始下降。

除了波兰经济的积极方面外，经济学家们还分析了如何保持这种增长的问题，未来的投资问题成为分析焦点。政府目前正在投资公共资金，但为了经济的全面发展，波兰经济需要更多的私人投资。如前所述，波兰企业在银行账户中拥有大量自有资金，金额约为2620亿兹罗提（约合人民币4100亿元）。很明显的问题是私营公司并不急于投资。此外，银行和其他机构出于投资目的而提取的贷款总额增长非常缓慢。造成这种情况的原因有两方面：第一个重要因素，由于规定不明确并经常修订而导致各项规定的高度不确定性。波兰的私营公司承担的风险较小，并且害怕将来的收入变化。大多数经济学家也指出，正在进行的重大结构变革，如降低退休年龄，给预算带来了压力，剥夺了一定比例的雇员的收入。这一点对应的重要问题是劳动力市场短缺。加入欧盟后，大量波兰居民移居西欧，使波兰劳动力遭受损失。第二个重要因素是退休年龄降低，意味着300万—400万劳动力将从市场消失。

综上所述，在波兰，投资率（投资额与GDP的比率）接近17%。自1996年以来，这个数字并不低。两年前的2015年，这一比重为20%，达到接近25%的创纪录水平。经济学家S.哥穆尔卡（S. Gomulka）教授分析认为："波兰的投资率是欧洲最低的投资率之一，远低于该地区经济增长速度快于我们的国家。"

现在看看波兰的各个经济部门。附加值增长强劲的部门有建筑业，同比增长9.8%；运输业，同比增长9.3%。贸易的表现稍差，为3.9%，与贸易相关的部门同比增长5.4%。然而，从工业生产看，我们需要认识到，在拉脱维亚、斯洛伐克、罗马尼亚和斯洛文尼亚，甚至在瑞典，工业生产的增长速度更快。斯洛伐克的增

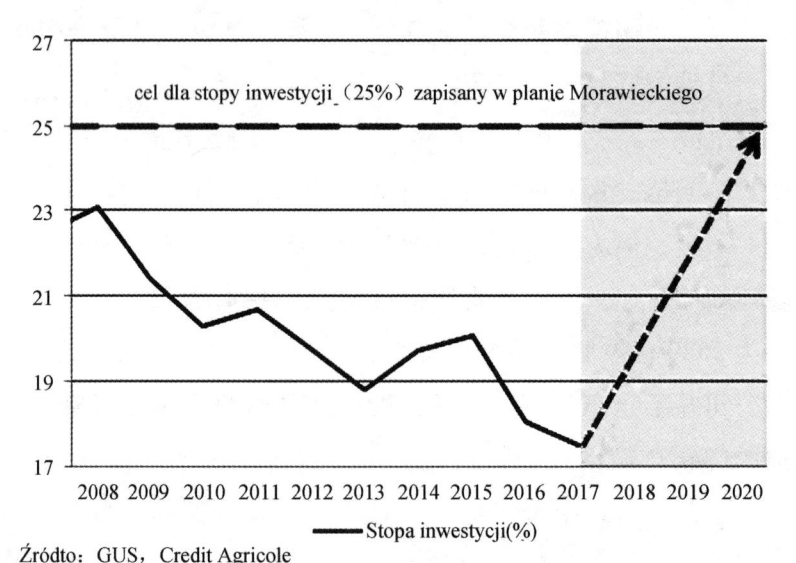

Źródto：GUS，Credit Agricole

图2-1 波兰2020年投资率占GDP的目标

幅最大，工业生产与2017年7月相比增长9.2%，其次是拉脱维亚增长8.9%，罗马尼亚增长7.6%。

然而，波兰经济的良好模式在将来可能会受到欧洲货币联盟的影响甚至挑战。建设更加统一的欧元区和构建欧洲预算的问题可能会挑战波兰从欧盟获得援助和特殊贷款的可能性。在没有波兰参与情况下的欧元区的进一步整合可能会对欧盟提供援助造成很多不利的影响。相关欧洲货币基金组织的关键决定将于2018年6月完成，具体条款和法规至少需要到2019年才可能得到欧盟委员会主席容克的同意。欧盟内部主要欧元区国家的辩论引发进一步争议。欧洲货币基金组织（EMF）将承担同样的任务，但根据欧盟委员会的计划，它同时将成为银行业联盟的紧急贷款机构，在极端情况下，投入资金重组银行业。这个想法是由法国和西班牙、意大利或希腊这些国家推动的，虽被质疑，但仍被德国人接受。正如一些媒体报道所说："它们感觉到欧元区国家间的金融团结日益增强，即使手已经伸到了德国纳税人的口袋。"未来，欧洲货币基金组织将允许欧盟放弃从国际货币基金组织的贷款，而国际货币基金组织曾经参与希腊、葡萄牙、爱尔兰和西班牙银行业的复苏计划。实际上，欧洲货币基金组织将建立一种特别的工具，以控制援助贷款的发放。正如欧盟委员会所建议的那样，2012年在金融危机中采用的约束预算政策的政府间"财政协议"应该转化为欧盟法规。虽然波兰签署了这项协议，但在采用欧元之前和现任政府执政期间，波兰几乎看不到任何加入欧元区的机会。

根据法国的要求，欧盟委员会提议任命欧元区的"经济和金融部长"。新的行政机构将包括欧元集团主席——荷兰财政大臣J.戴塞尔布卢姆（Jeroen Dijsselbloem）和负责欧元事务的欧盟委员会副主席瓦尔迪斯·邓布罗夫斯基斯（Valdis Dombrovski，原拉脱维亚总理）。然而，目前尚不清楚的是，由于德国或荷兰目前不想建立欧元预算机制，而没有大量单独的欧元预算，欧盟下一步将如何做。

除了上面讨论的问题之外，波兰的经济状况依然很好。2016年，波兰的人均国内生产总值（PPP）达到2.7715万美元，高于G20集团中的8个国家，即印度、印度尼西亚、南非、巴西、中国、墨西哥、土耳其和俄罗斯。类似的情况还将继续，2020年波兰的人均国内生产总值预计增至3.4342万美元。此外，波兰被穆迪评级机构评为A2级，这一评级使波兰与斯洛伐克一起成为世界第十九大经济体。

但波兰存在的最大问题是投资率低。2016年，在欧盟的投资额接近3万亿欧元，占欧盟国内生产总值的19.7%，其中近一半是与建筑相关的投资。欧盟所有投资中约有1/3（30%）专门用于机械、设备和武器的投资。知识产权在总投资中占有20%的份额。在欧盟国家中，大多数投资投向了爱尔兰，2016年绿地投资占GDP的比重为29.3%。其他占比较多的国家如下：捷克共和国（24.6%）、瑞典（24.2%）、马耳他（23.4%）、比利时（23%）、奥地利（22.9%）和罗马尼亚（22.7%）。

投资最低的是希腊，占GDP的11.4%，之后是葡萄牙（14.8%）、英国（16.7%）、意大利（17.0%）、塞浦路斯（17.2%）、匈牙利（17.8%）、卢森堡（17.8%）和波兰（18.1%）。在波兰，与2015年相比，投资占GDP的比重下降了两个百分点。2015年，这一比重为20.1%。

波兰现政府总理莫拉维茨基（Morawiecki）实施的《负责任的发展计划》试图将私人投资提高至占GDP的25%。正如专家们所说，这被认为是波兰经济进一步发展的关键。

（二）捷克

2017年对捷克共和国及其经济非常有利。虽然2016年增长放缓，但此后捷克经济增长非常强劲，主要受强劲的国内需求推动。劳动力市场几乎达到充分就业（2017年失业率预计仅为3%），通货膨胀率几乎达到捷克国家银行设定的2%的目标（该目标自2010年1月起生效），外部通货紧缩压力已经减退，宏观经济指标看起来非常乐观（见表2-1）。

表2-1　　　捷克共和国和2016—2019年主要经济指标

指标	2016	2017	2018	2019
GDP增长率（%）	2.6	4.3	3.0	2.9
通货膨胀率（%）	0.6	2.4	2.1	2.0
失业率（%）	4.0	3.0	2.9	2.9
公共预算平衡（%）	0.7	1.2	0.8	0.6
公共债务（占GDP%）	36.8	34.6	33.3	32.5
经常账户余额（占GDP%）	-0.1	-0.2	-0.3	-0.6

资料来源：欧盟委员会2017年数据。

由于强劲的国内需求（投资和私人消费）和外部需求，2017年第三季度，捷克经济增长率同比上升5%（明显高于欧盟平均增长2.6%左右的水平，捷克经济在欧盟成员国中属于增长最快的国家）。根据欧盟委员会的数据，预计2017年经济增长率为4.3%（2016年为2.6%）。捷克共和国当前按购买力平价计算的人均GDP[①]绝对值和相对值稳步上升，这要归功于经济的持续增长（见

[①] 2016年，与欧盟28国相比，捷克共和国的购买力平价为17.58捷克克朗/PPS。

图2-2)。2016年,捷克人均GDP(根据捷克共和国财政部的数据,按购买力平价计算,为2.57万克朗)是中欧最高的,甚至高于希腊或葡萄牙的人均GDP。

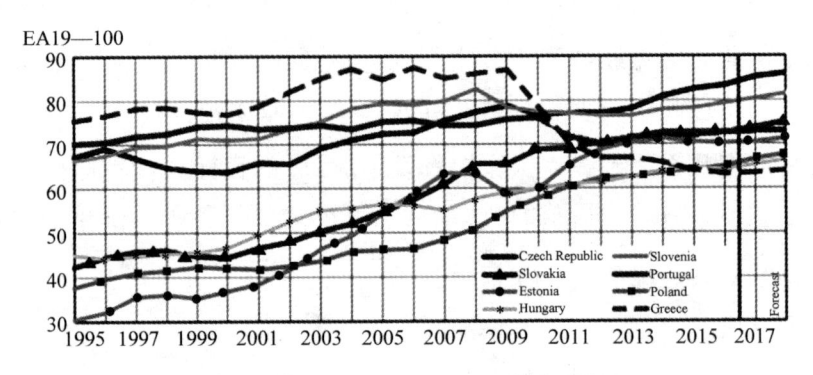

图2-2 人均GDP(当前购买力平价)

资料来源:捷克共和国财政部数据(2017b)。

名义工资增长推动了私人消费的动态增长(2017年上半年增长6.5%),也是捷克共和国历史上总体就业人数最多的时期(超过73%)。家庭净可支配收入一直稳步增长(2015年比2005年高出12%,超过经合组织10年的平均累计收益),这一趋势将在2018年继续(见图2-3)。根据捷克共和国工业和外贸部数据,

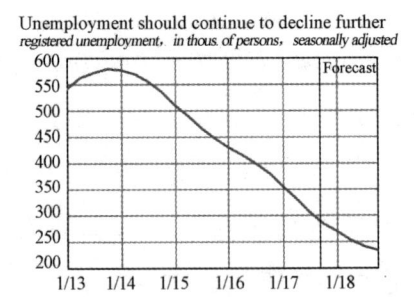

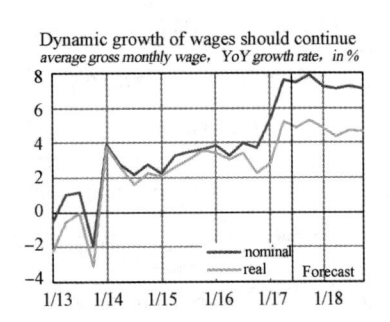

图2-3 捷克共和国失业率和工资状况

资料来源:捷克共和国财政部数据(2017b)。

蓝领行业缺少工人。技术和建筑行业（机械装配工、机械工、水管工、泥瓦匠、瓦工）正遭受最大的劳动力短缺，其次是个人服务部门。

强劲的进口增长部分抵销了出口的稳定增长。根据欧盟统计局数据，捷克的投资增长较快，引进外资数量较大以及日益增长的家庭私人消费，使捷克的进口增长速度略快于出口。然而，根据捷克财政部数据，预计2017年商品贸易顺差接近GDP的5%，而服务贸易顺差超过2017年GDP的2%。显然，外贸平衡促进了GDP的快速增长。

从2013年11月到2017年4月，捷克国家银行使用汇率作为非正统手段，通过捷克克朗与欧元强制脱钩来缓解通缩压力。一方面，捷克克朗与欧元脱钩形成具有挑战性的政策问题，包括最佳货币政策的后果、实体经济对这一变化的反映等，但另一方面，外汇市场并无特别波动。根据捷克国家银行行长伊日·鲁斯诺克（Ji ríRusnok）的说法，这是"一个积极的举措，标志着紧缩货币立场的开始"。在捷克克朗与欧元脱钩，且捷克克朗稍微升值之后，货币政策大多是宽松的。

金融部门保持适当资本化、流动性和弹性（低利率推动资本投资）。一个明显的好迹象是，捷克家庭的债务远远低于欧洲平均水平，尽管信贷（主要是抵押贷款）有所恢复。捷克国家银行已经对住宅市场所带来的风险作出了回应（例如，对贷款价值比率的限制更加严格），并一直在监督家庭的债务，以防止经济承担过多的债务风险。

在2017年第三季度末，政府负债率降至GDP的35%左右，这也是欧盟的最低水平之一，主要是由于捷克公司的税收以及整个经济的表现更好。

积极的经济发展反映在对捷克共和国非常有利的信用评级中，捷克得到所有主要评级机构的肯定，即它是一个非常可靠的经济体，并且吸引"国内和国外投资者相当大的兴趣"。至于投资级别，在穆迪评级中，捷克经济处于A1级（与中国、爱沙尼亚、以色列或日本相同），标准普尔评级为AA级（与中国、爱沙尼亚或智利相同），惠誉评级为A+（与爱沙尼亚、中国、斯洛伐克或智利相同），前景稳定或积极。一般来说，外币长期主权债务评级的不断改善对国家的借贷成本有重要影响。捷克共和国的评级比中东欧所有国家的评级都高，也比欧元区国家的评级要高。

根据世界经济论坛的《全球竞争力报告》，2017年，在137个世界经济体中，波兰排名第39位，匈牙利排在第60位，斯洛伐克共和国排在第59位，捷克共和国排在第31位，成为中欧最具竞争力的经济体。据美国智库发布的2017年经济自由指数，捷克经济"大部分是自由的"（排名第28位）。随着许多重要领域的改革逐渐扩大，捷克的经济自由度一直在不断改善。这也反映在世界银行的营商环境排行榜上，捷克一直处于高位（第30位；波兰为第27位、匈牙利为第48位）。

（三）马其顿

1. 概述

马其顿经济仍然处在一个过渡时期，独立之后从未保持过较长时间的高增长率。在国际金融危机之后，马其顿的经济发展速度一度高于欧洲的平均水平，努力并较好地巩固了这些成绩。但是，如果考虑到马其顿经济的规模和与欧盟的差距，那么，这个增长率是不够的。与西巴尔干的其他国家一样，马其顿需要持续以每年6%以上的速度增长,才能在10年或20年内令人信服地达到欧洲水平。

然而,2016年和2017年的情况却进一步恶化。2016年马其顿经济增长率降至2.4%,2017年第一季度仅有小幅增长,第二季度又开始下降,到第三季度完全停滞,第四季度的经济增长适度乐观。通货膨胀率在上升,但不是过高。由于贸易赤字收窄,马其顿在2017年的增长主要靠出口的支撑,其中很大一部分来自加工贸易和私人消费。但是,这本身并不足以刺激经济更高速增长。虽然从理论上来说,马其顿没有陷入衰退,但在2017年它已成为西巴尔干地区经济增长速度最慢的经济体,低于西巴尔干地区经济增长的平均水平——2.6%,增长第二缓慢的国家是塞尔维亚,增长率为2%。

2. 马其顿经济下滑的原因

在关于马其顿经济状况的分析中,对2016年经济放缓和2017年的收缩有几种解释。其中一种是人们普遍认为增长的主要障碍是长期的政治危机和国家未来的不确定性。从2016年12月到2017年6月马其顿都无法组阁,与此同时,社会稳定状况严重恶化。某些分析人士认为,从这个意义上讲,如果还有可能发生更糟糕的结果,则低增长率不失为一个较好的结果。

政治危机首先并主要影响了市场的变化和马其顿吸引外国直接投资的能力,同时也导致了一些已投入资本的撤出。虽然这种现象很常见,因为简单地说,危机增加了投资者的风险,但另一个更具体的问题与政治危机本身的行动者有关。马其顿内部革命组织民族统一民主党(VMRO-DPMNE)组成的政府下台后,遭到大量的腐败指控,对此,特别检察官办公室进行了多次调查,这些情况使得政府完全忽视了包括制定和实施经济政策在内的日常工作，并尽其全力控制损失。该届政府尽管名义上主张自由市场经济，并且与新自由主义改革平行，但采取了完全不同的方式进行经济改革，在过去两年中，政府完全无视他们制定的发展规划。同时，根据众多关于导致政治危机的腐败丑闻的报道，马其顿内部革命组织民族统一民主党的高级官员滥用职权和进行非法活动积累巨额财富，通过离岸避税天堂将巨额资金又转回马其顿（也转到其他国家，但这不是重点）。然后，通过这种洗钱的方式将腐败的资金转换成为马其顿的外国资本。在 2017 年失去权力之后，这些官员就撤回了部分在该国的业务和资产，导致国家投资的损失。

同样，马其顿内部革命组织民族统一民主党是以国家为中心发展经济，这种发展方式中的一大部分依赖于建筑业的项目实现增长，这些项目包括著名的《斯科普里 2014》项目，该项目是将斯科普里市中心建设成一个新古典主义景区。为了能够在《斯科普里 2014》及其他建筑项目上大量投资，马其顿内部革命组织民族统一民主党政府不断向国际商业市场借款，抬高了马其顿的债务水平。然而，在实施这些项目时，该党与建筑行业的密友签约，除了提高政府的政治形象和象征性地增加数量之外，也为该党提供了大量资金回扣。也就是说，签订的很多合同都大大提高了数额，然后，赚取了惊人利润的承包商会找到一种方法（隐蔽和公开的）向执政党提供大量捐款。其中一项捐赠是将该党在里斯塔宫（Palace Hristo Tatarchev）的座位全部换成豪华座椅，该项捐赠价值数百万欧元，由建筑业大亨明乔·约丹诺夫（Mincho Jordanov）及其公司"Beton"捐赠（据说他已赢得《斯科普里 2014》项目的 30 个投标）。这种方式使得马其顿内部革命组织民族统一民主党成为欧洲（包括所有欧盟国家）最富有的党派。以马其顿的国家规模和与欧洲大陆的其他经济体的发展相比，这是一个非常令人震惊的发展状况，它助推了马其顿GDP数字的增长。

社会民主联盟（SDSM）掌握政权后，停止了一些建筑和其他项目的实施。原因是双重的。首先，社会民主联盟不仅承诺停止涉嫌腐败并正在进行调查的项目，而且也承诺停止那些被认为是由于不良政策而进行的项目。更重要的是，社会民主联盟采取的准紧缩方式试图稳定和减少该国的债务。从这个意义上说，这一措施阻止了非生产性的费用支出，因此，《斯科普里2014》计划的许多建筑项目都停止了。有的专家认为这会得到相反的效果，因为停止建设从本质上会使经济发展放缓，而另一些人则认为那些项目是一种不可避免的灾祸，而且很快就会扭转腐败造成的短期负面影响，并平衡预算赤字。

另一个相关的解释是，基于这样的假设，即马其顿内部革命组织民族统一民主党在一段时间内操纵了这些数字，并没有偿还内部债务，也推迟了改革，并没有增加收入。而一旦社会民主联盟掌权，他们必须解决这些问题，事实上他们正在解决，但这需要很长的时间。这个假设意味着马其顿内部革命组织民族统一民主党执政时的经济成效是不可持续的，是马其顿经济增长迟缓的原因，由于马其顿内部革命组织民族统一民主党的经济政策导致了旷日持久的政治危机。

还有一部分的解释是，经济发展迟缓并非完全由政治因素决定。虽然贸易赤字收窄，但经常项目赤字扩大了。其中的一个原因是外国公司的利润汇回的结果（外国投资者在这个国家利用享有的福利和补贴建立公司，他们很少利用所获得的利润进行再投资，而且，往往在一段时间内马其顿对他们是免除税收的，这又是外国直接投资政策误导的结果）。由于当前的经济形势和全球经济，以及发生了变化的社会结构，传统的利用由马其顿出国打工人员汇款所得到的巨额现金促进经济发展的方式现在已经不再发挥作用，因为，在国外的马其顿打工人员主要是工人，他们是可以替代的，这些工人在发达经济体遭受持续危机时非常脆弱，他们所得到的收入越来越少，其可支配的收入不足以支撑他们的家属在马其顿的生活，他们更愿意帮助他们的家庭移居国外，而不是长期维持他们在马其顿的生活，就像现在马其顿人想出国，不仅是出于经济原因，更多的是出于政治原因和逃避重度的污染。最后的原因是，马其顿公民不认为马其顿的体制以及马其顿的货币——代纳尔是可以信赖的，因此往往选择储蓄外币如欧元，而外币对马其顿国内金融市场具有制约作用。

3. 对社会的影响

2017年马其顿经济增速放缓不是非常剧烈，因为尽管普通马其顿人的生活水平恶化了，但广大马其顿人民感受不到经济增速放缓造成的影响。经济增速放缓的明显表现是，服务成本不断增加，食品和基本商品的价格也不断提高，收入与生活成本同步增长。根据目前的研究，只有16.8%的人口能够满足自己的生活需求，而大多数人面临重大的经济上的不确定性。马其顿还改进了公共财政体制，但本质上这在很大程度上是压榨，也就是说，政府往往制定各种条例并通过各种手段增加国家的收入，根本不考虑对公民和对经济活动所产生的后果。因此，政府往往采取不合理和有选择的措施使小企业濒临破产，使老百姓的生活水平下降。政府不断调整监管框架，采取积极措施吸引外国投资，但同时，采取的措施不足以保证投资者将所获得的利润的一部分留在马其顿，也无法保护劳工的权利和劳动环境。因此，马其顿成为廉价劳动力的供应国和进口欧洲有毒废物的垃圾填埋场。在采取社会措施的借口下，政府的做法也助长了社会和劳动条件的恶化。例如，在提高最低工资的同时，也提出绩效标准化的概念，这意味着现在对劳动力成本的评估不与工作时间相关联，而是与工人的工作量相关联，而工作量只能由雇主任意确定。最后，机构效率的低下也导致普通百姓的生活状况恶化。例如，在实行最低工资后，一些雇主要求他们的雇员在拿到最低工资后，以现金的形式返还他们的一部分收入。所有这些都表明，在马其顿经济发展黯淡的情景背后隐藏着日常生活中更加黑暗的现实。

（四）罗马尼亚

对罗马尼亚现在和未来经济发展产生巨大压力的财政变化是2017年罗马尼亚经济的最重要特征。两件主要经济事件构成罗马尼亚2017年的经济特点：《单一支付法》的出台和税收及其他财政措施出现变化。

1.《单一支付法》

《单一支付法》于2017年6月7日由罗马尼亚议会通过，为公共部门的雇员制定统一的工资支付标准。长期以来，罗马尼亚公共部门的工资不平等和机构运行不良，一直需要出台这样的法律。

罗马尼亚政府计划在2017年7月1日宣布涨薪，但执行时间推迟到2018年，从2018年1月1日起所有公共机构雇员将平均涨薪25%，特别是医护人员和教育工作者还将再涨一次薪，以提高他们的薪金水平。按计划，公共卫生机构的医生和护士的基本工资从2018年3月涨薪，将他们的工资提高至2022年的基本工资水平，而教育工作人员的工资从2018年2月起增加20%。其他变化还有：休假和食品津贴、提高参加欧洲无偿基金项目的工作人员和在当地公共管理部门工作人员的薪水。该法还旨在减少公共部门最低和最高工资之间的差距,提高最低基本工资的比例。罗马尼亚劳工部部长表示,约有60%人员的工资将因此增加1倍,而有3%,也就是拿最高工资这部分人员的工资将减少。预计由于采取这些措施,预算部门的最低和最高基本工资的比例应该从目前的1∶15降至1∶12。

据劳工部部长称,到2022年,《单一支付法》将使公共部门雇员的工资增长56%,到2020年,预算总额将达到320亿列伊,到2022年将达到430亿列伊。2017年5月,在该法获得罗议会通过之前,国际货币基金组织估计,这些措施的总成本将达到612亿列伊,占GDP的6.6%。国际机构对这些重要措施产生的后果表示关注,担心会大大增加财政风险,同时,国际机构建议,为保证未来工资的增长,这些措施应具可持续性、公平性,体现透明原则,并应更加简化。随后,罗财政部部长宣布预算总额为750亿列伊,即占GDP的8.6%,这一数字大大高出国际货币基金组织的估计数。尽管分析人士的预测不尽人意,但仍然认为罗马尼亚预算是具有可持续性的。

该法获得议会通过半年后,政府决定通过修改财政法,将社会保险缴款(SSC)从雇主转移给雇员。这种方法采用后,由《单一支付法》增加的工资将受到影响,至少在第一年将有影响,因为增加的工资的大部分将作为支付员工的费用返回到国家预算。这样的话,部分解决了不断加剧的国家预算问题。然而,虽然暂时解决了预算赤字问题,但这一措施长期来说主要有两个影响:

第一,对公共部门雇员而言,承诺的2018年年初工资有50%甚至100%的增加不会实现。财政变革所需的金额将完全由《单一支付法》中提到的工资增长所涵盖。

第二，虽然《单一支付法》只适用于公共部门的雇员，但社会保险缴款的措施却影响到所有罗马尼亚雇员。这种方式使私有公司被迫增加员工的工资总额，以便在缴纳社会保险费之后保持净薪水。

公共部门工资问题尚未完全解决，并且仍然存在一些关键问题需要解决，如医疗保健和教育。例如，罗马尼亚的医生和护士向其他欧盟国家移民的主要原因之一是工资低。2018年的政府措施还不足以满足这些领域的工资要求。

2. 税收变化

2018年罗马尼亚在税收方面将发生重大变化，既有增加，也有减少，同时还有新的财政措施出台。尽管如此，税收也有减少，如所得税从16%降至10%，却由新税或价格上涨所抵销。

2018年9月15日和10月1日，燃料消费税分两个阶段增加，目的是使罗马尼亚目前的消费税水平与欧盟的要求保持一致，这是由政府推动的。由此运输公司开始向邻国购买燃料，这样做已经威胁到政府，导致罗马尼亚的燃料销售量大幅下降。这项措施说明国家预算额较低。此外，该项措施导致罗马尼亚各领域价格全线上涨。

根据车辆污染程度计算出来的新车税将于2019年公布。罗马尼亚汽车环境税是车辆注册时一次性征缴，征缴额度基于车辆燃油种类、排放标准和汽车年限，但欧盟法院于2017年6月就已经确定，车辆注册时征税是非法的，并取消了类似征税。2018年在罗马尼亚注册的二手车数量比2017年增长了50%。虽然罗马尼亚遵循欧洲减少污染的建议，但政府找到了一个解决办法，可以抵销以前的税收并增加预算收入。

如果公司破产，雇主的"团结税"（也称为工作保险缴款）将增加2%，也就是说，将担保基金用于支付工资和福利。

以前有关罗马尼亚的情况介绍中提到了财政法修正案的其他措施。这些措施的主要问题是进一步增加了商业环境的不可预测性；该财政法修正案仅在通过后2个月内生效。此外，根据罗马尼亚私营中小型企业国家委员会（CNIPMMR）主席所说，2017年前11个月，罗马尼亚有关财政的法规平均修改次数为260多次，而欧洲的财政法规修改次数为每年平均60次。

3. 对罗马尼亚经济的影响

虽然这些事件主要发生在2017年下半年，但其中一些已经改变了宏观经济指标。下面，我们将分析罗马尼亚的主要经济发展情况，特别叙述上述措施的影响。

（1）重要的增长

自2017年年初以来，罗马尼亚的国内生产总值增长强劲，原因在于先前采取的增加私人消费的措施，如2015年6月和2016年1月减少增值税和提高最低工资。2017年第三季度经济增长8.6%，与2016年同期相比在欧盟中是最快的，而同期欧盟28国经济增长的平均值为2.6%。2017年前9个月，罗马尼亚经济增长率接近7%，最近的估计显示全年国内生产总值增长5.7%—6.5%。

按照列伊计算，2017年前10个月的出口增长率同比增加9.6%，主要出口产品（占总量的46.5%）是机械和运输设备。

如果我们比较10月的数据，净平均工资在2016年增长了13.5%。这意味着增加了52欧元，从2016年10月的469欧元增至2017年10月的521欧元。但是，部门之间存在较大差距：信息技术部门的净工资最高，比在酒店和餐厅工作的人员工资高4.3倍。

（2）主要弱点

主要弱点是经济政策的顺周期措施，这在经济增长时期并不适用。

以家庭消费为基础的经济增长率为90%，而投资的增长则处于最低水平。2017年前10个月，以列伊计算的进口量与2016年同期相比增长了12.4%，而贸易赤字增加29%。欧盟委员会注意到罗马尼亚人均实际个人消费量（AIC）[①]从2014年欧盟平均水平的56%增至2015年的58%，再增至2016年的61%，这是2016年和2015年的最高涨幅。消费不断增长本身并不是坏事，但与罗马尼亚的经济发展不相匹配。2016年罗马尼亚人均国内生产总值比2014年仅增长3个百分点，与2015年相比增长了1个百分点。罗马尼亚经济模式对于长期的经济增长来说并不健康。

在没有重大投资的情况下，经过巨大的努力，2017年预算赤字已经得到成功控制，未超过国内生产总值3%的限额。

工资增长和新的燃料消费税导致通货膨胀率上升，两年后这种情况会有好转。2017年11月的价格与2016年11月相比上涨了3.2%。由于税收增加，2017年年底，罗马尼亚国家银行对通货膨胀率的预测修正为2.7%，而之前的预测为1.9%。此外，2017年11月，罗马尼亚货币急剧贬值，并有长期处于贬值趋势的风险。

（五）塞尔维亚

塞尔维亚2017年的经济处于积极态势。主要表现为：国内生

---

① 实际个人消费的定义为"由个人实际消费的商品和服务，不管这些商品和服务是由家庭、政府还是由非营利组织购买和支付"，http：//ec.europa.eu/eurostat/documents/2995521/8536114/2-14122017-BP-EN.pdf/0c8f87ee-42e8-4474-b7c6-724515917ea5。

产总值实际增长率适中、制造业生产和基础设施建设大幅增加、对外贸易额和外国直接投资额迅速提升、公共债务减少导致财务整合具有持续性、价格稳定和第纳尔持续升值、失业率下降和实际薪金增加。

预计2017年塞尔维亚经济的实际增长率为2.5%。这比预估的要低,主要原因是长时间的干旱,这对农业和水电能源的生产都有不利影响,导致农业生产下降约10%。那些自塞尔维亚进口产品的国家,其中有些国家的经济情况欠佳也对塞尔维亚国内经济产生了负面影响。塞尔维亚与其他小国一样,对外贸的依存度高。

2017年前8个月,塞尔维亚工业产值同比增长3%,制造业增长约为6.5%,内部零售贸易额增长6.5%。

国内生产总值结构异常,农业占GDP的比重达到12.7%,工业占GDP的比重达到23.5%,服务业占GDP的比重达到63.8%。农业生产占GDP比重高不是因为农业生产水平高,而是工业活动水平低的结果。

在塞尔维亚的经济政策中至关重要的是应对财政进行持续的整顿。3年前批准的减少公共部门薪金和养老金的法律依然有效。财务紧缩的结果是有利的,过去长期的预算赤字被盈余所取代。此外,不断增长的公共债务也一度停止增长。

塞尔维亚国家银行(NBS)通过目标通胀率(3%+/-1.5%)来持续关注价格的稳定性。2017年9月,通货膨胀率约为3.2%。

塞尔维亚国家银行同时干预外汇市场,其目标是限制本国货币汇率的每日波动(引导波动汇率)。这一政策导致本币升值。对第纳尔的需求一直在增长。第纳尔的当前汇率表明塞尔维亚实现了财政和政治稳定,进一步加速了对本币的需求。国内银行间外汇市场的欧元供应多于需求，可以说，第纳尔的需求一直在增长。

而另一方面，塞尔维亚存在一定的通缩压力。其中一个后果是国内需求和国内经济都适度增长。政府对此认真对待，正在努力谨慎地加大国内需求。适度增加公共部门的工资和养老金。考虑到没有通胀压力的风险，塞尔维亚国家银行选择了扩张性货币政策，持续降低基本利率。2017年7月，新的企业和家庭第纳尔贷款利率分别为5.8%和10.5%。此举的意图是通过刺激国内需求的增长加速信贷活动和GDP的总体增长。2017年，外国直接投资流入相对较高，自欧盟的资金流入也刺激了内需增加。

私有部门就业率的上升和信贷活动的增加也推动了国内需求的提升。利率的降低加速了信贷活动，收入也增加了。总的来说，2017年上半年国内需求的提升是私人消费的结果。

劳动力市场状况一直在改善。在2017年6月前的12个月中创造了12万个新职位。就塞尔维亚目前的经济形势来说是成功的。2017年第二季度，15岁以上劳动力的失业率降至11.8%，工资也相应增长。

与世界其他地方的经济关系的发展同样令人鼓舞。

2017年塞尔维亚的外贸大幅增长。1—10月外贸总额达到284.76亿欧元，比2016年同期增长13.7%。其中出口额124.76亿欧元，增长13.5%；进口额159.20亿欧元，增长13.9%，高于2016年同期。

2017年贸易逆差达33.63亿欧元，比2016年同期增长15.4%。按出口计算的进口覆盖率为78.9%，略低于2016年的79.2%。2017年前8个月的服务贸易顺差为4.54亿欧元，2016年同期为4.55亿欧元。

在出口结构中，最大份额为原材料和中间产品——55.6%，消费品——33.7%，设备——10.7%。在进口结构中，最大份额为原材料和中间产品——57.3%，消费品——18.7%，设备——12.1%。

与塞尔维亚签订自由贸易协定的国家已经完成了大部分的货物贸易。约有64.2%的贸易是与欧盟成员国之间的。塞尔维亚主要的外贸伙伴是：出口方面——意大利、德国、波斯尼亚和黑塞哥维那、俄罗斯和匈牙利；进口方面——德国、意大利、中国、俄罗斯和匈牙利。

贸易顺差最高的邻国是：波斯尼亚和黑塞哥维那、黑山和马其顿。其他贸易顺差国家有罗马尼亚、保加利亚、意大利、克罗地亚、斯洛伐克、英国和摩尔多瓦。贸易逆差的国家包括：中国、俄罗斯、土耳其、伊拉克、匈牙利、比利时、奥地利、捷克和乌克兰。

2017年外国直接投资流量达到21亿欧元，相当于GDP的5.5%。由于塞尔维亚采取了低的和稳定的通货膨胀率，改善了较低的利率，有利的货币政策使塞尔维亚在经商环境上的排名靠前，也提高了塞尔维亚的信用评级。不良贷款的数量减至12.2%，是过去9年来的最低水平。

但是，相对于对外国投资者的补贴水平和其他优势，外国投资的情况并不令人满意。总的来说，塞尔维亚经济中最薄弱的部分是总投资占国内生产总值的比重较低，多年来一直低于20%，而经济增长要高速增长，投资占国内生产总值的比重最低限度应约为25%。

塞尔维亚政府特别重视质量方面，即改善经营条件和投资环境，进行基础设施建设，改革对建筑、劳动力市场和金融稳定化的立法。

塞尔维亚与中国的经济关系有一个积极的趋势。塞尔维亚是中国在巴尔干地区最大的合作伙伴。作为资金和技术的来源，中国对于塞尔维亚来说尤为重要。到目前为止，建设基础设施的合同总价值约为25亿美元。在签署所有未决合同后，总价值将达到约60亿美元。

塞尔维亚积极参与世界上最大的项目——"一带一路"倡议。塞尔维亚将尽一切可能为这个项目的成功实施做出贡献。2017年11月，塞尔维亚承担匈塞铁路旧帕佐瓦至诺维萨德段的铁路现代化工程项目。15名中国工程师与塞尔维亚工程师一起参与了该铁路系统现代化项目。匈塞铁路的设计时速为每小时200公里。对塞尔维亚而言，最重要的还有贝尔格莱德至比雷埃夫斯港的铁路现代化项目。

与中国合作，塞尔维亚有另外的优势。在实施与中国合作的项目过程中，有49%的商品和服务可能是由非中国人提供的。这意味着塞尔维亚的公司能够与中国的公司共同协作。两国在能源领域的合作已处于较高水平。

塞尔维亚与中国合作最薄弱的地方是其无法在庞大的中国市场中获利。这就是为什么塞尔维亚与中国的贸易始终处于慢性失衡状态。这种状态可以通过在塞尔维亚建立中国自由工业区来克服。

有两点需要注意的事项。

第一点，塞尔维亚的年增长率应至少达到5%或6%。否则，塞尔维亚就不能期望人们的生活水平有所提高。塞尔维亚应该记住中国的经验，这个国家在40年内成功地将经济增长率保持在7%—12%之间。

第二点，为了加快经济增长，塞尔维亚必须保持宏观经济平稳向好，持续改善商业环境和国内经济竞争力。

（六）斯洛伐克

1. 经济形势——基本指标

斯洛伐克的经济在2017年表现不错，这可以通过几个宏观经济指标来证明。回顾经济增长的数据，我们可以看到斯洛伐克是欧盟发展最快的经济体之一。2017年，斯洛伐克国内生产总值（GDP）增长约3.3%。根据欧盟委员会的估计，这一增长水平为未来奠定了良好的基础，预计2018年的增长率为3.8%，2019年甚至高达4%。这将使斯洛伐克成为维谢格拉德集团四个国家中经济增长最快的国家。

据私人和公共部门分析师称，斯洛伐克的经济主要得益于家庭支出的增长，实现了高水平的经济增长。由于就业稳定增长，实际工资上涨以及贷款价格低，支出一直在增加。过去10年来，斯洛伐克工人的平均收入稳步增加。根据斯洛伐克国家银行的数据，2017年斯洛伐克平均收入达到每月922欧元（所有经济部门）。在行业中，平均月收入更高达1042欧元。最低工资也是如此，2017年政府规定的最低工资为435欧元。最低工资在2018年将进一步增加，因为2017年10月政府已通过法令，将最低工资提高到每月480欧元。然而，有人批评这项措施，因为根据计算，增加的最低工资只会导致穷人净收入的小幅增加，同时大幅增加雇主的劳动力成本。斯洛伐克共和国全国委员会独立成员约瑟夫·米哈尔（Jozef Mihál）甚至称国家是最低工资增加的唯一受益者，因为国家将收取额外7000万欧元的社会和医疗保险费。

与此同时，2017年失业率一直在下降。斯洛伐克2017年的失业率为8.13%，比2016年下降1.5个百分点。尽管失业率下降和工资上涨，但对劳动力的需求一直在增加。根据斯洛伐克国家银行报告，2017年，有近6万个空缺职位，而2016年空缺职位只有3.8万个。这导致了所谓的劳动力短缺的情况。这种情况主要影响了汽车行业，尽管该行业的平均工资远高于全国平均水平。为了解决劳动力短缺问题，许多公司不得不依靠来自其他国家的移民工人，这些工人主要来自乌克兰和塞尔维亚。

尽管整个国家的经济状况有所改善，但是斯洛伐克东西部之间的鸿沟仍在加大。根据每月家庭收入数据，普雷索夫和科希策这两个东部地区最为贫困。部分原因是该国东部缺少外国投资。在这方面，据称，中国对这两个地区进行投资可以改善这种状况，尽管对两地投资的细节仍然很模糊。

就贸易而言，2017年斯洛伐克的出口额达到748亿欧元。这是斯洛伐克国家银行的计算数据。2017年贸易的精确数据尚未公布，但2016年的数据可以反映斯洛伐克的贸易情况。2016年，斯洛伐克最大的贸易伙伴是欧盟成员国，占斯洛伐克出口的85%。对欧盟成员国的出口份额在过去10年一直保持稳定。德国和维谢格拉德集团其他国家是斯洛伐克在欧盟28个成员国中最重要的贸易伙伴，分别占约22%和25%。非欧盟国家并不是斯洛伐克出口的主要国家。世界上最大的两个经济体——美国和中国只占斯洛伐克出口的很小份额。美国仅占2.43%，而2016年斯洛伐克出口到中国的份额仅占出口总额的1.63%。这些数字在过去几年相对稳定，并且在2017年改变的可能性很小。2017年斯洛伐克进口额达到718亿欧元，贸易达到平衡。进口结构与出口结构非常相似，同样，斯洛伐克进口的主要国家仍然是欧盟国家。

2. 斯中经济关系

中国进入了斯洛伐克政府2017年经济伙伴名单，并进一步靠前。斯政府希望深化与中国的经济联系，2017年4月11日，斯洛伐克议会通过了由斯经济部提交的《2017—2020年斯洛伐克与中国经济关系发展纲要》，这是斯洛伐克唯一的单独与一个国家签订的战略文件。而且，斯洛伐克是维谢格拉德集团中唯一出台具体的"中国战略"的国家，而且可能很快就会获得中国的一些重大投资项目。该构想在行动计划中得到进一步发展，但尚未得到政府的批准，因为它仍然是各部委和利益相关团体之间进行谈判的主题。正如发展纲要中提出的那样，斯洛伐克希望从中国的"一带一路"倡议中受益。如果斯洛伐克政府在构想中提出的雄心壮志取得了成果，我们可以期待斯中关系的进一步深化。总之，这些文件表明，斯洛伐克需要利用（同时还在加强）经济合作与中国搞好政治关系。随后，文件提到了实现这一目标的各种措施，包括增加在华外交人员的数量，为吸引中国投资者和游客在中国各地开办"斯洛伐克之家"、尝试制订利用中资在斯洛伐克境内修建基础设施的计划等。

迄今为止，在维谢格拉德国家中，斯洛伐克获得的中国外国直接投资最少。但是，这可能会很快改变。整个2017年，有传闻称中国在斯洛伐克有几个潜在的投资项目。其中最大的一个是中国河钢集团有意购买斯洛伐克东部科希策的美国钢铁厂，该钢铁厂为美国钢铁公司旗下企业，交易总额或将达到14亿欧元。随着美国钢铁公司与斯洛伐克政府签署的谅解备忘录即将于2018年停止，河钢集团投资的主要障碍将被消除。这一项投资有可能使斯洛伐克成为中国在该地区投资最多的国家。

其他两项投资在2017年正在谈判。斯媒体公开表示，中国华信能源有限公司（CEFC）在邻国捷克投资巨大，并准备与捷克斯洛伐克投资集团"Penta"共同投资购买斯洛伐克最大电视台

"Markíza"的母公司。另一项投资是捷豹路虎最终与斯洛伐克达成协议，将在斯洛伐克建设新的生产工厂，这将成为斯洛伐克汽车行业的又一补充。然而，一些评论员表示，他们担心这项投资规模会相当小，因为捷豹路虎计划每年生产约3.6万辆汽车，这个产量与其他在斯洛伐克的汽车制造商相比，产量相当小。

在贸易方面，斯洛伐克正与中国保持贸易平衡。在过去10年中，从中国进口到斯洛伐克的价值远高于斯洛伐克对中国的出口价值。随着时间的推移，贸易逆差的规模一直在增长。2010年贸易逆差为19亿欧元，2016年已高达45亿欧元。

3. 结论

总的来说，斯洛伐克的经济状况正在改善。根据宏观经济数据，很明显，国民生产总值保持增长，在欧盟国家中增长速度相对较高。尽管整体经济状况有所改善，但这并没有使得人民的生活水平普遍提高，传统的东西部差异仍在持续。吸引外国投资者到斯洛伐克东部可能部分缓解这种状况。中国河钢和捷豹路虎的投资可能是一个好的开始。但是，政府仍需要努力促进对东部的投资。

（七）斯洛文尼亚

2017年，斯洛文尼亚经济领域围绕着一个无法预测的话题展开。当年5月、6月和7月各发生了一场火灾，这三场发生在工厂的火灾摧毁了厂房，严重破坏了环境。这三件不相关的事件引发了关于某些行业环境影响的公开辩论。因此，在由政府主导引进外国投资项目、在霍策—斯利弗尼察（Hoče-Slivnica）建设麦格纳斯泰尔（Magna Steyr）工厂时，建立了放开有关公共利益的问题、政府的角色、环境安全和法规等问题的框架。

1. 2017年三件破坏环境的事件

2017年5月15日，在距首都21公里的小镇瓦赫尼卡（Vrhnika），当地的化工废物回收厂"Kemis"发生了一场大火。工厂里有很多的危险废物，火灾造成了环境的灾难。大火是从储存工业、家庭、医院、建筑业和农业有毒废物的库房开始的。在发生火灾时，化工厂储存有几种极其有害的材料，如油、清漆、溶剂、油漆和药剂，其中包括14年前就已禁止使用的除草剂莠去津。火灾持续了一天，由超过250名消防员组成的一支消防队扑灭，留下了可怕的后果。周围的居民不得不撤离，人们因吸入烟雾而受到伤害，造成头痛、呼吸困难和各种各样的其他症状。土地和花园被毁坏，散落着熔化的塑料和其他材料碎片，这些材料再也无法使用。所有的农产品都必须丢弃。而造成的最严重的污染是废物流入附近的托伊尼察河（Tojnica），这条河穿过首都卢布尔雅那，是卢布尔雅尼察河的支流，流入的废物导致托伊尼察河的鱼大量死亡，其中包括受"自然2000"（Natura 2000）自然保护区保护的物种。对所遭受的损害需要花费数周时间才能完全评估和分析。工厂主在应对灾害上与政府、媒体和当地社区的合作很不利。

仅仅过了一个月，即6月8日，在斯洛文尼亚东北部柳托梅尔的"Eko Plastkom"公司下的一个工厂也发生了火灾。该公司同样是处理危险废物回收的，主要是回收废蜡。后来发现火灾是由于纵火，但案件尚未解决。虽然此次火灾对环境的损害远不及"Kemis"的那场火灾，但工厂周围的农地和水资源也受到了影响。

7月20日，斯洛文尼亚东南部诺沃梅斯托附近的废物回收工厂"Ekosistemi"也发生火灾。由于火灾的范围很大，火势迅速蔓延，从木材废物储存库扩散到聚乙烯和其他废料，因此，火灾用了很长时间才被扑灭。这次火灾使当地居民受到很大影响，浓重的黑色烟雾导致很多人中毒，呼吸困难。

这三场火灾的结果不同，"Kemis"化工厂火灾的后果最严重。三场大火引发公众对火灾及其后果以及对类似投资的讨论，主要集中在三个方面。第一，没有严格执行相关规定。例如，"Kemis"工厂是以低风险的配置来申请环境许可证，因此不受安全要求的限制，如欧盟塞维索指令（Seveso Directive）；第二，当地社区希望在这些问题上有更多发言权。例如，瓦赫尼卡市长与非政府组织共同制订了一项当地倡议，以防止"Kemis"工厂在该镇进一步建设工业设施；第三，政府和国家机构反应迟缓，很多批评指向政府反应迟缓和国家机构的不透明政策，如环境检查等。

2. 麦格纳斯泰尔在霍策—斯利弗尼察的投资

2016年年中，斯洛文尼亚政府在其东北部新的工业中心——霍策—斯利弗尼察市公开发布了一个投资战略。该投资战略由原加拿大汽车工业巨头麦格纳提供，名为麦格纳斯泰尔，地点在斯洛文尼亚和奥地利边境的格拉茨，主要是技术和工程中心。在霍策，他们想投资建设一个汽车喷漆工厂。该投资为失业率相对较高的这一地区承诺，为当地提供400个就业岗位（最多3000个）。但该计划的缺点是，建设这样的工厂需要利用超过90公顷的优质农地和森林。2016年12月，议会通过了保障麦格纳投资的法律，这也使得未来的征用成为可能。这个受到高度质疑的《麦格纳法》（Lex Magna）（因为它被看作是专门针对这项投资的法律规定）甚至于2017年夏季被提交给宪法法院，但被驳回。

在2017年头几个月，最初的反对意见主要集中在农地的损失和附近地块的潜在退化问题上。而政府强烈支持麦格纳计划，声称当初选定的地点主要是低质量的森林，且不会造成当地所有者的损失。但是，环保组织则认为，在此之前，森林已经变成了田地，因此，这个地点是不可行的。

5月至7月的三起火灾事件之后，这场辩论的方向完全改变了。特别是最具破坏性的"Kemis"案例被环保组织视为一种警告，指出汽车油漆设备在危害环境的行业中就是一颗定时炸弹。因此，反对麦格纳公司投资的辩论现在主要集中在对环境可能造成的破坏性影响上。在7月举行的关于麦格纳环境许可申请的公开辩论中，非政府组织，如阿尔卑斯—亚德里亚绿色环保组织（Alpe Adria Green）、"Umanotera"、促进可持续发展运动和斯洛文尼亚电子论坛，以及一些当地代表，特别是邻近市镇的代表强调了以下几点意见。

第一，火灾的危害和对环境的危害。由于设备中使用剧毒物质，对人员和环境造成潜在危险，而环境许可证的批准文件未对其进行评估。

第二，未能对更大范围的潜在风险进行分析。不能仅仅对附近地块造成的危害进行分析，应分析更大面积的潜在危害风险。

第三，选址偏僻。由于害怕农地损失而导致地点偏僻，应提出一些基础设施更好、对环境损害更少的替代方案。

第四，供水问题。麦格纳工厂额外的用水需求可能会对该地区现有的供水构成风险，特别是在夏季吃水季节，这可能也是造成火灾时的一个问题。

第五，设备产生的危险废物（每天约3吨）。

政府方面强烈支持该项目的主要原因侧重于为当地提供新的就业机会和商业机会。斯洛文尼亚经济发展与技术部部长兹德拉弗科·波契瓦尔舍克（Zdravko Počivalšek）甚至支持由东北各地区的前市长组成的调停小组进行调停。斯洛文尼亚环境局（ARSO）颁发环境许可证后，几个非政府环保组织决定提起上诉。但霍策—斯利弗尼察市当地社区组织起来要求建设工厂，他们认为相对而言，承诺提供工作机会的利益胜过潜在的环境风险。麦格纳公司威胁要撤出该地区，在匈牙利开设另一家工厂，在这种压力下，同时通过调解，环保组织被迫放弃了上诉。麦格纳公司因此获得了环境许可证，并于2017年10月获得了设备的建设许可证，于11月发布了第一份招聘广告。作为斯洛文尼亚总理采拉尔领导的政府的重大成就之一，麦格纳投资项目为未来此类外商投资提供重要的案例，同时，它还影响了舆论和媒体对与环境问题相关事务的报道。

（八）匈牙利

2017年前11个月，匈牙利经济的基本面进一步改善，公共债务稳步下降，经济增长率相对较快，然而，以公共债务平稳下降为特点的匈牙利经济中，劳动力短缺成为新现象，且通货膨胀正在缓慢上升，从而迫使匈牙利央行加息并为中长期发展创建一个不同的经济环境。

2017年前三个季度，匈牙利经济增长迅速。前9个月的经济增长主要由两个因素驱动：私人消费和投资的强劲增长推动了国内生产总值的提升，净出口与2016年同期相比略有下降，反映了国内需求强劲。根据匈牙利统计局（KSH）的初步估计，2017年前三季度经济增长3.8%。根据其他预测，2017年，匈牙利经济将增长3.8%，经济增长率将超过欧盟和中东欧的平均值。然而，波兰、罗马尼亚、拉脱维亚和捷克2017年的经济增长速度更快。匈牙利制造业增长率为105%（以上年为100%），建筑业为122%，零售业为106%，旅游业将高于匈牙利的平均水平，根据匈牙利经济研究所的预测，由于天气造成2016年的农业表现不佳，2017年的产量将下降10%左右。

根据匈牙利经济研究所的数据，纵观国内生产总值的消费方面，私人消费和投资是匈牙利经济极速扩张背后的主要推动力量，而进口增长（与2016年相比为8%）将略高于出口增长（6.5%），从而对外贸易收支盈余减少。截至2017年8月，由于出口增长了10%，而进口同比增长了14%。2017年9月，贸易顺差达到9.28亿欧元，比2016年同期增加了0.36亿欧元。

2017年，匈牙利经济的快速发展得益于有利的世界经济发展趋势和区域经济条件。虽然世界经济前景乐观，但未来发展方面仍存在明显的下行风险（如特朗普政府不可预测的外交政策及其对外贸易和投资的影响、对于重塑欧元区的诉求、希腊和意大利公共财政状况、欧盟成员国中东部与西部国家之间的内部政治紧张状态等），当然，就目前来说，这些风险对增长率没有造成任何不利影响。

根据各种预测数据，2017年匈牙利工资总额将增长13%，而实际工资将提高10%—11%。这些增长主要是由劳动力短缺推动的，特别是在制造业方面，在许多其他行业也是如此，工资压力还来自公共部门。此外，在工资上涨15%这个底线的基础上，2017年最低工资上涨了25%。劳动力市场的表现积极，失业率降至前所未有的4.2%。失业率创历史新低可以用移民来解释，而这在统计数据中没有显示，带来的结果是劳动力短缺和经济增长强劲。匈牙利政府在2013年推出了一项公共工作计划，该计划要求失业人员参加公共部门的工作，如做街道清扫员或地铁检票员，而不是领取失业救济，做公共部门的工作的薪酬低于最低工资水平，因此，拉低了失业率水平。当时，这些措施受到经济分析人士的严厉批评。2017年，由于政府采取措施，使公务员人数大幅减少，这些人被私人劳动力市场吸收，表明政府的计划达到了目的，实现了目标，使失业人员重返劳动力市场。但同时必须明确强调的是，劳动力短缺和工资的上涨将会限制未来增长的前景。随着工资和价格的不断上涨，2017年上半年，调和消费者物价指数（HICP）通胀率同比上涨2.3%。由于国内需求强劲促使经济增长，通货膨胀率将进一步回升。

到目前为止，匈牙利中央银行没有提高关键利率，但继续实施流动性增强措施，其目标有两个：减少布达佩斯银行同业拆借利率（BUBOR），以尽量减少匈牙利企业向银行贷款时的利率，并将存入银行账户的现金转换成国家投资债券。

根据不同的估计，2017年匈牙利固定资本形成总额将增长20%。国际金融危机后，固定资本形成总额连续4年持续减少；自2013年以来，由于每年来自欧盟的资本转移，总投资增长了约10%。除了欧盟的资本外，匈牙利固定资本形成总额还包括来自降低企业税和房屋贷款利息率的所得。然而，虽然匈牙利的经济发展速度加快，匈牙利2017年的投资率为20.5%，与GDP相比仍然很低。

正如我们看到的，匈牙利的经济发展仍然依赖于外部资本转移。在2008年之前，这些外部转移主要是私人信贷和外国直接投资，而现在来自欧盟的资本转移在匈牙利经济中具有相同的功能。来自欧盟的资本转移在匈牙利经济中发挥了关键作用，使匈牙利经济政策的管理者们强烈感觉到，依赖西欧是强大的，并且最大可能地影响了匈牙利今后很多年的经济发展。

2017年，匈牙利的公共预算将达到GDP的1.8%左右，与

2016年的1.6%相比略有增加。尽管如此，公共赤字连续6年低于3%的门槛。但这一成功是有代价的，因为实现低赤字所采取的一些政策措施并不能促进经济活动。最明显的措施就是非常高的增值税率，达到27%，而这种新的一整套政策的其他措施也经常遭到分析人士的批评。2010年之后的经济政策，其优先顺序与之前不同。2009年的国际金融危机创造了一个新的外部和内部环境，导致该国之前采取的经济模式被重新评估。经过经济上的打击，匈牙利对其经济进行了分析，得出如下结论。

首先，经验表明，经济的发展不应依赖借外债获得的资金，这样就能防止经常账户在国际金融流动性不稳定时造成的不持续状况。

其次，很明显，经济增长必须建立在更广泛的基础之上。必须以更平衡的方式将国际贸易和国内需求因素（包括投资和消费）纳入到增长模式中，其中包括对劳动力市场和可持续信贷融资的积极干预。

最后，必须不惜任何代价控制预算赤字、减少公共和私人债务来恢复宏观经济平衡。

这些因素仍然是匈牙利经济政策的基石。这些结论的焦点在于减少对西欧的片面依赖，从而扩大国内财政和货币政策的操纵空间。从这个角度来看，为什么匈牙利经济政策的管理者不打算取消部门和个人的公司税，而是将其视为匈牙利经济政策长期和不可分割的部分，就可以理解了。

对2018年匈牙利国内生产总值增长率的不同预测得到了相似的结果，即2018年国内生产总值增长快速。匈牙利经济研究所的预测是3.8%，欧盟委员会是3.7%，匈牙利世纪末经济研究所是3.8%。这三个预测同样认为继续完善公共预算政策和控制消费者通胀指数上升速度是合理的。

表2-2　　　　　　　　匈牙利国内生产总值预测（%）

	2017年	2018年
匈牙利世纪末经济研究所	3.8	3.7
匈牙利"GKI"经济研究所	3.8	3.8
欧盟委员会	3.7	3.7

未来，匈牙利的经济发展面临风险，其中以下几点是必须注意的：通货膨胀率上升、劳动力市场紧缩和预算赤字放宽都是经济过热的明显迹象。由于有了欧盟的资金，这些情况最有可能在2018年显现，而选举年并不是大幅改变经济政策进程的恰当时机。根据匈牙利目前的情况，宽松的预算政策意味着预算赤字占GDP的比重可能会增至2.1%。这种增长可能增加税收。从2018年开始，匈牙利的社会保障金和公司税将降低，但同样必须强调的是，收入增加了，支出也增加了，这样的措施会助长财政状况的恶化。问题是，匈牙利经济政策的管理者如何在不抑制增长和不停止匈牙利赶超西欧国家进程的情况下控制经济过热。

三　社会发展

（一）波兰

波兰的社会变革已成为1989年后政府的严重问题。第一个问题是，加入欧盟后，超过250万人从波兰移居到西欧国家。第二个需要讨论的问题是迁入波兰的移民问题。第三个牵涉波兰进一步发展的重点问题是，波兰东部地区的人口减少和2030年前波兰国内人口发展趋势。

根据波兰统计局提供的数据，截至2016年年底，暂时有大约250万波兰公民离开波兰。大多数波兰人口移民到欧洲，这部分人约有220万，其中绝大多数（约210万人）移民到欧盟成员国，2016年的这个数字比2015年增加了11.3万人。在欧盟国家中，波兰移民人数最多的居住地是英国（78.8万人），之后分别是德国（68.7万人）、荷兰（11.6万人）和爱尔兰（11.2万人）。与2015年相比，2016年在英国和德国的波兰人数显著增加，而这两个国家是近年来波兰移民的主要目的地。2016年在英国的波兰人增加了6.8万人（9.4%），而在德国，波兰人的数量增加了3.2万人（约5%）。此外，奥地利、比利时、丹麦、荷兰、爱尔兰和瑞典成为波兰移民的重要目的地。西班牙和意大利的波兰移民人数与前一年相比略有下降。作为非欧盟国家的挪威，2016年有超过8.5

万波兰人。大多数波兰公民认为移民的最重要原因是上述国家比波兰的工资高（77.8%），第二个原因是认为上述国家具有较高的生活水平（58.9%），第三个原因是有机会旅行和探索世界（44%），37.3%的受访者认为移民能够获得更好的社会条件和更好的职业前景。超过31%的波兰人向外移民是由于在波兰缺乏适当的工作。受访者指出的第四个，也是最后一个原因是上述国家有更优惠的税收制度、更友好的公共管理、更安全的地缘政治位置和家庭（亲属生活在国外或打算居住在国外）。

2017年上半年，波兰发放了8.9万份居留许可证给外国人。与2015年相比，增幅达87%，与2016年上半年相比，增长了42%。有87%的人申请临时居留，只有11%的人申请永久居留，但只有2%的申请是欧盟居民申请的。大部分居留在波兰的申请是由乌克兰公民提交的（65%）。对定居波兰越来越感兴趣的是白俄罗斯公民（更可能申请永久居留）和来自印度的公民（更多时候申请临时居留）。目前，超过200万的乌克兰人在波兰工作。波兰政府向6个国家公民提供了在波兰工作的新的优惠措施，这6个国家是：亚美尼亚、白俄罗斯、格鲁吉亚、摩尔多瓦、俄罗斯和乌克兰。

据外国人办公室介绍，2017年上半年，有2553人申请了波兰的国际保护。这些人主要来自原苏联地区：所有申请中，有84%是由与波兰相邻的三个国家公民提交的，即俄罗斯（1769人，占总数的69%）、乌克兰（378人，15%）和白俄罗斯（24人，1%）。

从上述过程和财务转移（即公民汇回的钱）的角度来看，波兰已成为移民国家。多年来，波兰一直是向外移民国家。用最简单的话来说，现在有更多的钱从波兰汇往国外，而不是从其他国家汇到波兰。

第三个重要问题是波兰乡和县的人口稀少。到2030年，2478个乡中的1007个乡，人口将减少5%以上，332个乡的人口将减少10%以上。人口下降超过10%的乡中大多数位于波兰东部所谓的"东墙"。人口下降幅度大的乡集中在波德拉谢省（高达44%）、卢布林省南部、与俄罗斯接壤的边界地区、西滨海省和波兰东南部的山区。

小波兰省、滨海省、大波兰省和马佐夫舍省中部（华沙聚集区与邻近乡一起）的人口状况比较好。值得关注的是喀尔巴阡山省，尽管它位于"东墙"地区，在人口大幅下降的乡中，下降比例相对较小。人口增长的地区主要在最大城市中心附近的城市。但应该指出的是，中等城市有郊区化趋势。另外值得注意的是，大多数主要城市中心的人口有下降的趋势。在超过10万人口的39个城市中，只有6个城市有人口增加的趋势，它们是热舒夫、华沙、格但斯克、克拉科夫、弗罗茨瓦夫和锡隆纳葛拉，然而，只有在热舒夫和华沙的人口增长高于5%（分别为7.2%和5.1%）。年轻人最多的地区是滨海省和小波兰省，在这两个省的城市中，年龄在65岁及以上的人口比例相对较小。

（二）捷克

尽管根据经济合作与发展组织数据，捷克共和国的生活质量和福利水平存在波动，但生活满意度在过去10年中保持稳定，在经济合作与发展组织的东欧各成员国中名列前茅。在经济合作与发展组织的"更好生活指数"中，捷克共和国也名列前茅，其在就业和收入、人身安全、教育和技能、主观幸福感和工作与生活平衡方面均高于平均水平。相反，它在住房、健康状况、收入和财富、社会关系以及公民参与方面均低于平均水平。捷克正在努力解决一些重要的社会问题。

捷克社会老龄化非常快（见图3-1），其人口结构预计将在未来50年内发生巨大变化。人口老龄化是捷克面临的最大经济和社会挑战之一。根据联合国的人口统计预测，老年人口（60岁及以上人口占总人口的比重）预计将从2017年的25.6%升至2050年的36.7%，是中东欧老年人口所占比重最高的国家之一（匈牙利为34.7%，波兰为39.5%）。劳动年龄人口的比重正在缩小，中年

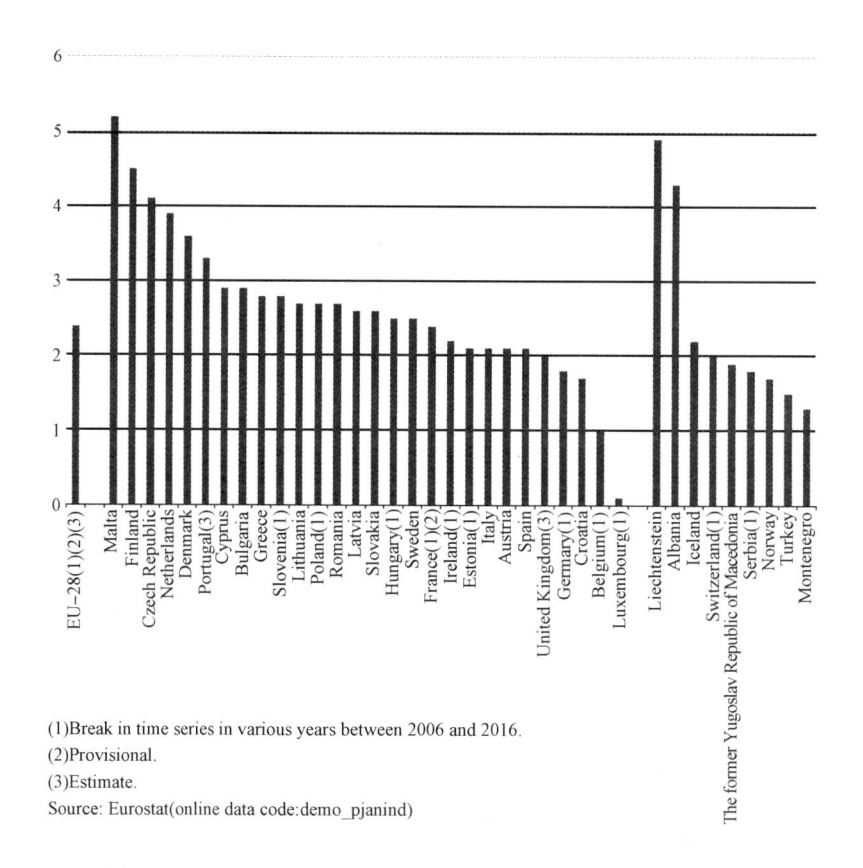

(1) Break in time series in various years between 2006 and 2016.
(2) Provisional.
(3) Estimate.
Source: Eurostat(online data code:demo_pjanind)

图3-1　2006—2016年捷克共和国65岁及以上人口增长趋势

资料来源：欧洲统计局（2017年）。

人的平均年龄将从2017年的41.4岁升至2050年的47.9岁。这些人口发展趋势可能对捷克经济和各种政策领域产生重大影响。然而，该国尚未做好应对人口老龄化的准备。2006年，捷克成立了老龄人口和老龄化委员会，这是一个向政府提供人口老龄化问题建议的常设咨询机构。2013年，捷克批准了《2013—2017年国家老龄化积极行动计划》。但是，这些政府活动因为准备不足及实施不利而受到批评，政策尚未得到充分落实。

"天鹅绒革命"已过去29年，捷克共和国成为一个稳定的西方民主国家。总体来说，其社会和政治机构都发展良好。尽管如此，2017年捷克社会发展的特点是政治和社会的民粹主义和不自由的力量日益增强。2017年大选结束后，我们也可能会观察到对一些政治领导人（特别是大选后最强大的政党——"ANO 2011"运动的领导人巴比什先生）的经济活动和利益冲突的争议。

从2016年开始，社会舆论关于移民及有关安全问题的关注度越来越高，尽管移民数量急剧下降。虽然捷克境内的非洲或中东难民人数非常少（与来自欧洲一些国家或越南的移民相比，以及与向欧盟其他成员国移民相比），但公众的担忧一直在增长。捷克持有居留许可的移民总数约占总人口的4%—5%（远低于经合组织的平均水平）。最大的移民群体是乌克兰人、斯洛伐克人、越南人和俄罗斯人。据统计，有2/3的移民于10年前移民到捷克。与其他经合组织国家的移民人口相比，生活在捷克共和国的移民在贫困、就业、失业、资格匹配和社会支持方面，都是处于比较积极的状态。然而，来自阿富汗、伊拉克和叙利亚这些国家的寻求庇护者和新移民更愿意前往德国或斯堪的纳维亚国家而不是捷克（捷克主要是通往西欧的过境国）。

社会上激进的反移民组织主要是反对伊斯兰教的极右翼团体、

新政党（主要是自由和直接民主党），但他们也得到支持，如泽曼总统和巴比什总理的反移民言论。根据欧盟委员会的统计，欧盟内难民重新分配的强制配额受到捷克社会的普遍反对。

近年来广泛争论的另一个问题是媒体所有权的变化，这一问题与当地商人的收购有关。例如，捷克最受欢迎和最畅销的小报"Blesk"，在2013年被詹耶·伊克热廷斯基（Daniel Křetínský）收购。由马夫拉集团（Mafra Group）出版的一些热门日报由前财政部部长、现任总理安德烈·巴比什先生所拥有。该国已因这些收购行为受到强烈批评，尤其是在2017年竞选活动期间。据批评人士（包括欧洲议会成员和非政府组织）说，2014—2017年，对于捷克那些拥有政治权力的人，自由传播信息和重要新闻的批评大幅减少，主要原因是捷克媒体受到的政治压力日益增大。

针对捷克共和国境内新的恐怖主义威胁和激进化以及海外虚假宣传活动，内政部设立了专门的分析部门——反恐怖和威胁中心（CTHH），在网上打击假消息和假新闻，它的目标是确定和监测与国内安全（与恐怖主义、软目标攻击、移民安全、极端主义、公共集会、违反公共秩序和不同犯罪有关的）相关的威胁，还有与内部安全有关的假情报活动。该中心提供实质性和立法性的解决方案，并在可能的情况下实施。它还将针对某些问题的信息传播到普通和专业人群中。但该中心也受到了批评。例如，它受到捷克总统办公室的抨击，认为它可能会推进审查制度，并限制该国的言论自由。

尽管前政府采取了多项反腐措施，但政治和商业腐败仍然是捷克共和国的主要问题。根据透明国际驻捷克代表的说法："腐败正在改变其形式，有影响力的团体不再需要违法，他们反而推动法律变革并使错误的东西合法。"2017年，捷克在透明国际的腐败指数（CPI）中的排名再次下降。捷克共和国在176个国家的腐败指数中排名第47位。波兰排名第29位，斯洛伐克第54位，匈牙利第57位。大多数捷克人认为腐败是一个巨大的问题，对于在该国开展商业活动和社会关系也有负面影响。贿赂和使用关系可能是获得公共服务的简单方法，捷克出现了"资助政党以换取公共合同或影响政策制定"的案例。这也是对中央政府有信心的人数不断下降的原因之一。另一方面，由于看到欧盟中存在腐败问题，捷克共和国企业的数量减少最为显著。

（三）马其顿

2017年马其顿的社会发展进程有四个显著特点。第一是种族民族主义的新动态，种族话语权在政治精英中日益增强，但却没有在广大的普通民众当中同步增长；第二是（反）腐败问题的双重标准的产生和克服过程；第三是新的保护环境和保护动物权利的运动以及公民动员的出现；第四是令人担忧的仇外倾向，这与马其顿公民不断增长的向海外迁移的愿望相矛盾。

1. 种族民族主义的新动力

在其最近的历史中，马其顿频繁发生所谓的政治民族紧张局势，这与2001年的种族化军事冲突相呼应。此后，为了保证阿尔巴尼亚族的利益得到最好的体现，发布了一项新的规定，该规定指出，如果执政联盟没有阿尔巴尼亚族政党的参与就不可能组成政府。实际上，执政的阿尔巴尼亚族党派是阿尔巴尼亚种族主义的党。2001年，它作为一个高级别的民族武装出现在马其顿政治舞台，在马其顿社会民主联盟（SDSM）和马其顿内部革命组织民族统一民主党（VMRO-DPMNE）执政时，阿尔巴尼亚族融合民主

三 社会发展

联盟（DUI，2006—2008 年除外）分别成为这两个政党的执政联盟伙伴。在 2016 年的选举中，阿尔巴尼亚族融合民主联盟被视为马其顿内部革命组织民族统一民主党不恰当行为的同伙，因此，其在阿尔巴尼亚族中的支持率开始下降，同时，马其顿出现了新的小型阿尔巴尼亚族政党，还有一些阿尔巴尼亚族也投票支持马其顿社会民主联盟。

然而，在 2016 年选举之后，两个主要的马其顿族政党中（格鲁埃夫斯基的马其顿内部革命组织民族统一民主党和扎埃夫的马其顿社会民主联盟）没有一个能够单独成立政府。他们需要阿尔巴尼亚族融合民主联盟和一些新成立的阿尔巴尼亚党派的支持才能组建联合政府。阿尔巴尼亚族的政治领导人在这个时候联合起来提出一系列民族方面的要求，他们与马其顿社会民主联盟达成了协议，最终与马其顿社会民主联盟而不是马其顿内部革命组织民族统一民主党成立了联合政府，导致反对阿尔巴尼亚族和支持马其顿内部革命组织民族统一民主党的人举行了抗议活动。在新的马其顿社会民主联盟政府执政期间，开始不断推进重塑民族认同的主流趋势，并进一步推动阿尔巴尼亚族的种族标志和语言。

然而，尽管精英政治主要侧重于民族认同问题，但大多数民众仍与这一进程保持距离。阿族人一直对阿尔巴尼亚族融合民主联盟持怀疑态度，马族人也很少表现出反阿尔巴尼亚情绪，马其顿内部革命组织民族统一民主党领导的抗议活动仅表达民族诉求，但实际上他们试图提高自己党派在社会上的影响力，然而这样的努力失败了。马其顿两大族群的大多数民众仍然要求的是改善生计和解决大规模的腐败问题。双方的代表强烈地意识到，大多数的转型主要是精英们讨价还价的结果，他们避开了最严重的问题。

需要注意的是，在马其顿还有其他更小的种族团体，他们对两个民族社会框架（马其顿族和阿尔巴尼亚族）的出现表示担忧，因为马其顿实际上是一个多元的、多文化的国家，而不是只有两个民族的国家。尽管如此，对于普通的马其顿公民，无论是马其顿族，还是阿尔巴尼亚族，或是其他少数民族来说，2017年，种族问题仍然没有成为首要议程。

2. 反腐、道德政治和（克服）零和思想

马其顿政治是一个黑白二分游戏，总是有"好人"和"坏人"，随着时间的推移，角色也在不断变化。这是由于反腐败的社会言论和无处不在的道德判断。公众对腐败的看法和传言一直是马其顿政治文化的核心要素。然而，尽管多届政府被证明腐败，许多前政府官员由于腐败而被监禁（包括现任总理佐兰·扎埃夫，他于2008年由前总统茨尔文科夫斯基赦免），在格鲁埃夫斯基政府的最后几年里，反对派力量对反腐败的呼声达到了顶峰。有举报显示马其顿的政府治理是不负责任的，实际上也有其各种严重腐败的证据。在西方的共同努力下，成立了一个特别检察官办公室（SPO），负责调查举报材料揭露的所有腐败现象。随着政府的更迭，现在的特别检察官办公室得到了执行部门的大力支持。2017年秋季，特别检察官办公室接手的一些备受瞩目的案件已经得到推进，其中还包括对前总理格鲁埃夫斯基及其相关人员和一些前任部长的调查。

然而，作为一种思想，反腐败已经大大改变了马其顿的政治和社会。其效果是复杂的。为此，现在大多数政治家都强调负责任的治理的重要性，并且对如何使用公共资源以及如何行使权力进行了讨论。然而，在很多情况下，出现了一种叫作个性化责任的说法（意思是，那些对象只是个体，而不是一般原则和行为模式），根本没有考虑导致这种情况出现的结构条件。因此，在这个基础上，社会上出现了一种攻击某个特定人物腐败的现象，这样可以为其他人开脱。2017年，在马其顿内部革命组织民族统一民主党和阿尔巴尼亚族融合民主联盟联合执政的社会里，这种思想达到高峰。在马其顿内部革命组织民族统一民主党执政的11年时间里，阿尔巴尼亚族融合民主联盟与马其顿内部革命组织民族统一民主党共事了9年，在马其顿内部革命组织民族统一民主党的许多不当行为中，阿尔巴尼亚族融合民主联盟也牵扯其中，经常被马其顿社会民主联盟及其支持者公开指责。然而，一旦阿尔巴尼亚族融合民主联盟决定倒向另一方，腐败就完全是马其顿内部革命组织民族统一民主党的责任了，公共舆论的迅速转变导致了前执政党的惨败。与此同时，马其顿内部革命组织民族统一民主党将责任归咎于马其顿社会民主联盟，并没有思考其实他们自己也做了相同的错事。

当然，也有例外存在。2017年，社会各界（特别是社会活动家）积极参加了针对马其顿内部革命组织民族统一民主党的抗议活动，因此直接帮助马其顿社会民主联盟获得了权力，克服了在（反）腐败问题上的零和思想，现在转而又开始挑战马其顿社会民主联盟和阿尔巴尼亚族融合民主联盟。尽管这些社会活动家的努力仍然是孤立的、无组织的，但他们的出现也许是过去几年中最重要的发展成果之一。如果他们坚定地组织起来，他们可以成为一个重要的社会甚至政治角色，从而可以改变整个公共舆论。

3. 马其顿的悖论：不喜欢外国人，但又渴望移居国外

几乎所有的马其顿人都尊崇他们传统的社会价值观：他们是以家庭为主的、父权制的、信奉宗教的，同时是狭隘的。对此可以补充说，他们也是仇外的。2017年，由盖洛普所做的一项如何看

待移民和难民问题的全球性调查显示，在接受难民和外国人方面，马其顿在128个被调查国家中排名第128位，位居最后。马其顿公民不喜欢有外国邻居，他们没有外国朋友，也不想和外国人混住在一起。这种思想固然有其系统性的根源，但也与2015年的难民危机中马其顿的经历有关。马其顿处于巴尔干路线的中心位置，因此与中东欧国家对难民的消极看法一致。此外，近几个月来有传言称，马其顿可能成为难民被从欧盟驱逐出境的目的地，政府将建难民定居点。因此，难民问题被严重政治化，之后全国进行公开讨论，马其顿内部革命组织民族统一民主党利用人们的仇外情绪推进反对难民议程以获得公众的支持，而马其顿社会民主联盟政府谨慎对待公众的仇外情绪，同时确定告诉公众，难民在马其顿定居的传言是不属实的。

马其顿人不喜欢外国人的思想与他们迁往国外的愿望同时并行。尽管该国自2002年以来没有进行任何人口普查，但估计有数以万计的人离开马其顿。在民意调查中，出国的意愿始终处于非常高的水平，在年轻人当中出国意愿最高。除了经济原因外，在过去几年中，马其顿人还将政治和环境原因作为移居国外的主要动机。

4. 保护环境和动物权利运动的出现

马其顿是世界上污染最严重的国家之一，斯科普里的空气污染经常位居世界排行榜之首。这导致了过去几年环境保护运动的出现，到2017年这种动议达到了顶峰。2017年的地方选举中，污染问题成为最主要问题。公众不仅通过在线媒体进行宣传，也组织了抗议活动，并通过网络进行呼吁和宣传（口罩、空气净化器的供应以及应付大量污染的一般建议）。值得注意的是，尽管在地方选举前，控制绝大多数地方政府机构的马其顿内部革命组织民族统一民主党官员受到了强烈批评，但在地方选举（马其顿社会民主联盟以压倒多数胜出）之后，公众仍保持观望态度。重要的是，通过关注环境和污染问题，马其顿公民也开始关注经济措施和总体发展模式，为防止环境恶化而创造条件。在马其顿东南部发生了反对所谓的"死亡之矿"运动，在斯科普里进行的关于污染问题的辩论引发了对城市发展、法规和标准执行的深入争论。

同时，2017年发生了重要的动物维权运动。2017年年底出现了一个特殊的转折点，即对被训练有素的战犬咬伤一事进行报复（这在马其顿是非法的），一群人组织起来开始在斯科普里的街道上消灭流浪狗、家养犬和猫。一周内有数十只狗和猫被杀，其中大部分是被毒死的。这件事激起了社会的巨大反响，不仅是动物维权人士，还有其他社会活动家纷纷发声支持维护动物的权利。自此，反对残杀动物和战犬已成为主流政治问题，这项活动主要由斯科普里的城市中产阶级所支持。

（四）罗马尼亚

罗马尼亚2017年的经济和政治领域的事件都有报道，但在社会领域存在的某些风险却未被注意，而这些风险及其发展轨迹可能会对国家今后的政治和经济决策实践造成影响。

1. 从社会视角看罗马尼亚在欧盟中的地位

2017年第三季度，罗马尼亚努力成为欧盟成员国中经济增长率最高的国家。2016年，罗马尼亚国内生产总值增长率达到4.6%，是欧盟成员国中继马耳他之后（5.5%）增长率排名第二位的国家，是欧盟平均水平（2%）的两倍还多。然而，这个统计数字没有反映人口的福利。欧盟委员会最近发布的资料显示，

2016年，罗马尼亚有一半的人口，即两人中就有一人遭受物质和社会剥夺。罗马尼亚的物质匮乏程度是欧盟平均水平的3倍多，甚至超过了保加利亚，而保加利亚的人均GDP是欧盟最低的。

物质匮乏程度与所受教育水平相关，即在罗马尼亚没有达到初级和初中教育的人口中，有近2/3的人生活困难，而受过高中和非高等教育的人中，有近46%的人生活困难，而受过高等教育的人中只有15%的人有同样的境况。而很遗憾的是，罗马尼亚在教育上面临很多严重问题。辍学率从2013年开始上升，到2016年达到18.5%，几乎是欧盟平均水平（欧盟平均辍学率为10%）的两倍！2016年高等教育毕业生比重为25.6%，低于欧盟平均水平（39%）。因为教育经费很少，罗马尼亚在教育方面难有进展。与欧盟2017年教育经费占GDP的平均比重（4.9%）相比，罗马尼亚的教育预算仅为GDP的3.1%。这种情况有可能使罗人口的贫穷状况持续，特别是在农村地区，并进一步促使人口的迁移。

为了解决贫困问题，政府计划在2018年再次提高最低工资。已经公布了其他的增加项目，包括最低儿童补贴和最低养老金。欧洲的资金是解决这些问题的机会，但罗马尼亚的吸收率非常低。根据2017年年底由欧盟委员会报销的金额，实际吸收率只有6.5%。成员国之间的差距很大，罗马尼亚的下一步是通过坚实的投资战略、吸收更多的欧盟资金、确保商业往来，特别是财政环境的稳定性和可预测性创造新的就业机会，以弥合与欧盟成员国之间的差距。罗马尼亚的最终目标是人们的生活水平与欧盟趋同。

2. 医疗系统的危机

2017年，医疗保健体系面临严峻的问题，其中大多数源于医药行业的短视、管理危机和缺乏医护人员，导致的结果是影响患者获得治疗。

（1）麻疹流行

虽然麻疹疫情在欧盟的其他15个国家也有流行，但罗马尼亚受到的影响最大。2016年2月麻疹开始在罗马尼亚被发现。据报道，截至2017年7月中旬，共有8240例麻疹病例，其中32例死亡。2017年麻疹占已登记传染病总数的3/4以上。全国各地的麻疹传播范围很广，但在少数县的情况特别严重，这些县仅有50%多的儿童接种了合格疫苗。官方报告指出，1000例麻疹患者中有4人死亡，是专业文献中记载的死亡率的两倍。造成这种情况的原因有两个：第一个是父母拒绝为他们的孩子接种疫苗；第二个是长期缺乏疫苗。

尽管在前几年中，罗马尼亚在提供所需数量的疫苗方面没有任何问题，但2016年开始发生疫苗短缺，当时该生产商在欧盟没有得到授权进行生产和销售。自2017年以来，由于两个现有生产者无法提供必要的产品，疫苗供应受到阻碍。

同时，近年来，罗马尼亚被称为反疫苗运动国家，这种状况有不断增长的趋势。罗马尼亚的家长对儿童接种疫苗持保留态度导致免疫率持续下降，从2007年的95%降至目前的平均86%。世界卫生组织认为免疫率在95%以上才能防止疫情的爆发和蔓延。

针对这种情况，罗马尼亚政府加大力度提供接种疫苗信息，宣传接种疫苗的好处。同时，2017年10月通过了儿童义务接种疫苗的法律。该项法律规定，幼儿园和学校不接收没有接种疫苗的儿童，而反对儿童接种疫苗的父母可能会被罚款。此外，通过规范性法案，规定建立疫苗储备库，该储备库储备的疫苗数量至少与一年所需的数量相同，最低有效期为18个月。通过这种方式，罗马尼亚与其他17个欧盟成员国一样，对儿童疫苗接种实行强制性措施。

（2）免疫球蛋白危机和其他药物的潜在危机

免疫球蛋白在免疫治疗中作为药物,对于患有某些自身免疫性疾病的患者是不可或缺的。在罗马尼亚,目前约有500名接受免疫球蛋白治疗的患者。2016年,在政府作出决定后,免疫球蛋白被列入基本药物采购清单。尽管如此,由于患者数量少,因此,罗马尼亚药物生产商的供货利润减少了。此外,该药物是有补贴的,价格由政府确定。2016年,政府决定小幅上调免疫球蛋白的价格,由三个价格最低的欧盟国家的平均价格来确定,以激励这些生产商向罗马尼亚市场供货。在政府改变价格之后,2017年年初,卫生部部长决定从必需品药物采购清单中撤掉免疫球蛋白。这导致生产商由于价格低而逐渐从罗马尼亚市场撤出,因此,该药物从罗马尼亚市场上消失。

2017年7—8月,医院宣布他们缺乏足够的免疫球蛋白储备,无法提供给患者。此外,由于药物市场上缺少该药物,患者也无处购买。这种情况会持续3个月,而在11月,卫生部部长宣布提供一定剂量的免疫球蛋白。但这一数量只够20%正在治疗的患者使用,2018年1月还将继续提供一定剂量。政府决定快速召回药物生产商的方案是免除两年免疫球蛋白药物的递减税。该税收免除措施适用于所有为罗马尼亚提供药物的供货商。虽然这只是一个临时解决方案,但它有可能成为先例,并将此规定扩展到所有药物制造商,以确保他们获得更高的利润。不过,这是欧盟成员国对于从血浆和血液提取生产的医药产品所采取的做法。

前几年罗马尼亚递减税的增加妨碍了为罗马尼亚提供廉价的药物。在今后一段时期,2300种药物中可能有超过60%价格低于25列伊（约合5.5欧元）的药物从市场上消失。此外,过去一年半以来,由于制造或商业原因,有450多份临时或永久缺乏药物的通知上报给主管当局。

由于英国将于2019年脱欧而导致欧洲药品管理局重组,欧洲药品管理局准备从伦敦迁出,但罗马尼亚未能争取到该管理局在本国设址的机会。尽管由于罗马尼亚的医药教育质量比较高,布加勒斯特被认为是在东欧国家中最好的候选地之一,但罗马尼亚无法为欧洲药品管理局的员工提供必要的社会条件,如进入劳动力市场以及提供社会和医疗服务。

当局在处理这些危机以满足患者治疗要求的方式说明,罗马尼亚仍需要提高管理技能。

(3)医护人员的危机

近年来,医生和护士大量移民是罗马尼亚的一个长期性的问题。对2017年年中的一次评估显示,有1.2万名医护人员离开罗马尼亚,在其他地方从事专业工作。因此,罗马尼亚正面临着医生短缺的危机,在小城镇和农村地区的医院更为突出。

罗马尼亚的城乡差距很大。例如,在市区有6700个家庭医务室,农村地区只有4600个这样的医务室。此外,在城市地区有1.04万个执业医生办公室,而农村地区只有381个。在这种情况下,很难实施积极的预防措施。

(五)塞尔维亚

2017年,塞尔维亚共和国社会状况的特点是引起了媒体和整个民间社会关注的三次公开辩论。这些问题敦促政府进行多方面的反馈,有时有助于缓和局势,但有时却未能带来任何缓解。

1. 家庭暴力升级,特别是对妇女的家庭暴力升级

2017年年中,连续两起谋杀事件促使媒体和公众关注家庭暴

力问题。两名肇事者是丈夫，而两名受害者是他们的配偶。谋杀案是残酷的，而其中一个案件甚至发生在当地社会关怀中心，而社会关怀中心应该是特别照顾这样的家庭关系的地方。两名受害者在死亡之前多次报告家庭暴力，但社会关怀中心对上报的事件没有采取任何行动。这两起谋杀事件都发生在7月的同一周，而塞尔维亚国民议会通过的新《反家庭暴力法》刚刚于2016年年底生效。

新的《反家庭暴力法》在刑法中引入了两项新的罪名——性骚扰和跟踪。在程序上，它规定了针对罪犯所采用的紧急措施，其中包括将施暴者与受害者共同居所进行紧急隔离的可能性，或禁止施虐者与受害者接触的可能性。这些隔离措施适用在对暴力进行报警后在48小时内，隔离时间还可延长至30天。此外，新法还介绍了如果法官违反了对于罪犯采取短期和紧急措施的司法程序，警察及其他国家机关甚至公民对于罪犯的行为不予报告等相关责任予以处分。

新法仍然需要警察、检察官、法官和社会机构予以充分适应和实践。但是，家庭暴力的一些问题深深扎根于这些机构的固定思维中，并且不容易改变。根据非政府组织"自由女性中心"对受害女性直接调查得出的报告，问题在于对女性遭受侵害进行报警的怀疑、否认暴力的程度、暴力肇事者的理由及其他传统的塞尔维亚社会一些陈旧观念影响了这些公务人员对这些事件的处理。一些报告还指出，家庭暴力的升级与社会服务的减少同时发生。这种社会服务的减少是自2013年以来不断削减社保机构预算的结果，导致这些机构的大量优质员工失去工作。因此，留下来的工作人员负担沉重，更糟糕的是，由于工资较低，他们没有工作的积极性。最终的结果是缺乏团结和团队合作、管理素质不足、各地方的服务发展欠缺以及对现有工作人员培训的投入不足。

统计数据显示，这个问题非常严重。根据塞尔维亚共和国性别平等机构从2010年开展的一项研究，受访女性中有54.2%是家庭暴力的受害者，但只有37%的受害者对这种暴力行为选择了报警。根据共和国社会关怀中心的数据，2006—2012年，家庭暴力案件数量增加了300%。

2. 社会冲突和大型制造企业的罢工

2017年，在四家设备齐全的大型工业企业中，超过3000名工人进行罢工，这四家企业是：位于克拉古耶瓦茨的菲亚特克莱斯勒汽车公司，位于瓦列沃（Valjevo）的格兰尼亚公司（Gorenje），位于斯梅德雷夫斯卡帕兰卡（Smederevska Palanka）的企业"Gosha"以及建筑企业MBA"Ratko Mitrovic"。

菲亚特克莱斯勒公司与塞尔维亚共和国于2008年组建了菲亚特克莱斯勒汽车公司。菲亚特克莱斯勒公司接受了在塞尔维亚建设和经营一家汽车制造公司的计划，该公司计划每年生产30万辆汽车，生产几种车型，其中至少有一种中级车型和一种高级车型，而且使就业比例上升。然而，迄今为止，该公司产能每年仅为9万辆，且只有一种车型，而且也并不是特别成功，同时，实际就业率是下降的。塞尔维亚投入了大量资金，作为生产和社会方案的补贴。由于条约的主要部分不能公开，因此无法知晓条约的细则。塞尔维亚还建设了从工厂到10号走廊的快速公路和铁路运输线路。任何未能履行这些义务的做法都成为单方面终止条约的借口。协议的资金部分似乎已经落实，但基础设施部分并没有完全实施，时间早已超过，但还有5公里的公路尚未建设完成。

双边投资合同于2018年9月到期，并且罢工对其继续运营来说肯定无效。罢工者的请求涉及生产重组，因为目前1名工人平均要到 1.2 个车间工作。工人们还要求报销车间之间的往来费用，支付以前承诺的年度奖金，而最重要的是增加工资，使工厂的平均工资与国家的平均水平相等。塞尔维亚总理阿娜·布尔纳比奇介入了罢工者与管理层之间的争端，通过她的调解双方达成协议。工人们同意按年通货膨胀率每年提高薪水，同时他们集体重新签订为期三年的协议，在新的协议中，工人们同意放弃罢工。事实上，依据塞尔维亚宪法和与工作相关的法律，协议要求工人放弃罢工是非法的，因为罢工权是不可剥夺的权利。

在生产铁路车厢的工厂——"Gosha"，罢工持续了 150 多天，从 2017 年 3 月 28 日至 9 月底，直到工人们同意继续工作。"Gosha"是斯洛伐克公司"ŽOS Trnava"的子公司，其在 3 年多的时间里未付工人工资和社会福利金而导致工人罢工。当一名工人由于贫困在工厂自杀时，罢工就激化了，一些罢工者开始绝食。时任总理，现任塞尔维亚总统亚历山大·武契奇（Aleksandar Vučić）进行了干预以平息工人的罢工，因为工人们开始堵塞地区公路和贝尔格莱德至萨洛尼卡的国际铁路。该公司最终于 11 月 16 日破产，标志着拥有 80 多年历史的有声望的公司终结，该公司曾为塞尔维亚当地的 5 万居民提供了工作和生计。

3. 媒体自由和职业性问题

2017 年 10 月，欧洲新闻工作者协会主席在"自由欧洲"电台宣称，塞尔维亚目前是巴尔干地区侵犯媒体自由的最典型国家。各种相关国际组织，如欧洲委员会、国际研究与交流协会等的报告都支持了他的论点。作为塞尔维亚与欧盟谈判取得进展的指标之一，媒体自由极为重要，该项指标由欧盟观察员进行审查。塞尔维亚政府的欧洲一体化部部长曾经评论说，欧洲议会通过的关于这一进展的定期年度报告并未提及塞尔维亚媒体缺乏自由，而是提出，塞尔维亚需要提高媒体的文化和职业水平。该报告还评论说，塞尔维亚的局势并非最差，甚至可以认为比西巴尔干其他地区的局势要好，然而，由于塞尔维亚的欧盟候选国的地位，各机构和组织对塞尔维亚这一领域的期望值高于其他国家。

在文化和信息部工作组实施国家媒体战略的过程中，政府与媒体代表之间对媒体问题的看法有所不同。由于该工作组的代表组成不够平衡（4名媒体代表和6名政府代表），所有媒体代表都离开了该工作组。虽然部长表示这不会妨碍该战略的继续实施，但似乎该工作组不再能够以民主和透明的方式完成工作，因为它不再代表各方的利益。

媒体职业组织一再强调，他们的一些同事在2017年总统亚历山大·武契奇就职仪式上受到保安人员的虐待，且情况进一步恶化。到目前为止，检察院并没有在这起案件中找到理由采取行动，称为了总统安全考虑所做的反应符合法律和以往的经验，因此撤销了这些媒体组织对保安人员提起刑事诉讼的动议。

（六）斯洛伐克

1. 2017年斯洛伐克社会发展基本情况

根据斯洛伐克2016年的数据，我们可以对斯洛伐克社会有一个基本的了解。斯洛伐克共和国统计局称，截至2016年12月31日斯洛伐克总人口为543.5343万人，年增加9091人（净出生和移民人数总和）。

根据人类发展指数，斯洛伐克社会属于社会发展水平较高的社会群体。家庭平均收入为每人每月440.9欧元，是2001年平均家庭收入的两倍多。从地区来看，该国西部布拉迪斯拉发地区的家庭收入水平最高，东部地区的普里索夫（Presov）地区最低。根据家庭收入的数据，斯洛伐克仍然存在典型的东西部差距，另一个东部地区科西策是该国第二贫穷地区。统计显示，超过10%的人口无法糊口。在斯洛伐克社会生活困难的人群中，风险最高的群体是单亲父母，其中有近28%的人为了生计而挣扎。但总体上，根据斯洛伐克统计局的数据，自2005年以来，在贫困线上挣扎的人群总体比重还是最低的。

因此，斯洛伐克整个社会的生活条件多年来一直在改善。公共卫生方面的数据表明，条件得到了很明显的改善。尽管2014—2015年有几个月的数字有所下降（最新数据），但斯洛伐克男性和女性的平均寿命创历史纪录。对于男性来说，出生时预期寿命为73.1岁，其中健康预期寿命是54.8岁。就妇女而言，出生时的预期寿命为80.2岁，健康预期寿命是55.1岁。

统计数据只提供了斯洛伐克社会的一个方面，但它并没有对斯洛伐克人在2017年的生活方式做出适当公正的看法。为了更好地了解斯社会动态，有必要看看斯洛伐克这一年发生的重大事件，这样可以对斯洛伐克社会的发展状况做一全面的了解。

关于斯洛伐克社会的发展情况，可以说2017年在斯洛伐克发生了两个重大事件。2017年上半年，斯洛伐克社会主要关注反腐败问题。这个问题在下半年依然非常重要，但反对右翼极端主义和新纳粹主义在下半年更重要。

2. 反腐热情

打击腐败一直是斯洛伐克社会长期以来的一个话题，但这次达到如此强烈的程度，以致它成为斯洛伐克整个社会中主导趋势之一。2016年下半年斯洛伐克担任欧盟委员会轮值主席国，2017年的反腐推动力在2016年年底已经出现。2016年11月，斯洛伐克

三 社会发展

外交和欧洲事务部的两名前雇员与透明国际当地分支机构和国际监督组织一起出面，指控在斯洛伐克担任欧盟轮值主席国期间，与文化相关的公开采购有转移的嫌疑。

上述举报案引发了前所未有的公众反响，特别是在国内外学习的高中和大学学生中反响剧烈。这次运动在2017年3月的"大反腐游行"中达到顶峰，首都布拉迪斯拉发以及其他几个镇（还有国外）于2017年4月15日开始了一系列抗议活动。

3月的"大反腐游行"是由两名高中生组织的一系列反腐抗议活动。组织者提出了四项要求政府履行的要求。其中包括对与政府有关的几起腐败丑闻进行积极的调查，特别检察官辞职，撤销内政部部长和警察总局局长的职务以及废除所谓的梅恰尔赦免。第一次抗议发生在2017年4月15日，根据各种估计，这次游行约有5000—10000人参加，成为该国历史上最大的抗议活动之一。

3. 废除特赦运动

正如已经提到的那样，"大反腐游行"的要求之一就是废除对梅恰尔的赦免。当时代理总统兼总理梅恰尔于1998年通过的大赦为国家领导的犯罪活动提供了法律保护。其中包括斯洛伐克情报处成员绑架了当时科瓦奇总统的儿子，随后发生前情报人员奥斯卡·费耶维尔斯谋杀当地联络人罗伯特·雷米亚斯的事件，他是绑架事件的证人。绑架的目的是迫使科瓦奇总统辞职，他是总理梅恰尔的批评者，科瓦奇总统辞职，梅恰尔成为代理总统后，他通过上述赦免来保护自己和他的亲信。

1998年的选举把梅恰尔从总理职务上赶下台以来，公众一直呼吁取消这个赦免。然而，斯洛伐克宪法法院缺乏政治意愿，而且还出现对废止赦免的批评，因此，废除赦免的提案被搁置。

然而，在2017年，由于受到非政府组织"Via Iuris"领导的

· 93 ·

民间社会的压力，议会修改了宪法，有权通过特别议会程序取消总统大赦，特别议会程序只要达到合格的多数票以及宪法法院强制性的审查就可以取消大赦。最后，议会通过了一项临时宪法法案，取消了原来宪法法院支持的赦免。

这项壮举是由于民间社会对政府施加的巨大压力才实现的。压力来自四个方面。首先，在2016年年底，前总统科瓦奇去世。其次，2017年一部关于小科瓦奇被绑架事件以及谋杀雷米亚斯事件的电影出炉，获得了广泛的认可。再次，非政府组织"Via Iuris"的一次广泛成功的呼吁行动产生了巨大影响。该组织发起的在线请愿获得了近8.5万个在线签名。最后，上面提到的"大反腐游行"行动的呼吁，提出废除这个赦免，并在抗议活动中为被谋杀的雷米亚斯的母亲提供了一个平台，召集了近1万名抗议者。斯洛伐克社会上的这次行动是该国历史上最成功的运动之一。

4. 反对新纳粹主义和右翼极端主义的运动

尽管在2017年上半年反腐败是社会动员的主要驱动力，但反对右翼极端主义和新纳粹主义是驱动力的主题。在过去几年中，斯洛伐克的主流社会已经出现了极右思想的复兴。这已经在2013年开始了，当时一个新纳粹分子马里安·科特勒巴（Marian Kotleba）被选为斯洛伐克的一个自治州领导人，并且2016年他的党进入议会——斯洛伐克共和国全国委员会，科特勒巴和他的党是以民粹主义运动得到支持而当选的，他们在选举中对选民许下了空洞的承诺。

然而，随着社会越来越意识到科特莱巴承诺的性质，他开始失去很多人的支持。这在2017年的地区选举中达到了高潮。由于民间社会的强大动员运动，科特勒巴未能在班斯卡—比斯特里察地区赢得大选。当时约有30%的合格选民参加了选举。尽管与全国选举相比，这个投票率并不高，但它是2001年以来地方选举的最高投票率，当时这些地区是斯洛伐克地方自治体系的一部分。

（七）斯洛文尼亚

两年前的政治和公开辩论在2017年重新展开，议题是斯洛文尼亚的难民和移民的政策。2017年年初的辩论非常激烈，导致斯最大的政党内部发生政治分裂，但在年底申请避难的案件引起公众关注时，政党内部的分裂竟奇迹般地修复了。

1. 历史和背景

斯洛文尼亚目前是一个民族比较单一的国家，外国公民约占总人口的5%。然而，在最近的历史中，斯洛文尼亚曾有大量难民和移民的经历。

斯洛文尼亚最大数量的经济移民，即到斯洛文尼亚工作的移民潮发生在20世纪60年代末和整个70年代，当时斯洛文尼亚仍然是南斯拉夫社会主义联邦共和国（SFRY）的一部分。斯洛文尼亚的经济改革在斯塔奈·卡夫契奇（Stane Kavčič，1967—1972年）政府时期尤其成功，经济的成功增长也伴随着来自南斯拉夫联邦其他共和国的移民加速增长，最值得注意的是来自波斯尼亚和黑塞哥维那的工人。尽管由于流动性和缺乏国家数据而难以准确计算数字，但有相当数量的来自南斯拉夫其他共和国的人员在斯洛文尼亚工作和生活，他们很多是作为联邦机构派驻斯洛文尼亚工作的人员，特别是南斯拉夫军队。

另一个重要但没有进行太多分析并在很大程度上被遗忘的难民潮是在南斯拉夫战争时期发生的。从1991年秋天开始，当斯洛文尼亚冲突刚结束而克罗地亚的冲突又开始时，成千上万的克罗地亚难民到斯洛文尼亚避难，在同年12月达到2.3万人的最高数字。斯洛文尼亚不得不通过组织一个由11个难民中心组成的系统容纳这一大批难民。在1992年前线变得更加稳定后，克罗地亚难民的涌入大部分停止了，而这时来自冲突中心的波斯尼亚和黑塞哥维那难民大量涌入斯洛文尼亚。波斯尼亚（主要是波斯尼亚人，几乎都是妇女和儿童）难民涌入人数最多的是1993年，当时斯洛文尼亚红十字会报告，来自波斯尼亚登记的难民有4.5万名，但估计实际数字还要高出约50%。在波斯尼亚战争结束之前，难民中心的难民数量增至6.4万人，这些难民中心大部分是在前南斯拉夫军队的掩体里，这些掩体都是空的，没有其他功能。

2. 2015年难民危机带来的问题

令人惊讶的是，当2015年难民危机发生时，媒体和公众的观点似乎与20年前发生的事件没有联系。斯洛文尼亚发生的难民危机当然是更大事件的一部分。2015年，希腊成为来自叙利亚、伊拉克、厄立特里亚和阿富汗的难民群体的主要入境点，但也有来自亚洲和非洲其他几个国家的难民，而从意大利入境人数减少。这就打开了西巴尔干路线，进入欧盟申根地区的中欧一侧，即匈牙利和斯洛文尼亚的边界。2015年巴尔干路线有超过70万人非法进入欧盟的过境点，大部分难民在当年秋季涌入。越来越多的难民在斯洛维尼亚的政治和公共领域引发了几个问题：

第一是与邻国的关系。匈牙利是这条路线上的第一个国家，它设置了实际的边界屏障来阻止难民涌入。2015年6—8月，匈牙利在与塞尔维亚的边界建立了一个175公里的围墙，该围墙将主要通道重新引导至克罗地亚—斯洛文尼亚边界，2015年9月斯洛文尼亚出现了问题。在斯洛文尼亚北部边界，奥地利决定暂时停止申根国家放开边境的做法，从2015年11月开始实施严格的边境管制,并于 2015 年冬季在过境点修建围栏。

第二是欧盟成员之间缺乏协调。2015 年 9 月事件之后,特别是德国、意大利和法国宣称在欧盟范围内实行配额制度后,所有国家都将接受相应数量的难民。维谢格拉德集团国家强烈反对这一点。另一个相关的问题集中于(临时)暂停都柏林条例,该条例保证难民有权在抵达国申请避难。

第三是没有能力应对大规模抵达的难民。2015 年 9 月下旬发生的几起事件表明,斯洛文尼亚的接待能力无法应对数量增加的难民(10 月 22 日达到最多人数,24 小时内有 1.26 万人涌入)。难民与警察部队之间发生冲突、接待中心设施不足以及与克罗地亚边界部队沟通不畅,对难民的安置造成严重困难,也给斯洛文尼亚人(尤其是当地居民)造成恐惧。

斯洛文尼亚政府采取了与邻国相似的措施。2015 年 11 月,采拉尔总理宣布将在与克罗地亚边界建立"临时技术屏障",这是对铁丝网的委婉说法,对此,大部分公众批评政府的做法。

3. 法律规定

对法律法规的修改自 2015 年年底开始讨论,但仅在 2016 年和 2017 年提上日程。有几个问题进行了辩论,所有这些问题都是 2015 年事件引起的,其中之一就是缺乏能够处理边界局势的警力。2015 年的难民危机确实将这个问题提上日程。在斯洛文尼亚其他地区,警察部队不足以应付经常性活动。政府提出的解决方案是改变防务法,建议在极端情况下军队暂时获得警方的权力。这一提议在媒体和社会上都可以接受,但该方案被认为存在一种潜在的危险因素,同时是不民主的先例。人权监察员弗拉斯塔·努什多法尔(Vlasta Nussdorfer)女士甚至诉至宪法法院。

斯洛文尼亚政府在 2017 年年初提出了另一项法律规定的修

改，这再次引发了一场关于斯洛文尼亚难民政策的长达一年的辩论。拟议的《外国人法》包含一项特殊条款，90位议会议员中的46人投票同意就可通过。该法提出，在一种不可控的情况下，可以不个别处理难民的案件以及不受理他们的庇护申请，就可以直接拒绝难民进入。该项条款立即受到人道主义协会和人权组织的批评，但政治团体在这个问题上的分歧严重。通常，接近维谢格拉德集团反难民观点的右翼政党支持该项法律，而左翼和社会民主党人则表示反对。斯洛文尼亚执政党联盟另外两个政党退休者民主党（DeSUS）和"米罗·采拉尔党"（SMC）在这个问题上有很大分歧。最大的政党"米罗·采拉尔党"中，主席（和总理）米罗·采拉尔和内政部部长维斯纳·吉尔克斯·泽尼达尔一起强烈支持该项新的法律，而《外国人法》的主要批评者是"米罗·采拉尔党"副主席、议会主席米兰·布尔格莱兹，他的立场是斯洛文尼亚有义务遵循国际协议，他声称斯洛文尼亚的《外国人法》违反了国际协议其中的几项，最重要的是违反了日内瓦公约和都柏林条例，还有斯洛文尼亚宪法。尽管有人对《外国人法》持反对意见，但该法于2017年1月26日获得通过。

（八）匈牙利

1. 2017年人口趋势和移民情况

长期和短期的社会发展主要取决于人口数量的变化、带来不公平或缓解社会紧张状态的收入以及社会政策（大部分情况下是劳动力政策）的变化。2017年匈牙利的人口减少的长期趋势已无法遏制。匈牙利最新的死亡率和出生率数据很轻易地证明了这一点。2017年1—10月，出生人数与2016年同期相比下降1.2%，同期死亡人数上升4.9%，人口自然减少达到3.2798万人，创下新高。

欧盟单一市场促进了欧盟其他国家人口的流动，加剧了匈牙利人口的下降，而2008—2009年的国际金融危机加速了人口下降的趋势。虽然居住在喀尔巴阡盆地的许多匈牙利民族居民在2011年之后选择了双重国籍，并且已经成为匈牙利公民，但根据匈牙利统计局的估计，大约80万新公民中只有10%的人迁入匈牙利。同样，关于匈牙利移民的人数只有估计数字而没有官方数字。不同估计数字的范围从30万人到60万人不等。最新估算数据由匈牙利"Portfolio"网站发布，该网站收集了欧盟各成员国统计局的数据。这一分析表明，约60万匈牙利人在欧盟其他成员国居住，占整个匈牙利人口的5%左右！国际货币基金组织的分析也毫无疑问地证实了这个数字。根据这一分析，近年来约有50万匈牙利人从匈牙利迁出，根据他们的评估，迁出的人口趋势不会很快改变，即每年有大约3万—3.5万匈牙利人迁出。

"Portfolio"网站的调研还指出，大多数移民是年轻人，换句话说，这些人移民并离开这个国家寻找新的生活，而恰恰是这些年轻人能够使匈牙利停止人口减少或至少减缓人口下降的趋势，因此，这是很不幸的事，因为这一代人可以为公共预算，如税收和社保缴费做出重大贡献。很清楚的是，匈牙利劳动力市场上的移民与劳动力稀缺之间存在着密切的关系，因为大多数在其他国家的匈牙利人是在商业领域和其他经济领域工作，如旅游业、零售业、建筑业和制造业，这些领域的劳动力是非常短缺的。虽然2017年匈牙利向外移民的趋势似乎有所减少，但它仍然是最具争议和政治化的问题之一，因为它对匈牙利社会的长期影响是显而易见的。

2. 2017年的劳动力市场和社会措施

如果不对政府的劳动力市场政策进行简单回顾，就不能分析匈牙利的社会趋势，因为从2007年到2017年政府支出的构成显示，社保大幅下降，而在经济各部门的支出，如交通、通信及其他部门则有了显著的增长。这显然反映了政府的政策从2010年开始有了变化，在2017年仍会持续。基于这一政策变化，公共支出越来越倾向于增加公共投资。

因此，社会政策代表匈牙利劳动力市场的政策措施，因为这两项政策是相互交织的。2017年一个重要的变化是，由于低失业率和高就业率，"劳动力市场之路"计划稍有改变，而且重点从激励领取养老金人员参与公共劳动力市场转变为鼓励参与私人劳动力市场。根据政府的这项计划，参与公共事务工作的人数将从2016年每月平均最多22.4万人降至2020年的15万人。这一进程于2016年下半年开始，截至2017年10月，共有18.5万名参与公共事务的人员。2016年3月是人数的高峰时期，为26.5万人。为使从参与公共劳动力市场到参与私人劳动力市场的转变更加简便，2017年，政府采取了以下积极的劳动力市场措施：工资补贴、支持和指导公共事务参与者1年计划，对想在劳动力市场找到工作的人员提供支持。

为了进一步缓解劳动力短缺引发的问题，匈牙利政府努力使就业对雇主和雇员都更具吸引力。2016年年底，在三方工资谈判（雇主、政府、工会）中，各方同意将社会缴费比重从27%降至22%，并将在2018年1月进一步下调2.5个百分点。2017年，育有两个孩子的家庭税收津贴再次增加，这样，同期个人税务负担将会减轻。

3. 影响收入和社会支出的国家税收和支出

上述措施对匈牙利家庭的收入有明显而直接的影响。匈牙利政府的政策非常明确,将税负从直接税(个人所得税)和社保缴费改为间接税(增值税)。必须强调的是,目前没有2017年的数据,最新数据是由欧盟统计局2017年12月公布的。因为没有较大波动(只有轻微的改变),同时2017年的政策没有大的改变,因此,这些数据还是能够进行简要的分析的。就国内生产总值而言,匈牙利的社会支出占国内生产总值的20.2%,远低于欧盟平均水平(29%)。从功能上的优势看,只有一项高于欧盟平均水平;匈牙利用于家庭和儿童保护的支出占国内生产总值的12%,而欧盟成员国的此项支出占国内生产总值的8.6%。其他职能,如失业、疾病(残疾)、老人(孤儿)、住房和社会排斥,匈牙利在这方面的支出远低于欧盟成员国的平均水平。可能的原因之一是,在匈牙利,处于贫困或社会排斥的人群比重较低,2016年为26.3%,欧盟2016年的平均比重为34.4%。该数据由欧盟统计局2017年10月公布,数据还包括各地区的数字,如特兰西瓦尼亚为22.3%,匈牙利中部为22.8%,皆好于匈牙利大平原地区(32%)。

尽管匈牙利各地区的情况不佳,但必须强调的是,匈牙利面临贫困或社会排斥风险的人口比重有下降趋势且非常明显。这类人口比重呈下降趋势最主要的原因是2017年工资和收入明显上涨。2017年10月的平均总工资和收入为29.58万福林,比2016年10月高12.8%,包括公共和私人劳动力市场。净平均工资和收入也上涨了12.8%。在私人劳动力市场中,增长率仅为11.7%,这一数字提醒我们,这些积极的趋势是由于政府采取了措施而上升的。因此可以说,积极的劳动力市场趋势和个人收入的明显增加抵消了较低的社会支出造成的影响。

4. 小结

社会问题的解决有各种不同的方式,这些方式可以是"斯堪的纳维亚模式",也可以是自由的、不干预的美国政策模式。匈牙利的做法近年来发生了深刻的变化,而且2017年这种变化仍在继续。匈牙利战略可以被视为自由主义方法和强有力的"统计"干预主义方法的混合。

这意味着——国家不会过多地干涉社会问题,因为社会支出是有限的,税收收入较低(即意图,而不是现状),因此,要有明确的激励机制来促进人们参与劳动力市场(自由主义方法),同时,公共工作计划也表明,政府如果认为有必要,就应毫不犹豫地进行干预。家庭保护(在政府的社会措施中清楚地显示出保守主义和传统主义价值观)显然是政府的一个积极促进的重要社会目标。这些是政府在社会和经济问题上强烈干预的领域(统计干预主义方法)。

劳动力市场的参与措施在2017年仍然有效,看起来,它们是一种包含社会层面的好方法,并没有涉及经济当中,因此,一开始采取的措施只是涉及该国的社会生活。从这个意义上说,从2010年开始,并在2017年仍然继续的该项政策是有效的,当然,问题依然存在,即当国内经济下滑时,这项政策如何运作?那些突然失业的人将会怎样?该如何处理这个问题?一些批评者指出的问题也是真实的,那就是,2017年,私人劳动力市场能够轻易地吸收过剩劳动力,但这并不意味着没有地区差异,这一点在削减公共工作计划的预算时应予以考虑。

四　外交关系

（一）波兰

2017年波兰的外交政策主要受政治现实主义的推动，寻求务实的解决方案，并遵循波兰国家理性，这是波兰外交部于2017年1月发表的文件中所提出的外交政策准则。关于波兰政府采取的外交政策，我们需要讨论以下三个方面：国际环境的基本评估、与美国和欧盟的关系以及对俄罗斯的政策。

正如波兰法律与正义党所领导的政府所描述的，波兰的外交政策主要基于以下三个方面。

第一，安全：旨在扩大自身防卫能力、加强波兰在北约和欧盟内部的联盟关系以及积极的地区政策的活动；

第二，发展：服务于经济和社会发展的国际活动；

第三，国际信誉：显示波兰正面形象和在欧洲和全球范围内加强其信誉的活动。

波兰外交部认识到全球的总体发展态势是，西方世界逐步削弱，而非西方世界正动态发展。这些过程体现在当前的全球趋势中，主要表现为数字革命、急剧的城市化、人口变化和移民。虽然西方仍然是全球经济和政治的主要力量，但情况正在发生变化。不同大陆和地区之间不断增长的相互依存关系和文明的变化为各国之间不断的经济和政治竞争奠定了基础。发生在亚洲、非洲和拉丁美洲的事件正在影响欧洲。根据外交部的说法，这种影响不仅是正面，也有负面的。全球化的有益结果是贸易协定和紧密的经济联系，消极的结果是未来预期的武装冲突和政治紧张局势。

应该指出的是，国际关系是主权国家之间的关系。虽然合作形式多种多样，但各国仍然坚定地保持其行为主体。而与此同时，在当今这个复杂的世界中，没有哪个国家，甚至是最强大的国家能够单独并有效地实施其政策。这意味着各国都有一个共同的诉求，特别是当今世界是建立在团结和共同价值的坚实基础之上的一个利益共同体，这一诉求体现在《大西洋宪章》（1941）和欧安会1975年签署的《赫尔辛基最后文件》中。这种哲学思想伴随着的是防止对冷战后形成的格局进行改变、建立势力范围并将战争视为外交努力的延伸的所有企图。

讨论美国在波兰外交政策中的作用，我们发现，波兰政府认为这一关系能够保证波兰的安全。进一步发展与美国的联盟关系符合波兰的利益。在战略规划中，有必要确保北约东部和南部边防的平衡。在北约和双边层面，波兰加强了与美国的防务合作，特别是美国在波兰的军事存在，以及更广泛地说是在整个东部的边防。波兰外交部和国防部强烈建议，加强欧洲的集体防卫能力是美国参与欧洲事务的关键因素。加强东翼被认为是北约在中欧活动中最重要的一部分。波兰、波罗的海国家、罗马尼亚和保加利亚的北约部队和基础设施的存在使这些国家不再可能回到中欧安全的"灰色地带"。通过与美国的合作，波兰政府可以完成联合防务项目，包括建造反导防御计划。此外，波兰将继续坚持成员国缴纳占GDP的2%的费用用于国防开支，而这笔开支的1/5用于武装部队的现代化。从安全角度来看，与北约成员国、维谢格拉德集团、罗马尼亚和保加利亚的关系是波兰外交政策的重中之重。这一安全政策的一个重要组成部分是与瑞典和芬兰以及来自东部的已有伙伴关系的国家，即格鲁吉亚和乌克兰的紧密联系。政府采取措施，通过与波罗的海—黑海—亚得里亚海三海地区发展能源、交通和通信关系，保障本国能源安全和能源来源多样化。

关于对俄政策，从历史角度来说，两国关系应是优先考虑的。正如波兰政府所认为的那样，问题在于俄罗斯并非以公开的方式，而是通过行动宣布，军事力量是实施外交政策和达到安全目标的手段之一。而实际也是如此，要特别重视俄罗斯武装部队的现代化计划、军事基础设施的扩大，特别是宣布在波兰边境附近部署携带战术核武器的强大火箭系统。而其下一步，正如一些消息人士所说，俄罗斯对"混合战争"理论也有认知和研究。

波兰认为，俄罗斯联邦的政策是破坏性的，其中一方面是寻求将原苏联的势力影响地区转变为一个缓冲地带，而在另一方面，它又无法为邻国的政治和经济规划提供积极的帮助。从这个角度看，俄罗斯正试图弥补这方面的不足，采用误导、或多或少的政治和经济压力、腐败甚至挑起种族冲突，试图挑起曾受其统治国家之间的历史纠葛等手段，而当这些手段失败了，他们便使用军事力量，格鲁吉亚和乌克兰的战争就是证明。然而，孤立俄罗斯目前不是而且也不会成为波兰政策的目标。波兰始终与俄罗斯保持正常的对话渠道。然而，欧盟与俄罗斯关系的正常化不能以雅尔塔体系及势力范围逻辑为前提。波兰试图促进北约与俄罗斯的对话，但只是在"3xD"原则基础上的对话：防御、威慑和对话。"3xD"原则只有通过与波罗的海国家和罗马尼亚在空中巡逻任务（空中警务）、前沿部署、加强东侧防卫方面进行持续的合作才能实现。

在经济外交方面，波兰希望通过努力退出"新兴市场"或"发展中市场"，加入"发达国家"行列。这有助于波兰加入 G20。要被称为"发达国家"，波兰应该增强投资吸引力，并降低在国外市场上的资本成本。为了实现这一目标，波兰必须摆脱以低劳动力成本为主的竞争模式，建立一个高质量的和创新的模式，这将有助于其在国际价值链中地位的提升。

总而言之，波兰的长期战略目标是，反对解除在欧安组织原则和国际法的主要原则基础上建立起来的欧洲安全架构。这项政策的基本目标将是避免军事事件，增强欧洲的信任度和透明度。欧洲的稳定只能通过与美国、欧盟和西巴尔干地区的进一步合作才能实现。"三海合作""Via Carpatia""TEN-T Baltic-Adriatic"网络走廊的核心倡议将波兰的港口与亚得里亚海港口连接起来可以为能源安全提供基础，通过经济合作将有助于该地区的稳定。从这个角度来看，波兰政府认为"一带一路"倡议也是可能的选择，尤其会增加欧洲，特别是中欧的经济凝聚力。此外，波兰在联合国论坛上变得更加活跃。作为安理会非常任理事国，波兰政府希望为联合国维和行动作出更多贡献。

波兰政府推出了"波兰第一"的概念，但与特朗普政策相反，这并不意味着波兰将离开国际组织。与此相反，波兰认为联合国是对国际关系产生影响的最重要的机构。谈到欧洲时，波兰政府认为加强与美国的关系将能得到必要的安全措施，但目前在波兰讨论的是，限制与其他大国的合作，并且在一定程度上控制与欧盟、中国尤其是俄罗斯的关系的"红线"。

务实和"冷静观察"的外交政策源于阴谋论的讨论。波兰政府一些保守派对当前国际舞台主观的诠释可能会挑战非常现实和朴素的外交政策，其中一个例子就是波兰和中国的关系。深化与俄罗斯和中国之间的关系来对抗西方这一阴谋论可能会限制波兰与中国通过欧盟层面在各个领域的合作，从一般贸易和基础设施项目，到更广泛的政治合作。但波兰外交部部长发表的声明中，中国被提到了三次，指出"与中华人民共和国的战略伙伴关系已成为波兰外交政策的永久组成部分"。从这个角度来看，波兰政府希望进一步发展"16＋1"合作模式，也就是中欧国家与中国之间的合作，特别是通过总部设在华沙的中国—中东欧16国投资常设秘书处加强与中国的合作。

（二）捷克

1.2017年捷克外交政策

捷克共和国的外交政策由2015年7月批准的概念确定。该概念确定了三个主要的全球目标，即"安全、繁荣与可持续发展、包括人权在内的人的尊严，以及两个国家目标：为了公民和捷克共和国在国际上的声誉"。捷克希望积极参与欧盟、北约、联合国、欧洲安全与合作组织和其他多边机构的各项活动。

欧盟成员国一直是捷克外交政策的重要内容。2017年，捷克的外交政策主要与两件大事有关，特别是移民危机和英国脱欧谈判。关于欧盟移民政策，捷克共和国多次强调，它不同意欧盟委员会提出的欧盟移民配额制度。维谢格拉德集团（捷克共和国、波兰、匈牙利和斯洛伐克）会议期间也反映了这个问题。维谢格拉德集团就修改欧盟移民政策已经达成共识。

至于英国脱欧，捷克政府采取了谈判立场，强调四个关键问题。捷克政府强调，它一直坚持维护英国和欧盟之间人员的自由流动，以及在英国生活和工作的捷克公民的权利。捷克共和国希望相互贸易关系尽可能保持不变。其他优先事项包括英国对欧盟负有公平财务结算和法律秩序的连续性等方面的所有责任。

2017年，捷克政府继续支持与其他国家的经济关系，履行给予捷克企业发展的经济外交的承诺。高级官员与大型商业代表团一起访问了捷克出口的重要国家。例如，泽曼总统访问了越南和哈萨克斯坦，并在那里参加了2017年世博会。在对柏林进行正式访问期间，时任捷克总理博胡斯拉夫·索博特卡（Bohuslav Sobotka）会见了德国总理安格拉·默克尔。他们与斯洛伐克总理罗伯特·菲科（Robert Fico）一起庆祝捷克斯洛伐克联邦共和国和德意志联邦共和国《睦邻友好和合作条约》签署25周年。

2017年捷克外交政策的关键之一是再次改善并与中国建立良好关系。捷中关系的紧密发展也在地区层面继续展开。例如，南摩拉维亚地区的官员会见了来自中国河北省的代表团，特别讨论了水疗行业的合作。江苏、河北和河南代表团访问摩拉维亚和西里西亚、南波希米亚和中波希米亚地区期间，双方讨论了经济和文化联系。

2. 2017年捷克对外贸易

2017年，由于外需加速（包括不断增长的欧洲汽车市场），捷克的对外贸易稳健增长。在汇率承诺结束后，强劲的捷克克朗从2017年第二季度起对捷克的对外贸易有轻微的影响。

由于捷克在经济上是一个中等规模、出口驱动且非常开放的国家（贸易额占GDP的比重为78%，2014—2016年人均贸易额为1.4498万美元）。全球贸易的加强以及捷克主要贸易伙伴国家的有利条件对捷克非常重要。捷克共和国出口占国内生产总值的大部分份额与其融入全球价值链有关，捷克出口额占GDP的比重在世界上也是较高的国家之一。超过70%的捷克出口商品或是具有国外增值成分,或是由第三国进一步加工和出口的中间产品。2016年,捷克共和国在世界商品出口中排名第28位,在世界商品进口中排名第29位,世界商业服务出口第39位,服务进口第40位(包括欧盟内部贸易)。平均关税税率为1.5%。

捷克共和国与欧盟成员国具有紧密的经贸合作关系[①](超过80%的贸易是与欧盟内部的合作伙伴进行的,捷克出口的32%以上运往捷克最大的贸易伙伴德国),双边贸易额占贸易总额的76%。2017年,该国的主要出口伙伴还包括波兰、中国、斯洛伐克和法国(见表4-1)。

表4-1　捷克共和国对外贸易主要国家(2017年1—11月)

	国家	总额 1—11月 亿捷克克朗	%	指数 17/16	出口 1—11月 亿捷克克朗	%	指数 17/16	进口 1—11月 亿捷克克朗	%	指数 17/16	余额 1—11月 亿捷克克朗
1	德国	21788.96	29.6	106.7	12802.56	32.9	107.5	8986.40	25.8	105.6	3816.16
2	波兰	5039.92	6.8	105.6	2342.79	6.0	111.3	2697.13	7.8	101.2	-354.34
3	中国	4821.63	6.5	111.0	516.75	1.3	123.4	4304.87	12.4	109.7	-3788.12
4	斯洛伐克	4676.63	6.3	100.0	3000.19	7.7	98.4	1676.44	4.8	103.0	1323.75
5	法国	3099.27	4.2	105.7	2002.48	5.1	104.8	1096.80	3.2	107.4	905.68
6	意大利	3054.63	4.1	103.0	1593.79	4.1	101.0	1460.85	4.2	105.4	132.94
7	英国	2859.52	3.9	102.5	1959.74	5.0	101.2	899.78	2.6	105.2	1059.96

---

① 自1995年1月1日起捷克共和国成为WTO成员,自2004年5月1日起成为欧盟成员国。作为欧盟成员国,捷克共和国必须遵循欧盟共同商业政策的规则,这是欧盟与第三国贸易的法律框架。捷克共和国尚未成为欧洲货币联盟(欧元区)的一部分,尽管该国准备在宏观经济发展的基础上采用单一货币。加入欧元区的决定一直在捷克共和国进行政治辩论,即取决于2017年大选后的政治发展。

续表

	国家	总额 1—11月 亿捷克克朗	%	指数 17/16	出口 1—11月 亿捷克克朗	%	指数 17/16	进口 1—11月 亿捷克克朗	%	指数 17/16	余额 1—11月 亿捷克克朗
8	澳大利亚	2734.48	3.7	110.4	1719.34	4.4	111.0	1015.14	2.9	109.3	704.19
9	荷兰	2082.96	2.8	106.5	1119.51	2.9	107.7	963.45	2.8	105.2	156.06
10	匈牙利	1963.95	2.7	108.5	1127.60	2.9	106.7	836.35	2.4	110.9	291.26
11	俄罗斯	1831.04	2.5	126.4	757.83	1.9	110.3	1073.21	3.1	140.9	-315.38
12	西班牙	1780.15	2.4	108.7	1119.83	2.9	107.2	660.32	1.9	111.2	459.52
13	美国	1673.69	2.3	109.2	809.45	2.1	102.0	864.24	2.5	117.0	-54.79
14	比利时	1454.85	2.0	103.6	901.22	2.3	104.7	553.62	1.6	101.9	347.60
15	罗马尼亚	1016.28	1.4	113.9	539.14	1.4	113.4	477.14	1.4	114.5	62.00
16	韩国	1016.11	1.4	115.8	98.02	0.3	102.6	918.09	2.6	117.4	-820.08
17	保加利亚	890.13	1.2	106.1	554.64	1.4	105.1	335.49	1.0	107.8	219.15
18	土耳其	887.86	1.2	110.7	611.20	1.6	111.1	276.66	0.8	110.0	334.54
19	瑞士	824.53	1.1	100.5	488.45	1.3	98.4	336.09	1.0	103.8	152.36
20	日本	781.25	1.1	102.3	166.92	0.4	80.5	614.33	1.8	110.4	-447.41

资料来源：捷克工业和对外贸易部。

3. 2017年捷克共和国与中国的关系

由于捷克市场的潜力、与欧盟市场的接近程度等因素，捷克与中国的经济关系变得更加重要，并且可能会加强。现在，中国是捷克共和国第三大贸易伙伴也是最重要的亚洲贸易伙伴。一方面，2017年，中国占捷克外贸总额的近7%（商品贸易），但捷克对中国的出口份额仅为1.3%。另一方面，这一比例是捷克历史上最高的。捷克对中国的出口在2007—2016年增长了3倍。在所有的贸易伙伴中，捷克共和国与中国的贸易逆差最大，且仍在上升（见表4-1和表4-2）。运输设备（车辆部件、液体泵）和机械及其他工业产品是捷克出口到中国的最多的商品。自中国进口到捷克共和国的货物主要是电脑、广播设备、办公机器部件和电话（一般很大一部分是中间产品）。具有中国增值部分的产品在捷克共和国加工，并用于向第三国出口。

表4-2　　　　　　　　捷克共和国与中国的贸易　　　　　（单位：亿欧元）

年份	出口 价值	出口 指数	进口 价值	进口 指数	总额 价值	总额 指数	余额 价值
2012	13.01	108.5	121.91	89.6	134.92	91.1	-108.90
2013	14.47	111.2	116.80	95.8	131.28	97.3	-102.34
2014	15.37	106.2	130.27	111.5	145.64	110.9	-114.90
2015	16.69	108.2	170.41	129.3	187.10	127.1	-153.72
2016	17.34	103.9	159.71	93.7	177.06	94.63	-142.36

资料来源：捷克统计办公室和工业和对外贸易部的商业数据（2017）。

捷克和中国之间的服务贸易一直在显著增长。捷克已成为中国游客非常热门的旅游目的地，特别是首都和捷克最大的城市布拉格对中国游客非常有吸引力，主要吸引大多数中国团体旅游的游客。2016年，布拉格成为中国游客的目的地，超过伦敦。2017年第1季度至第3季度，中国游客数量同比增长44.2%，达到38.6124万人次，这是捷克共和国外国游客总数增幅最高的一次。2017年捷克共和国的中国游客人数增至50万人，比2012年增加10倍。

自2016年习近平主席访问捷克以来，中国赴捷克旅游的游客数量增长非常迅速。尽管中国游客通常在捷克共和国逗留时间仅为2.5天，但他们的支出不断增加。继北京、上海和成都与布拉格开通直航之后，中国东方航空公司又开辟了新的常规线路：布拉格—西安，预计未来还有增长。布拉格将通过直飞昆明和深圳的航班与中国连接。

捷克的中国对外直接投资份额一直在上升，然而，与德国或荷兰的直接投资相比，捷克公司认购中国资本的数量仍然较低。捷克最大的中国投资者是中国华信能源有限公司（CEFC）。这家位于上海的公司是2015年以来捷克共和国许多并购交易的关键推动力量。捷克共和国的中国投资者可能通过将工厂安置在西欧市场附近（在具有悠久工业传统的国家，特别是在汽车工业、机械工程和电气工程领域）来降低运输成本，雇用相对便宜和熟练的劳动力，通过在捷克共和国直接生产来避免关税和配额。当然，他们也在捷克市场获得可观的收入。2015年，捷克共和国为欧盟境内的外国投资者提供了最高的平均回报率[①]——12.2%（其次是立陶宛，投资者的回报率为11.1%；欧盟28国的平均值约为3.8%）。

捷克公司有兴趣与中国投资者建立新的合作关系。2017年的几次高层商务会议和官方活动可以说明这一点。2017年7月，第八届中国投资论坛在布拉格举行。根据《中国—中东欧国家合作里加纲要》，本次论坛也是"16+1"经济合作的正式平台。

（三）马其顿

1. 概述

历史上，马其顿的政策制定者，无论是马其顿内部革命组织民

---

① 回报率计算方式为投资净收益除以净投资头寸。

族统一民主党（VMRO-DPMNE）还是社会民主联盟（SDSM）都不把马其顿作为国际舞台上的一员。在外交政策层面，这导致了一种适应行为，即外国行为体的态度和利益，特别是像美国和德国这样的大国往往被视为需要密切关注并服从的对象。事实上，即使对马其顿国内的政治事态发展，外国势力的言行往往也有决定性的影响。2015—2017年的政治危机，所谓的"政权更迭"以及对社会民主联盟领导的新马其顿政府的承认，都是"国际社会"虽没发挥决定性的影响，但也具有重大影响的过程。

同时，尽管马其顿依赖大国，但在国内，政策制定者将马其顿岛视为孤岛，一个孤立的政体，国外的任何社会经济和政治发展都不会影响马其顿的发展。对全球影响重大的事件，诸如国际金融危机、难民问题、英国脱欧和特朗普当选美国总统等全球性事务却被认为对马其顿国内发展并不重要，马其顿的政治精英们从未表达过他们对国际事务的观点，即使该国已经感受到危机的震荡。马其顿是臭名昭著的巴尔干难民路线的一部分，但想要与受国内问题困扰的国家结盟且忠实地追随甚至欧盟都对其领导表示怀疑的超级大国。

社会民主联盟和阿尔巴尼亚族融合民主联盟（DUI）的新政府精英们就是基于这种小国认知进行统治。到目前为止，他们没有关于马其顿在全球定位的报告，也不确定其短期和中期内要达成的明确和可衡量的目标是否符合各党派对于加入欧盟和北约的共同认知。加入欧盟和北约被视为该届政府的目标，这表明了一种确认或证实，即马其顿已经"成功"地从过去的政治体制脱离出来，最近又远离了格鲁埃夫斯基的民族主义独裁统治。"成为欧盟和北约成员"的目标构成其政治愿景。但同时，没有人讨论过马其顿加入欧盟和北约后会出现的问题，或是讨论欧盟和北约在全球的作用和未来。

2. 马其顿重申亲西方的观点

对尼古拉·格鲁埃夫斯基执政最后几年的主要印象是,马其顿逐渐与其战略目标(欧盟和北约的双重一体化)疏远了。随着2015年窃听丑闻被揭发,许多格鲁埃夫斯基(Nikola Gruevski)政府昔日的西方盟友,最明显的是欧洲人民党(最大的全欧洲政党,或欧洲政党之家,在欧洲议会处绝对优势)开始疏远他们。有的观点认为,格鲁埃夫斯基被传采用了"亲俄"的方针,但是他本人在公开采访中否定了这一点。总的来说,格鲁埃夫斯基和他的执政方针,包括他的外交政策是亲西方与右翼的相互交织,该方针在国内执行失利。马其顿内部革命组织民族统一民主党政权的结束可以通过马其顿的一个政治笑话来解释:"西方国家不会让我们参加,东方不让我们离开。"但是,随着马其顿内部革命组织民族统一民主党发生变化,该党现在已经坚定地恢复了其保守的、基督教的和亲西方的方针。

从这个意义上说,马其顿内部革命组织民族统一民主党与社会民主联盟之间的竞争不是一个反西方和亲西方方针的竞争,而是亲西方主义的两个版本之间的竞争。新的社会民主联盟政府上台后,采取明确的"自由民主"和全面亲西方的政策,重新定义马其顿的外交政策,将自己的政策作为西方政治结构的一部分。在2017年夏天组建政府时,社会民主联盟得到了许多欧盟国家政府以及美国自由派的广泛支持。新的外交部部长尼古拉·季米特洛夫(Nikola Dimitrov)是一位经验丰富的外交官,在西方也有良好的信誉,对他的任命是一个迹象,表明新政府正着手进行软外交攻势。社会民主联盟任命拉德米拉·舍克林斯卡(Radmila Shekerinska)为国防部部长,拉德米拉也是一位资深政治家,对她的任命就意味着马其顿加入北约会得到优先考虑。许多民间人士也助力推动马其顿走向西方和倡导自由主义价值观,也意味着扎埃夫政府的任务就是恢复马其顿走向西方的道路。事实上,扎埃夫、季米特洛夫及其他官员在2017年开展了大量外交活动,主要集中在马其顿加入欧盟和北约的工作上,并推动马其顿向西方政治体制的政治转型。

从这个意义上说,虽然加入欧盟仍然是一个有很多限制条件的过程,但马其顿与欧盟的关系迅速升温,因此,马其顿需要完成一系列改革以满足加入欧盟的要求(有时欧盟官员以冷静的方式提醒马其顿官员,政治上的宣言也应与实际工作相配合)。相比之下,加入北约的情况是,马其顿已被认为满足了大部分要求,现在其加入北约取决于希腊的立场。此外,西方各国经常以马其顿作为例子,提出可能会在巴尔干及其他地区产生溢出效应。关于所谓的"马其顿时刻"的讨论已经出现,认为扎埃夫恢复了马其顿的自由和亲西方的模式而被称赞为巴尔干半岛的马克龙。

3. 恢复"好邻居"关系

历史上,马其顿与邻国有着复杂的关系。格鲁埃夫斯基政府发现自己被欧盟邻国保加利亚和希腊疏远了。自2008年以来,马其顿与后者关于名称的争端升级,实际上阻碍了马其顿对外政策的推进,并对国内发展产生了负面影响。马其顿与阿尔巴尼亚和科索沃的关系也没有改善,随着时间的推移甚至更糟,而唯一的良好关系是与塞尔维亚,这很大程度上归因于塞尔维亚总统亚历山大·武契奇(Aleksandar Vucic)与时任马其顿总统尼古拉·格鲁埃夫斯基的执政风格是相似的。

社会民主联盟领导的马其顿新政府2017年表达了强烈的政治意愿,即要改善其至少三个邻国的关系:希腊、保加利亚和阿尔巴尼亚。

在社会民主联盟领导下,马其顿通过签署睦邻友好关系协议,致力于解决与保加利亚有关的所有身份认同和历史问题,致力于改善双方之间的连通性(包括建设铁路连线)。尽管存在一些争议,双方一致认为该协议的签署是向前迈进了一大步。有了它,保加利亚已经把自己定位为马其顿在欧盟一体化中的保护者和指导者。还有一个令人惊讶的发现是,历史上,马其顿内部革命组织民族统一民主党比社会民主联盟更接近保加利亚。同样令人惊讶的是,马其顿东正教教会(由于政治问题在国际上未被承认)推动要求保加利亚东正教教会(保加利亚的东正教教会是强大的政治参与者)的监护。

虽然与保加利亚和解的时机正值保加利亚任欧盟轮值主席国期间,并因此被视为对马其顿倾向欧洲的政策具有积极的推动作用,其背后有更深的意图,即可能一直试图在与希腊发生名称之争的问题上得到支持。从一开始,马其顿外交部部长季米特洛夫开放和积极的风格给大家留下了良好的印象,这可能会为马其顿与希腊改善关系提供机会。在2017年的最后一个月,希腊与马其顿的关系也有了回暖的迹象,发布了很多宣言显示这场争端的历史性和解会很快跟进。季米特洛夫和希腊外交部部长尼科什·科茨亚斯(Nikos Kotzias)举办了多次会议,而扎埃夫也积极推进该项进程,2017年年底与希腊的萨洛尼卡市市长亚尼斯·布塔利斯(Yiannis Boutaris)联合举办新年的庆祝活动。国际社会,首先是欧盟对这些进程表示欢迎和鼓励。然而,民族主义者的声音在希腊和马其顿都很强大,因此,双方的解决方案前景依然不明朗。

与阿尔巴尼亚的关系也有了进一步改善,并承诺进一步改善双方的连通。两国政府还举行联合工作会议。但是，与阿尔巴尼亚的关系似乎总是受到马其顿种族间关系和阿尔巴尼亚族裔间关系的制约。在马其顿，阿尔巴尼亚民族主义言论的崛起使得许多阿尔巴尼亚族政治阵营以外的人士对斯科普里与地拉那之间关系的看法变得复杂。

而与此同时，在社会民主联盟执政的短暂时期内，马其顿与塞尔维亚之间的关系经历了前所未有的降温。2017年8月塞尔维亚从马其顿撤出了全部外交人员后，双方紧张局势达到顶峰，之后，双方设法平息紧张局势，塞尔维亚外交官返回斯科普里。马其顿方面的批评是，塞尔维亚有一个像格鲁埃夫斯基政府一样的政府，而塞尔维亚是俄罗斯破坏性影响的工具。从塞尔维亚方面来看，马其顿对科索沃的立场、对溢出效应的恐惧（就大规模抗议和政府更迭而言）以及怀疑存在间谍活动是双方关系冷却的原因。尽管如此，鉴于一些领域的相互依存关系，双方的进一步对抗增加了马其顿政府的风险。

4. 对世界其他地区的政策不明确

社会民主联盟的外交政策取向是明确的：马其顿不适合成为国际舞台上重要的一员，它将其所有外交政策资源都投入到加入欧盟和北约及改善邻近关系的工作上。除此之外的其他一切（包括与中国的关系）都是次要的，甚至是排列第三位的。在吸引投资和争取支持加入欧盟和北约方面，马其顿采用的实用主义策略，但缺乏总体战略。

这就是说，社会民主联盟政府执政下存在一些有趣和反直觉的现象。首先，政府对土耳其表示了非常热情的态度，这主要归因于其亲西方政策以及土耳其和西方之间的关系。一个普遍的论点是，土耳其是该地区的区域大国，在区域经济发展上具有重要影响。然而，有传言说，在社会民主联盟的高层中，有些人与土耳其总统埃尔多安的个人圈子非常近。其次，社会民主联盟政府不时公开对抗俄罗斯，并抱怨俄罗斯对马其顿的影响。这与俄罗斯干涉西方的说法是一致的，马其顿利用俄罗斯威胁的说法来加强该国的自由主义的亲西方政策。关于俄罗斯干涉马其顿的报道大多来自西方国家，国内对此很少有人意识到。最后，马其顿虽然缺乏全球视野和战略，但它开始回应美国机构在全球舞台上发出的一些信息，如在联合国讨论朝鲜半岛紧张局势时，马其顿总理扎埃夫谴责朝鲜，而这个问题在马其顿国内没有进行辩论或专门探讨过（特别指出的是，以前马其顿与朝鲜有良好的关系）。

就中国而言，社会民主联盟领导的政府一直坚持奉行西方的价值观，对中国持谨慎和批判态度，在"16+1"合作和"一带一路"倡议中，马其顿秉承的是实用主义态度。社会民主联盟政府停止建设由中国进出口银行资助并由中国水电建设集团国际工程有限公司（Sinohydro）承建的两条高速公路。在其下令停止建设的最初几个月里，普遍表现出对与中国的关系缺乏热情，马其顿国内也缺乏相应的协调。然而，到2017年年底，特别是在布达佩斯的"16+1"峰会之后，马其顿对中国的态度似乎坚定了，扎埃夫总理率先提出了一项以经济为方向的动议，而2018年如何实现这一目标尚待观察。

（四）罗马尼亚

2017年罗马尼亚在对外关系上完成了几个基本目标。简言之，罗马尼亚取得的重要成就是加强了与欧盟其他国家在国防部门的合作，可称为"国防和安全联盟"；与加拿大之间旅行签证自由化；2017 年开始了中国的几个重要的合作项目。

1. 在国防领域加强与欧盟各国的合作

罗马尼亚最重要的事件之一是作为欧盟成员国，2017 年 11 月在布鲁塞尔欧洲理事会总部签署了"永久结构性合作"防务协议（PESCO）。通过这种方式，罗马尼亚与其他 24 个欧盟国家（马耳他和丹麦除外）一道迈出了一步，加强了国防领域的合作。长期以来，这一领域开展了更深入的合作，它是欧盟需要加大力度巩固的领域。"永久结构性合作"防务协议是在由于英国脱欧而导致欧洲走弱的背景下发起的，来自俄罗斯的威胁日渐增强，而美国对欧盟加强欧洲大陆安全的要求使欧盟倍感压力。这个行动的主要目标是为在欧盟地区内部署部队和装备铺平道路。近期，成员国将共同开展近 50 个项目，如欧洲快速反应部队。这些项目将进一步提升欧盟行动的速度和效率，这将是对北约的补充。

这对罗马尼亚意味着什么？

对于罗马尼亚来说，与其他成员国一样，"永久结构性合作"防务协议的参与相当于在国防费用和共同项目的投资上进行协调，同时也受益于欧洲防务基金对某些特定类别支出的支持。对参与国家的要求之一是定期增加国防预算，并将这些预算的 1/5 贡献出来，将 GDP 的 2% 作为研究支出。"永久结构性合作"防务协议的目标是通过这种方式开发新的军事装备，避免在进行共同军事行动时重复多次购买军事装备，并缩小国防能力方面的差距。

在此情况下，罗马尼亚将不得不制订一项计划，其中将包括为参与欧盟共同项目而承担的费用和承诺。

欧盟成员国参加"永久结构性合作"防务协议并不是强制性的，一个成员国的能力也不是决定性的。每年，参与国都将进行与履行承诺有关的评估。如果没有达到要求,该国将被排除在组织之外。

防务合作的框架正在建设中,预计2018年参加国将在"永久结构性合作"防务协议下制定出一系列项目。

2. 与加拿大的旅行签证自由化

2017年罗马尼亚的一项重要成就是从12月1日起,罗马尼亚公民前往加拿大旅行免签证。自2008年起加拿大承诺将取消罗马尼亚公民赴加签证,并于2008年和2014年欧盟—加拿大峰会上进行了几轮谈判。

与其他欧盟成员国相比,罗马尼亚和保加利亚的情况比较特殊,因为其他欧盟国家不需要类似的手续。由于前一个时期签署和批准欧盟和加拿大之间的《全面经济贸易协议》(CETA),情况发生了变化。在这些背景下,罗马尼亚认为,与其他欧洲公民相比,维持加拿大签证制度将明显不合理,会剥夺罗马尼亚公民因该协议而提供的经济和商业机会。根据《全面经济贸易协议》的自由贸易规定,将取消99%的关税,并鼓励在社会、医疗和应对气候变化领域开展合作。

虽然罗马尼亚的签证诉求有技术上的问题,但罗马尼亚官员认为,鉴于欧盟委员会已经宣布罗马尼亚在技术上准备与申根相关联,因此,罗马尼亚已经准备好成为加拿大的伙伴,尊重所有与边界保护和移民问题有关的技术标准。此外,罗马尼亚坚持要求与欧盟其他成员国一样受到平等对待,指出根据欧盟原则,罗马尼亚的利益也应该是欧盟的利益。针对欧盟的区别对待,罗马尼亚会使用否决权。由于每个国家议会都要批准《全面经济贸易协议》,所以,罗马尼亚可以通过行使否决该自由贸易协定的权利争取自己的利益。

因此，罗马尼亚和保加利亚为批准《全面经济贸易协议》而附加的条件是取消其公民的签证制度。这项要求被接受，从2017年12月1日罗马尼亚国庆节开始，签证被完全取消。对于持有加拿大临时居留签证或有效的美国非移民签证的罗马尼亚公民，2017年5月1日起取消部分签证。

前往加拿大免签的受理适用于所有出于旅游、探亲访友或经商目的的旅客。在加拿大停留的最长时间是6个月。必须使用电子签证，可以在线获得。需要长期居住的，则需要工作或学习许可。

除签证豁免之外，该协议对罗马尼亚具有重要的经济利益。罗马尼亚对具有显著竞争优势产品的出口减免关税，如皮革和鞋类、农产品、造船服务、汽车制造和汽车零部件、陶瓷和纺织品，罗马尼亚鼓励向加拿大出口其优势产品。加拿大取消了93%的农产品出口关税，汽车制造业出口关税9.5%被取消。《全面经济贸易协议》的另一个重要好处是相互承认专业资格，两国的公司也可以获得更简便的投资手续。

3. 加强与中华人民共和国的合作

对于加强罗中两国的合作也有一些重要成就。2017年9月，罗马尼亚实施了中国公民短期入境的签证制度便利化。通过这种方式，中国公民持短期签证在罗马尼亚进行商务、旅游和私人访问时不再需要接受罗马尼亚内政部移民官批准的邀请信。

2017年5月，罗马尼亚加入了总部设在北京的亚投行（AIIB），加强了在基础设施领域的合作。从政治角度来看，根据批准启动谈判的政府备忘录，罗马尼亚这样做的目的是为了巩固与中华人民共和国的双边关系和进一步推动与亚洲国家的关系，这也是罗马尼亚政府计划的另一个重要方面。从经济角度来看，这一决定是对罗马尼亚成为共同参与金融机构项目能力的认可，并且也为罗马尼亚公司提供不同领域的新的资金来源。

此外，借着"16＋1"首脑会议的机会，罗马尼亚成为"16＋1"银行间同业协会协议的成员。

能源领域是罗中关系中的重要合作领域。在"16＋1"框架内，罗马尼亚于2017年11月组织了第一届能源合作部长级会议，来自罗马尼亚、中国和其他中欧和东欧国家的官员和公司代表参加了会议，随后举办了"16＋1"能源博览会，联合开发商业项目。

2017年7月，罗马尼亚政府批准其向中国华信能源有限公司转让所持罗马尼亚子公司股份的协议。根据哈萨克斯坦国家油气公司与中国民营企业华信能源签署的协议，华信能源将持有哈萨克斯坦国家油气国际公司51％的股权，哈国家油气公司持有另外49％的股权。哈国家油气国际公司的前身是罗马尼亚国家石油集团。2009年，罗石油集团被哈国家油气公司收购，成为其子公司，2014年正式更名为哈萨克斯坦国家油气国际公司。罗马尼亚对此次交易特别感兴趣。因此，在罗马尼亚开发新项目的投资预计将在不久的将来进行。

2017年中国广核集团与罗马尼亚国家核电公司恢复谈判。中国广核集团与罗马尼亚国家核电公司签署了一份价值77亿美元的谅解备忘录，该谅解备忘录涵盖了在罗马尼亚东南部的切尔纳沃德核电站的3号和4号机组反应堆的建设。中广核将与罗马尼亚国家核电公司设立一家合资企业，其中中广核拥有至少51％的股份以完成该工程施工。

通过青岛与康斯坦察港之间的合作协议以及宁波—舟山与康斯坦察港之间签署的合作协议，罗马尼亚和中国在资本合作上又进一步。这也是未来两国关系发展的另一个潜在的机会。通过这种方式，康斯坦察港打算成为亚欧运输走廊的重要组成部分。

罗中两国已经在基础设施、旅游、农业、车辆零部件领域开始了合作项目，并确定了其他领域的几个合作意向。中国在智慧城市方面的经验已经在罗马尼亚的几个城市得到了共享和实施，如康斯坦察和蒂米什瓦拉的智能停车场以及阿尔巴尤利亚的智能照明系统。预计将来特别是在工业园区方面两国将进一步加强合作。

（五）塞尔维亚

2017年，塞尔维亚外交面临三个重要挑战：第一，欧盟一体化进程；第二，与俄罗斯保持强有力的伙伴关系并加强与中国的合作；第三，维护国家统一并为科索沃和梅托希亚南部省的外交和法律上的斗争寻求国际支持。

世界秩序向多极转变，欧盟内部不断变革，西方对科索沃阿族政府的分离主义（科索沃和梅托希亚省）的持续支持以及欧盟和美国对俄罗斯的制裁，所有这一切都使塞尔维亚面临来自西方的压力。

黑山加入北约增加了对塞尔维亚的压力，同时对波斯尼亚和黑塞哥维那来说，黑山加入这一军事同盟对本国利益同样构成压力。

1. 塞尔维亚最重要的外交政策是什么？

塞尔维亚的主要外交政策如下（不按重要性排列）：

其一，欧盟委员会主席容克于2017年9月13日宣布，作为"西巴尔干地区欧盟候选国的领跑者"，塞尔维亚（和黑山）有望在 2025 年加入欧盟①。在这一发展过程中，2017 年欧盟与塞尔维亚进行了 35 个章节中 6 个章节的谈判（2017 年 2 月 27 日第 20 章节和第 26 章节；6 月 20 日第 7 章节和第 29 章节；12 月 11 日第 6 章节和第 30 章节）。在这 6 个章节中，有 5 个章节是与经济和金融相关的，第 26 章节与教育和文化有关。2015 年，塞尔维亚与欧盟进行了两个章节的谈判，2016 年开启了 4 个章节的谈判。

其二，黑山于 2017 年 6 月 5 日加入北约的部分原因是，2017 年 10 月，俄罗斯开始执行并交付俄罗斯与塞尔维亚签署的 6 架米格—29 战机的协议。2017 年 12 月初，宣布另外 10 架米格—29 战机也要交付，这次是从白俄罗斯起飞运抵塞尔维亚。塞尔维亚总统最近一次访问莫斯科是 2017 年 12 月 19 日与俄罗斯总统弗拉基米尔·普京会面，进行了进一步的合作谈判。

由于欧盟委员会对修建塞尔维亚至匈牙利铁路的调查拖延两年多，塞尔维亚向中国进出口银行贷款融资修建第一条 30 公里长（18.6 英里）铁路（塞尔维亚借贷 2.976 亿美元用于铁路的启动资金）。中国进出口银行也是其他中塞合作项目的融资来源。

其三，几内亚比绍和苏里南两个国家撤销了对科索沃和梅托希亚独立的承认，但孟加拉国承认独立，同时，自称马达加斯加驻普里什蒂纳的机构声称马达加斯加也承认了科索沃，尽管没有合法的证据。

2. 具体分析

首先，过去两年的民意调查差异很大。政府的民意调查显示，欧盟的支持率在 2017 年年中时仍处于 49% 的水平，但其他民意调

---

① State of the Union 2017, by Jean-Claude Juncker, President of the European Commission 13 September 2017, AUTHORISED VERSION OF THE STATE OF THE UNION ADDRESS 2017, #SOTEU ec. europa. eu/soteu.

查显示，普通民众，特别是学生对支持率的影响很大（2017年的这次民意调查结果显示，支持欧盟的普通民众占38%—40%）①。

塞尔维亚一直承受着来自欧盟的压力，因为欧盟事实上承认科索沃和梅托西亚南部省份。自2012年9月以来，德国总理默克尔一直要求就贝尔格莱德与普里什蒂纳关系正常化达成一项"具有法律约束力的协议"，作为塞尔维亚加入欧盟的必要条件。这一条款被写入2014年1月9日进行的欧盟与塞尔维亚谈判框架②。这显然使得塞尔维亚人更难接受欧盟的条件，因为前提条件是，塞尔维亚放弃自己的一块领土和一部分人民，特别是欧盟其他国家没有类似的情况。

不确定性、继续对普里什蒂纳作出让步的压力、欧盟的政治和经济危机（还有文化转型）、移民危机、加入欧盟看不到老百姓的日常生活有任何改善的迹象，这一切使塞尔维亚的民众感觉到，欧盟的道路仍然是不确定的，而且希望越来越渺茫。

尽管如此，自2008年以来，塞尔维亚领导层一直强调欧盟一体化是外交政策的主要战略目标。

塞尔维亚与俄罗斯、中国和土耳其的良好关系已经促使欧盟加快欧盟一体化的步伐并提供更多的承诺，这就是为什么容克先生提出塞尔维亚2025年加入欧盟的时限。然而，随着时间的推移，

---

① "Studenti u Beogradu protiv ulaska Srbije u NATO i EU", Politika 19.06.2017, http://www.politika.rs/sr/clanak/383239/Studenti-u-Beogradu-protiv-ulaska-Srbije-u-NATO-i-EU; http://www.mei.gov.rs/upload/documents/nacionalna_dokumenta/analiza_medijskog_izvestavanja/grafikoni_november17_english.pdf; http://www.rts.rs/page/stories/sr/story/9/politika/2962439/istrazivanje-o-clanstvu-srbije-u-eu-mala-razlika-izmedju-da-i-ne.html.

② "the comprehensive normalisation of relations between Serbia and Kosovo, in the form of a legally binding agreement by the end of Serbia's accession negotiations…", in: EU OPENING STATEMENT FOR ACCESSION NEGOTIATIONS, Brussels, 9 January 2014, CONF-RS 1, pp.5, 10.

这个目标似乎很遥远并且不太可能实现。与欧盟的谈判，德国是主要的谈判方，但在2017年9月24日议会选举后，德国的内部治理不稳定，大大削弱了默克尔的地位，使塞尔维亚感觉希望有些渺茫。

其次，2016年中国国家主席习近平访问塞尔维亚以及塞尔维亚与俄罗斯之间高层的不断会晤，导致塞尔维亚的国际地位得到提高。这给塞尔维亚官方提供了一些缓解西方压力的空间。尤其重要的是，近年来，西方和东方之间的竞争越来越激烈，而2016年西方的差距越来越大。

正是由于全球范围内日益紧张的局势，北约国家加紧对马其顿、塞尔维亚和波黑施压，敦促他们加入这一军事联盟。黑山于2017年6月加入，尽管政治局势出现两极分化，人民对加入北约这一联盟的看法负面，但议会仍然通过这一决定。经过几个月的示威后（2016—2017年），马其顿政府的想法发生了变化，在美国驻马其顿大使杰斯·拜莱（Jess Bailey）的参与之后，马其顿政府同意在国名问题上与希腊进行协商。马其顿加入西方联盟，其名称的修改是希腊投票的先决条件。马其顿这一决定将使塞尔维亚和波斯尼亚和黑塞哥维那成为巴尔干半岛上仅剩的两个没有加入北约的国家。

因此，在2017年10月交付6架俄罗斯战机和从白俄罗斯起飞交付塞尔维亚另外10架战机是以下两件事情的关键：

第一，塞尔维亚与俄罗斯军方继续合作，继续与俄罗斯在外交上进行合作；

第二，作为保持外交政策定位的关键工具，塞尔维亚应保持军事上中立。

第三，塞尔维亚南部省分离主义的阿尔巴尼亚领导人的地位问题具有重要的内部意义,但也具有外交政策的重要性。俄罗斯和中国在联合国对塞尔维亚的支持至关重要。随着西方集团逐渐失去其共同立场,其他国家在国际层面上的作用越来越突出,国际承认分离主义地方政府作为国家的潮流可能正在扭转。

(六)斯洛伐克

1. 欧洲事务

2016年下半年,斯洛伐克担任了欧盟委员会轮值主席国。担任轮值主席国对斯洛伐克整个2017年的欧洲政策有重大影响,2016年1月至2017年6月有三个国家担任欧盟委员会轮值主席国,它们是荷兰、斯洛伐克和马耳他,即"三重组合"。

斯洛伐克正在为欧洲联盟的未来做出自己的贡献。这一重要贡献就是布拉迪斯拉发宣言和路线图,这是2016年9月在布拉迪斯拉发举行的欧盟政府首脑会议的成果文件。路线图确定了几个关于移民、外部边界保护,内部和外部安全以及经济和社会发展的重大目标。

关于移民问题,斯洛伐克属于持怀疑论的欧盟成员国之一,并反对欧盟委员会通过的难民配额计划。斯洛伐克提议,作为重新安置的替代办法,建立一个基于"有效团结"原则的机制。此外,在欧盟委员会通过关于难民重新安置的决定后,斯洛伐克与匈牙利一起向欧盟司法法院提起诉讼,请求法院撤销欧盟委员会的决定。由于欧盟司法法院于2017年9月维持了欧盟委员会的决定,该诉讼未获成功。

关于英国脱欧问题,斯洛伐克已经启动了申请将欧洲药品管理局总部搬到斯洛伐克的计划,该机构最初位于伦敦。尽管根据一些消息来源称,斯洛伐克是其中候选者之一,然而,这个请求没有成功,斯洛伐克在竞标者中排名第四。斯洛伐克没有赢得欧洲药品管理局总部迁址投票的主要原因之一是欧洲药品管理局常设员工不愿意迁往布拉迪斯拉发。斯洛伐克是欧洲药品管理局内部投票时得票最低的国家之一。欧洲药品管理局的同性恋员工甚至向管理局主管写了一封公开信,他们直截了当地表示他们害怕其合法权利得不到尊重,因为斯洛伐克不承认同性恋婚姻或同性恋伙伴关系。

食品的双重标准也是斯洛伐克在其欧洲政策中重点关注的主题之一。国际食品供应商向欧盟新老成员国提供的食品质量有区别,这件事遭到新成员国的指责。斯洛伐克推动在欧盟层面承认这一问题。据斯洛伐克称,这种双重标准违背了欧盟单一市场的原则。

还有必要提到斯洛伐克总理罗伯特·菲科(Robert Fico)一再呼吁的,斯洛伐克应成为欧洲联盟的核心成员。根据总理的说法,这意味着斯洛伐克应该参与欧盟在欧元区内的进一步整合或共同的安全和防务政策。

2. 多边政治

2017年,斯洛伐克在联合国或欧安组织等国际多边机制中承担了若干重要的职位。

2017年5月31日,斯洛伐克外交和欧洲事务部部长米罗斯拉夫·莱恰克(Miroslav Lajcak)当选为联合国大会新任主席,并于2017年9月12日就职。担任联合国大会第72届会议主席期间,莱恰克先生确定了三个优先事项:移民、联合国改革和可持续发展。在联合国事务上,斯洛伐克取得了另一个成功,当选为2018—2020年联合国人权理事会成员。在担任人权理事会成员期间,斯洛伐克计划主要侧重于预防冲突、支持宗教自由、打击极端主义和保护儿童权利的问题。

2016年年底，斯洛伐克当选为欧安组织轮值主席国，并将在2019年履职。这意味着自2017年年初以来，斯洛伐克正在准备担任其轮值主席国的职位。这是斯洛伐克首次担任欧安组织轮值主席国。

除联合国和欧安组织外，斯洛伐克还在2017年全年参与了多次多边论坛。例如，在裁军领域，积极参加裁军谈判会议，禁止化学武器组织的会议以及生物武器公约缔约国会议。

3. 安全政策

在安全政策领域，斯洛伐克利用2017年整年的时间更新其主要战略文件。最重要的是，斯洛伐克政府于2017年10月批准了更新的安全战略。在制定新的安全战略时，斯洛伐克旨在对与安全有关的主要事态发展和不断变化的安全环境作出反应。该文件的前一版已于2005年通过，因此，该安全战略是在12年后进行的更新。由于前一版本已基本过时，新版本的安全战略意识到斯洛伐克的安全面临若干新威胁，其中包括混合威胁、网络攻击，恐怖主义等。然而，一些专家批评该文件缺乏对威胁等级以及优先列出的政策的具体描述。此外，缺乏关于欧盟共同安全和防务政策的看法，这被视为该文件的另一个缺陷。安全战略中提出的原则将在尚未通过的防务战略和战争战略中得到进一步阐述。

就欧盟共同安全和防务政策问题，需要提及的是，到2017年年底，斯洛伐克签署了永久结构性合作组织（PESCO）条约。通过永久结构性合作组织，欧盟各成员国能够有效加强对安全挑战的应对，推动欧盟框架内进一步整合和加强防务合作。除斯洛伐克外，还有24个成员国加入了永久结构性合作组织。

永久结构性合作组织最重要的目标是发展欧洲国防工业，这关乎斯洛伐克的利益，斯洛伐克中小企业积极参与发展和提高国防能力。为此，斯洛伐克提出了欧洲炮兵项目，旨在间接进行武器支援。

4. 中国在斯洛伐克对外政策中的地位

发展斯洛伐克与中国的关系当然是斯洛伐克政府的优先事项之一。2017年4月，政府通过了《2017—2020年发展斯洛伐克共和国与中华人民共和国经济关系的构想》，政府希望深化与中国的经济关系。这是斯洛伐克唯一一个单独与其他国家有关的战略文件。而且，斯洛伐克是维谢格拉德集团国家中唯一一个有专门的中国战略的国家。该构想在行动计划中又得到进一步的阐述，但尚未得到政府的批准，因为它仍然是各部委和利益相关者团体之间进行谈判的主题。正如构想中所提出的那样，斯洛伐克希望从中国的"一带一路"倡议中受益。如果斯洛伐克政府在构想中提出的雄心壮志取得成果，我们可以期待斯中关系进一步加强。总之，这些文件表明，斯洛伐克必须为了经济目的而利用其较好（并且仍在加强）的对华政治关系。该发展纲要还提到实现这一目标的多种措施，其中包括扩大驻华外交人员数量、为吸引中国投资者和游客在中国各地开办"斯洛伐克之家"、尝试制订利用中资在斯洛伐克境内修建基础设施的计划等。与大多数外交政策文件不同，该构想是在经济部的主持下编制的。

斯洛伐克与中国在"一带一路"倡议下合作的一个具体表现是建设中国大连港与斯洛伐克之间的铁路。大连第一班货车于2017年11月13日抵达布拉迪斯拉发。大连一般每周发一次前往布拉迪斯拉发的列车。

为了深化双边关系，斯洛伐克参与了中国—中东欧"16+1"合作框架。斯洛伐克希望利用好该平台，加强与中国在高新技术、创新领域的合作。尽管总理菲科缺席了2016年在苏州召开的"16+1"中国—中东欧领导人会议，但他2017年参加了在布达佩斯举行的中国—中东欧国家经贸论坛。

在布达佩斯中国—中东欧国家经贸论坛之后，2017年11月，第二届中国—中东欧国家创新合作大会在斯洛伐克布拉迪斯拉发举行。斯洛伐克发起了在布拉迪斯拉发成立技术转让虚拟中心的倡议。斯洛伐克外交部认为，这是斯洛伐克对"16+1"框架内发展知识型社会的实质性投入。

（七）斯洛文尼亚

2017年斯洛文尼亚外交事务的特点是仲裁法院对期待已久的斯洛文尼亚和克罗地亚之间的边界争端作出决定。仲裁裁决有望解决斯洛文尼亚和克罗地亚边界上的若干争端，尽管初期大家的期望很高，但问题仍未解决。

1. 历史和背景

自1991年6月底两国宣布从南斯拉夫社会主义联邦共和国脱离而独立时起，关于克罗地亚和斯洛文尼亚之间海陆交界的争议就始终存在。起初，两个新的国家在其宪法中规定，奉行保有地占领原则，继承两个国家在南联邦时期之间的边界，除非另有约定。但是，在1991年，两国在脱离南联邦前的武装冲突之初，斯洛文尼亚与克罗地亚人就对前南军队驻扎在特尔迪诺夫山/斯韦塔卡特格拉山（Trdinov vrh / Sveta gera hill）驻地的管辖权有分歧。其他的冲突随之而来。而关键的问题是斯洛文尼亚和克罗地亚的海上边界，这是由于在南斯拉夫社会主义联邦共和国时期，各联邦州之间的海上边界并没有确定关系，因此，这两个前南斯拉夫联邦共和国也无法参照以前的联邦边界划分的做法。斯洛文尼亚提出对整个皮兰湾进行管辖，要求进入公海，而克罗地亚则要求一半的海湾，这将切断斯洛文尼亚进入公海的通道。

对于海上划界，双方是基于不同的线路论证的。克罗地亚坚持等距离原则，根据边界与海湾的距离对等划分。而斯洛文尼亚则声称，根据边界继承原则，即保有地占领原则，在南斯拉夫联邦共和国时期，它拥有进入公海的权利，那么，现在作为延续的政治实体，不应被剥夺这个权利。斯洛文尼亚同时指出，尽管该国的地理位置妨碍了其进入公海的通道，但应给予其从本国到公海的权利。斯洛文尼亚还根据历史论据指出，皮兰湾（斯洛文尼亚语名为"Piranski zaliv"，克罗地亚语名为萨伍德里亚湾"Savudrijska vala"）主要是居住在海湾城市皮兰的人们使用和管理的，而斯方主要的诉求是，前南时期关于在皮兰湾捕鱼的各项规定是根据斯洛文尼亚方面的原则制定的。另一方的克罗地亚试图通过行政措施对皮兰湾实行管辖（即采用新的地籍簿、将过境建筑物放置到争议地区等）。

两国之间其他有争议的领土还包括：德拉瓦河左岸的几个村庄和周围的土地；斯内齐尼克山（Snežnik）东坡的一部分森林；戈里扬齐山（Gorjanci）东南坡；穆拉河地区，旧地籍没有随穆拉河变化的地区，等等。

斯洛文尼亚总理雅内茨·德尔诺夫舍克（Janez Drnovšek）和克罗地亚总理伊维察·拉昌（Ivica Račan）于2009年首次尝试通过双边协议系统地解决边界争端。在"德尔诺夫舍克—拉昌协议"中，斯洛文尼亚放弃了龙牙河南岸，但获得皮兰湾80%的海域及通往国际水域的走廊（所谓的"烟囱"）。该协议被认为是一种很好的相互妥协，并得到两国政府的确认，但克罗地亚议会却拒绝批准，导致克罗地亚政府在2002年撤销该协议。

2. 2009年仲裁协议

接下来的尝试是时任斯洛文尼亚总理博鲁特·帕霍尔（Borut Pahor）和克罗地亚总理亚德兰卡·科索尔（Jadranka Kosor）进行的。经过多轮谈判，他们于2009年11月4日在斯德哥尔摩签署了仲裁协议，决定两国边界争端的解决方案由仲裁法院决定。"帕霍尔—科索尔协议"随后于2010年6月6日在斯洛文尼亚的公民投票中得到确认，支持率为51.54%。

这两个国家必须挑选5名法庭成员。每个国家都向法庭推荐了1名法官，并努力就其他3名法官达成一致，这3名法官必须从欧盟委员会主席和欧盟扩大专员所列的名单中选出。这3位共同选出的成员是吉尔伯特·纪尧姆（Gilbert Guillaume）、沃恩·洛韦（Vaughan Lowe）和布鲁诺·希马（Bruno Simma），而各国当选的法官则分别来自斯洛文尼亚的耶尔内伊·塞科莱克（Jernej Sekolec）和克罗地亚的布迪斯拉夫·武卡斯（Budislav Vukas）。仲裁法庭于克罗地亚2013年7月加入欧盟后正式开始运作。

2015年7月，克罗地亚的一家报纸发表了一份关于斯洛文尼亚法官塞科莱克与斯洛文尼亚外交部代表西蒙娜·德雷尼克（Simona Drenik）之间的电话录音，据称法官塞科莱克披露了有关仲裁协议潜在结果的机密信息。在该电话录音被披露之后，克罗地亚方面声称仲裁过程不可避免地受到这一事件的玷污，并决定单方面退出仲裁程序。斯洛文尼亚法官辞职，他的辞呈是在克罗地亚决定退出之后提出的。法院判定该名法官的违法做法对该过程没有任何损害，并且继续进行。

期待已久的仲裁法院决定最终在2017年6月29日作出。法院裁决遵循了2001年"德尔诺夫舍克—拉昌协议"的一些主要内容，即：

第一，斯洛文尼亚拥有皮兰湾3/4的区域以及一个2.5海里宽的通往大海的走廊；

第二，克罗地亚对德拉瓦河南侧的村庄拥有管辖权，边界线沿着德拉瓦河和圣奥多里克运河运河（St. Odorik）划分；

第三，索特拉河沿岸的边界划分遵循地籍而不是河流的流向；

第四，在波萨维（Posavje）和奥布雷斯耶（Obrežje），边界线根据市政府地籍划分；

第五，穆拉河上的边界线遵循地籍划分；

第六，在特尔迪诺夫山/斯韦塔卡特格拉山的划界也遵循地籍分界，这也意味着斯洛文尼亚军营在克罗地亚一侧。

2017年12月29日，在两国执行协议的最后期限，斯洛文尼亚开始执行仲裁规定。斯洛文尼亚方面在各个层面通过了实施协议的立法。最关键的问题在于，土地和房屋都在克罗地亚一侧的斯洛文尼亚公民，对这些公民的撤回提供（经济援助等）条件。斯洛文尼亚和克罗地亚渔民以及陪同他们进行海上作业的警察之间在海上发生了几起小事件。目前，欧盟委员会主席让—克洛德·容克任命他的第一副主席弗兰斯·蒂默曼斯（Frans Timmermans）协助调解两国之间的关系，这是解决两国之间公开争端并促进执行仲裁法院裁决的一个步骤。但到目前为止，这两个国家的外交谈判还没有公开。

（八）匈牙利

虽然匈牙利的外交政策在2014年之后已经发生了重大变化，但这一变化的最新成果只有到了2017年才能看到。政策的变化主要表现在以价值为基础的对外政策明确地转向以利益为基础的对外政策。新的对外政策符合新现实主义理论,对于决策者而言,国家的基本政治、经济及其他与国家相关的利益是首要的,而其他的一切都是第二位的。新现实主义的国际体系本质上是一个由自治国家组成的自助体系,它必须始终准备好争取自己的利益。外交部名称改为外交和贸易部就反映了这一概念,同时也反映了匈牙利目前的外交政策。2017年匈牙利对外政策的变化有四个非常明确的方向。

1. 欧盟中的匈牙利

2017年,匈牙利已明确要改变和重塑其在欧盟的政策,把欧盟清晰地定义为"欧盟是主权民族国家组成的共同体",并拒绝接受欧盟采取进一步的超国家方式。匈牙利对外政策的变化是基于国家利益的。但是,欧盟从成立到现在不仅仅是一个贸易协会,而且还是一个具有共同价值的共同体,这一点非常清楚。因此,匈牙利与欧盟其他成员国和欧盟之间关于欧盟政策的摩擦和争论还将持续,而最重要的争论是未来关于欧盟预算的谈判。2017年与欧盟机构和主要国家(德国、法国、意大利)的辩论主要是围绕主权进行的,很明显,欧盟难民安置计划(假定大量移民愿意在匈牙利定居)不会对匈牙利造成财务上或其他方面的问题。拒绝接受欧盟移民安置计划是对概念理解的问题,因为它意味着接受"欧洲合众国"这个概念,屈从于欧盟的超国家概念。

(1)与波兰的关系

匈牙利的欧盟政策中的一个特别之处是与波兰的关系。2017年12月底,欧盟委员会提醒欧盟其他27国成员,波兰政府的司法改革计划会使波兰的民主价值陷入风险之中。欧盟委员会以波兰国内司法改革"严重违反法治原则"为由,建议欧盟理事会启动

《里斯本条约》第七条。该条款属于"惩罚条款",若相关审查最终通过,波兰将遭受暂停表决权等惩罚。波兰没有解决司法改革问题,并解雇了最高法院法官。匈牙利总理立即明确表示,匈牙利将阻止针对波兰的任何惩罚性行动。这一声明生动地表明了匈牙利外交政策的一致性,然而,从长远来看,坚持以利益为基础的对外政策似乎正在与欧盟及其主要大国的价值取向相冲突。

(2)与德国的关系

匈牙利与德国具有传统的强大纽带,然而,这种紧密的关系在2017年有减弱的趋势。过去27年一直坚持组织召开的匈牙利和德国论坛的取消清楚地表明了双边关系开始后退。布达佩斯"16+1"峰会受到德国媒体的强烈批评,强调中国人遵循的是"神圣与规则"逻辑。然而,通常对外政策十分注重以价值为基础的德国政府,在2017年与俄罗斯达成了新的天然气管道的协议,而匈牙利也加入了类似的新项目,该项目是将俄罗斯天然气通过土耳其和其他巴尔干国家输送到匈牙利。就这一点而言,后者的项目并未受到德国的质疑,尽管"土耳其溪"管线不过是"南溪"管线的"复活",且后来德国和欧盟委员会封锁了它,因为这一做法将避免在欧盟的单一市场造成垄断。但德国这次没有对匈牙利与俄罗斯的天然气管道协议提出反对意见,表明德国与匈牙利之间达成了一个妥协。然而,德国大选后,匈牙利与德国之间出现的僵局还没有被打破。

2. 匈牙利与美国的关系

在特朗普当选总统后,没有人相信美国和匈牙利关系会突然好转,然而,即使持有怀疑论的分析人士也对匈牙利与美国政府之间持续的摩擦感到惊讶。美国历届总统都有义务维持和发展与其他国家之间以价值为基础的外交关系,虽然匈牙利观察人士认为,人员变动也意味着政策的改变，但美国事务管理部门的标准不会轻易改变。重要的一点是，匈牙利决策者可能错误地认为，美国也遵循基于利益的对外政策逻辑，那么，与匈牙利的关系也应该是美国的重要对外关系战略的一方面。但事实并非如此，尽管新政府更迭，美国的外交政策仍然非常重视价值。2017 年，美国对匈牙利的重大担忧是匈牙利所谓的限制新闻自由，美国人为匈牙利农村的媒体公司提供资金并非巧合。该计划的公布导致双边关系受到限制。中欧大学也出现了类似的紧张局势，引发了不同管理阶层之间的激烈争论。匈美双边关系的另一个方面是，美国新总统的地位极其薄弱，除了税制改革外，他的计划无法到位，他的用人也遭到民主人士和前盟友的严厉攻击。因此，美国政府对中东欧的关注非常有限，他们主要关注与俄罗斯的关系。匈牙利与俄罗斯建立的特殊关系不允许匈牙利与美国关系的进一步改善。一个明显的迹象表明，在 2017 年美国大选后，匈牙利总理没有被新任美国总统邀请到华盛顿。

3. 匈牙利与俄罗斯的关系

尽管欧盟对俄罗斯实行禁运措施，但 2017 年匈俄关系还是进一步发展了。2017 年，匈俄最重要的经济合作项目保克什核电站的扩建工程于 2018 年 1 月开始建设，意味着双方能源合作成果开始显现。该项工程总造价为 120 亿美元，其中价值 40 亿美元的工程由匈牙利公司实施，各方同意各承担 40%。2017 年 8 月俄罗斯总统对匈牙利进行了非正式访问，达成了以下行动和计划：增加交换生数量，布达佩斯与圣彼得堡之间实现直飞，俄罗斯帮助匈牙利的污水处理企业进入俄罗斯市场。匈牙利与俄罗斯贸易关系的改善见证了匈牙利与俄罗斯的关系发展。2017 年前 4 个月，两国贸易增长 30%，匈牙利对俄出口增长 24%。匈牙利决策者必须考虑的主要问题是利益的最大化，追求基于利益的对外政策。如果改变不了对俄罗斯的政策，匈牙利也可以有所收获。更重要的是，如果德国和法国对俄罗斯的制裁撤销，那么，匈牙利追求基于价值的对外政策就会比其他欧盟国家更加清晰。

4. 匈牙利与中国的关系

在2017年5月以全面战略伙伴关系的形式确定中匈关系后，两国关系又在11月的布达佩斯"16＋1"峰会达到高峰。正如先前的分析显示，"16＋1"峰会得到了相对温和和积极的新闻报道，主要围绕布达佩斯—贝尔格莱德铁路项目的问题。此外，必须强调的是，负面评论通常是匈牙利政治家和（或）政党的报道。

令人惊讶的是，2017年只有匈中关系没有受到反对派的攻击。舆论对于匈牙利的中国政策相对沉默的唯一合理解释是，匈牙利对中国的解读更传统，因为两国之间过去没有过实际的冲突，且未来也不会。然而，很显然，基于价值的对外政策传统在匈牙利的政治治理或在学术界中并未消散，因此，在维持匈中两国之间强有力的联系时，坚持不干涉政策似乎也是至关重要的。

在未来与中国关系中，为了维护匈牙利外交政策的可信性，并进一步利用新现实主义理论，可以说，匈牙利决策者仍然要重视利益（主要是经济）。从已公布的投资项目和两国的贸易发展趋势可以看出，匈牙利放弃欧盟这个平台并不是一个令人信服的说法。与此同时，在欧盟国家中，匈牙利是中国最重要的经济和政治伙伴，因此，匈中关系中的不干涉原则必须坚持。

下篇

2018 年展望

五　国内政治

（一）波兰

2018年年初，波兰政坛出现了三件大事。第一，对法律与公正党政府的改组一直在继续；第二，反对党——波兰现代党（Nowoczesna）成立了新委员会；第三，各地发生了多起针对法律与公正党的袭击事件。

2018年1月3日，法律与公正党组织了一次特别会议。总理马特乌什·莫拉维茨基（Mateusz Morawiecki）、副总理贝阿塔·谢德沃（Beata Szydło）、法律与公正党主席彼得·格林斯基（Piotr Gliński）、参议长斯坦尼斯瓦夫·卡尔切夫斯基（Stanisław Karczewski）、内务与行政化部部长马柳什·布瓦什查克（Mariusz Błaszczak）、国防部部长安东尼·马切莱维奇（Antoni Macierewicz）、法律与公正党议会代表里斯萨德·特莱基（Ryszard Terlecki）、法律与公正党副主席尤希姆·布鲁金斯基（Joachim Brudziński）参加了两个小时的会议。随后，参议长斯坦尼斯瓦夫·卡尔切夫斯基离开办公室，接受了记者的采访。他告诉记者，此次会议的主题之一是政府的重建。据私营电台"RMF"的报道，外交部部长维托尔德·瓦斯其克夫斯基（Witold Waszczykowski）预计"说再见"，并由总统安杰伊·杜达（Andrzej Duda）的高级助手克日什托夫·什切尔斯基（Krzysztof Szczerski）替代。由于环境部形象发生变化，环境部部长扬·希什克（Jan Szyszk）也将离开。数字化部部长安娜·斯特莱吉斯卡（Anna Strezyńska）将不再是部长。据"RMF"电台记者称，基础设施部部长安杰伊·阿达姆契克（Andrzej Adamczyk）的未来不确定。

除了上面提到的个人变化之外，安杰伊·杜达总统和国防部部长安东尼·马切莱维奇之间的关系应该被视为最重要的变化。两人的紧张关系与两大要素有关：第一，两个人的关系很"冷"，但两个决策者之间的关系没有发生"化学"变化；第二，更重要的一点是，关于宪法层面的问题和对宪法的解释。然而，这两点并不是新的现象，在过去的政府也是如此。根据1997年的宪法，总统是军队的最高领导人，但他没有行使这种至高无上权力的手段。而国防部部长拥有管理整个部的权力，可以说，是宪法的不连贯导致两个决策者之间的争执。波兰国家安全局长索洛克（Pawel Soloch）对两者之间的关系这样描述：很长一段时间，即使不是"混合型"，也存在冷战。

这里的核心问题是国防部选择什么策略。对于某些分析人士来说，答案非常明确。国防部正努力削弱总统在国防体系中的地位，在制定波兰防务政策方面扮演了欺骗角色。非常明显的例子是，在国防部的认可和批准下，军事反间谍机构启动了对总统最重要的军事顾问雅罗斯拉夫·克拉舍夫斯基（Jaroslaw Kraszewski）将军的核查程序。如果有证据证明他接触了被怀疑与以前共产主义政权有关的机密信息，核查程序就会启动，其结果是不让他接触机密信息。与此同时，国家安全局称，几个月来，国防部不得不通过委派军官来加强办公室人员配置。这种情况给双方带来了巨大的紧张关系，迫使总统想要改变国防部部长的处理方式，即

"UB——秘密警察方式"。总统办公室发出了不可调和的信号,表示马切莱维奇将离职,否则将导致与杜达总统的冲突升级。但法律与公正党总部发出的信号却是矛盾的。在斯摩棱斯克委员会的工作结果公布后,春季有可能发生变化。另一方面,马切莱维奇可能会被任命一个有前途的职位,他的职位可能被内务与行政化部部长马柳什·布瓦什查克所取代。然而,这一决定可能会推迟,原因是国防部部长应白宫的邀请参加了现任美国总统特朗普的国家安全顾问赫伯特·雷蒙德·麦克马斯特(Herbert Raymond McMaster)将军的会议。在华盛顿的会议定于2018年1月17日举行,而波兰政府重组决定于1月8—12日举行。

第二件大事是反对党——波兰现代党的变化。2017年11月,该党派的创始人之一雷沙德·佩特鲁(Ryszard Petru)在担任两年后失去了波兰现代党的主席职位,前副主席和罗兹大学的院士卡塔琳娜·卢布瑙尔(Katarzyna Lubnauer)成为该党的领袖,雷沙德·佩特鲁只获得9票。卡塔琳娜·卢布瑙尔任命了波兰现代党新任副主席:卡米拉·嘉西—皮荷维茨(Kamila Gasiuk-Pihowicz)、耶尔齐·梅埃什托维茨(Jerzy Meysztowicz)、维托尔德·藏姆巴奇尼斯基(Witold Zembaczyński)和下西里西亚地区党的主席塔德乌什·格拉巴雷克(Tadeusz Grabarek)。这种情况使得雷沙德·佩特鲁成为波兰现代党的"灰色地带",正如他自己所说的那样,希望波兰现代党不会"陷入黑暗的胡同"。他还说:"对于我来说,官方职位并不重要,重要的是你可以通过各种政治和实质活动产生影响,不仅在议会中,而且在议会之外。"他表示,波兰现代党必须是现代主义的自由市场党,寻求解决方案,拥护欧洲并争取波兰加入欧元区。他的这种观点与波兰现代党现任领导卡塔琳娜·卢布瑙尔的观点不同。她的某些观点,可以被视为是偏向左翼。

在佩特鲁接受媒体采访时,他设法避开了明确倡导自由左派的意识形态的争论。结果是,该党的观点更多的是与经济的自由市场方式相联系。最近,法律与公正党政府实施了经济上的一些决策:取消社会保险机构保费限制、周日商业禁令、限制享受50%所得税的创新产业的数量,由于执政党政府实施的这些措施得到一些人的反对,因此,现代党可以赢得小企业家和中产阶层的支持,该党被认为代表这些人群的利益。唯一的问题是卡塔琳娜·卢布瑙尔不愿意参加这种道德革命。卡塔琳娜·卢布瑙尔的胜利出乎意料。但是,正如历史告诉我们的,亚努什·皮耶豪钦斯基(Janusz Piechocinski)在2012年11月获得胜利当选波兰人民党领导人时,其与瓦尔德马·帕夫拉克(Waldemar Pawlak)得票数差异非常小(帕夫拉克获得530票,皮耶豪钦斯基获得547票),而2015年,皮耶豪钦斯基没有进入议会,波兰人民党遭遇了历史性的糟糕结果。现代党现在也在重复这个故事。考验很快就会来临,如果现代党在地方选举中没有很好的结果,新的变化就开始了。

  波兰政治紧张局势日益加剧,社会上对法律与公正党的攻击越来越多。最残酷的一次袭击发生在2010年10月19日。公民纲领党(Civic Platform)前成员雷沙尔德·齐巴(Ryszard Cyba)闯入了法律与公正党位于罗兹的办公室,用手枪袭击了马雷克·罗西亚克(Marek Rosiak),并伤害了该办公室的一名雇员。马雷克·罗西亚克当场死亡。最近,越来越多的袭击法律和正义党议会办公室的事件发生。2017年10月,在奥波莱,司法部副部长帕特雷克·亚基(Patryk Jaki)的办公室遭到袭击。在代理办公室的外墙上,有人书写了各种反对法律与公正党的口号。2017年12月,位于塞楚弗(Syców,下西里西亚省)的贝阿塔·凯姆佩(Beata

Kempy）副部长办公室被倒入易燃液体并着火。幸运的是，虽然办公室位于市中心附近一座住宅楼的底层，但没有人遭受损失。在华沙，不明身份的肇事者用未知物质将帕韦乌·伦谢茨基（Paweł Lisiecki）和兹德齐斯·克拉斯诺迪布斯基（Zdzisław Krasnodębski）议员办公室门上的锁眼堵住。在纳克沃（Nakło）市，有人摧毁了乌卡什·斯赫雷尔贝尔（Łukasz Schreiber）办公室和他的欧洲议会同事办公室的入口。正如法律与公正党主席所解释的那样："对法律与公正党政治人物的议会办公室的攻击与反对派有关。所有的袭击行动都是因反对党煽动的'仇恨言论'而发生的。"

正在进行的关于政府重组的讨论使政府新的举措和决定瘫痪了。外交部部长这样说："我生病了，因为它影响到了所有的部委，各部不能再动员员工工作了，所以，我希望这个节日结束。"事实上，这种情况影响了波兰在国际上的地位。波兰受到国际关注，波兰的合作伙伴疑惑是否可以再认真地对待波兰。从以上的角度来看，政府应尽快改组。

现代党的新情况可能对整个反对派起到负面作用。卢布瑙尔算是一个新人，并且不像公民纲领党的领导人格日戈什·斯海蒂纳（Grzegorz Schetyna）或波兰人民党领导人瓦迪斯瓦夫·科西尼亚克（Wladyslaw Kosiniak Kamysz）那么有经验。公民纲领党和波兰人民党可以充分利用这种情况，在与现代党进行谈判时加强自己的地位。卢布瑙尔试图将现代党与上述两个党派区分开来，提出现代党与其他两党有不同的规划并且受到不同的价值观驱动。斯海蒂纳提出加入各方主席团的建议被视为未经磋商的提案，被现代党拒绝。佩特鲁提出了不同的观点，他试图在没有现代党支持的情况下自己"建立庞大的联盟"。

（二）捷克

1. 2018年总统选举

第一轮总统直接选举于2018年1月12—13日举行。总统米洛什·泽曼赢得了本轮投票保留了其职位。尽管如此，他还是不得不在1月26日和27日的第二轮投票中面对受欢迎的亲欧洲学者伊日·德拉霍什（Jiří Drahoš，独立候选人，化学工程师，2009—2017年担任捷克科学院院长）。在第一轮投票中，有9名正式候选人，泽曼赢得38.6%的选票，德拉霍什赢得26.6%的选票，帕维尔·费舍尔（Pavel Fisher，独立候选人，前外交官）的票数排第三位，拥有10.2%的选票。泽曼赢得了第二轮选举，以51.36%的选票战胜德拉霍什（48.63%）。这次总统选举的投票率为66.6%，这是自1998年大选以来的最高纪录。

泽曼赢得了2013年1月的第一次总统直接选举。前两任总统（瓦茨拉夫·哈维尔先生和瓦茨拉夫·克劳斯先生）由捷克议会选举产生。根据捷克共和国宪法①，总统在大选后任命总理、捷克国家银行管理委员会成员、宪法法院法官等。捷克总统只拥有有限的行政权力。另外，泽曼先生和他的前任对该国各项议题的公开辩论产生了强大的影响。

德拉霍什一直计划留在政界，但他还没有提供更多细节。德拉霍什认为自己是一位中间派政治家，他试图团结整个捷克社会。他希望该国在欧盟发挥更积极的作用。与泽曼总统相比，他更多地倾向加强与西方国家的关系，而泽曼总统则更加支持加强与俄

---

① 捷克共和国宪法于1992年制定，后经过多次修订，见http://www.psp.cz/en/docs/laws/constitution.html。

罗斯和中国的关系。

2. 2018年展望

如上所述，巴比什的第一个少数派政府于2018年1月辞职。然而，总理巴比什预计将继续任职，直至任命新内阁。捷克共和国总统应该让巴比什再次组建新政府。应该强调的是，这种长期的联合谈判不仅在捷克共和国比较典型，在其他欧洲国家也越来越普遍（如德国）。

2018年1月初，巴比什总理的内阁批准了一项新的政府经济计划，该计划的实施既费时又费力。由于巴比什必须首先形成多数政府，因此，该计划的实施可能会拖延。

谈到新当选的党派代表和他们对中国的立场，到目前为止没有什么新的内容。目前，政党的精力放在国内政治，因为新政府尚未通过信任投票。巴比什总理应该是一个颇具技术专长的领导人，他的国内外政策都是务实的。

泽曼总统对中国的立场是众所周知的，他是加强与中国关系的坚定支持者。2017年5月，泽曼总统在北京出席了"一带一路"倡议国际合作高峰论坛，并与中国机构和企业代表进行了会谈（工业和贸易部部长、交通部部长和地区发展部部长也参加了代表团）。这是泽曼以总统身份第三次访问中国。他还于2016年3月在布拉格会见了到访的中国国家主席习近平。

大选后大部分有关中国的消息都围绕着欧盟提出的立法措施，这会使来自第三国的直接投资更加困难。欧盟收紧关键领域收购，特别针对国企和有战略价值的企业，并建立一个咨询机构，帮助成员国分析决定是否阻止收购。捷克共和国还没有自己的监管机构来审查自德国、法国和其他10个欧洲国家的外国投资。前工业和贸易部长哈夫利切克（Havlíček）说，关于这个问题的讨论在捷克共和国尚处于起步阶段。欧盟境内外国直接投资监管的变化可能影响中国的投资。

（三）马其顿

2018年将必须回答有关马其顿政治的三个重要问题：一是格鲁埃夫斯基及其合作者是否因有组织犯罪被判刑？二是马其顿社会民主联盟（SDSM）与阿尔巴尼亚族融合民主联盟（DUI）之间的联盟是否稳定？三是马其顿国名问题将对国内政治格局产生什么影响？

1. 格鲁埃夫斯基和其他前政权高官将入狱吗？

2017年，马其顿新执政党——马其顿社会民主联盟成功获得权力，该党主要依靠反腐败这个平台赢得群众支持，同时该党承诺终止对尼古拉·格鲁埃夫斯基和马其顿内部革命组织民族统一民主党其他高级官员的有罪不罚现象。尽管在2016年的议会选举中仍然赢得了比马其顿社会民主联盟更多的选票，但一旦离开政府，格鲁埃夫斯基就被定性为一个腐败的、无原则的傀儡，试图把他的那块"蛋糕"吃掉。在2017年的地方选举中，格鲁埃夫斯基因此遭遇了政治上的崩溃。他没有达到许多支持者的期望，也没有向他的亲信兑现承诺。

2017年年底，马其顿内部革命组织民族统一民主党经历了领导层的变革，格鲁埃夫斯基培植了他精心挑选的接班人希利斯迪杨·米科夫斯基（Hristijan Mickovski）来掌管该党，后者是一位具有商业背景的相当温和的政治家。有传言说，格鲁埃夫斯基亲自选择了一条使马其顿内部革命组织民族统一民主党更加温和，并使之更加适宜合作的路径，以便在对他的腐败指控问题上获得比较有利的对待。

马其顿社会民主联盟击败马其顿内部革命组织民族统一民主党所取得的全面胜利比任何人预期的都快。然而，2018年，只有在对格鲁埃夫斯基及其同事进行反腐调查并做出严厉判决的情况下，马其顿社会民主联盟才能维持他们的统治，但这一调查和判决尚未开始。

当然，根据马其顿的政治制度和司法独立的权力分工，马其顿社会民主联盟不能仅仅逮捕格鲁埃夫斯基并将他投入监狱。相反，有些事应由特别检察官办公室（SPO）做调查，这个办公室是在欧盟和美国的协助下建立的，作为一个有限授权的宪法外机构，负责对揭发检举的罪行进行调查。马其顿内部革命组织民族统一民主党在执政期间使特别检察官办公室成为独立机构。

尽管在2018年针对格鲁埃夫斯基的问题似乎没有以前那么政治化，并且只发生在法律事务领域（在获得执政权后，马其顿社会民主联盟表示它不会干预司法工作），但实际上它仍然是一个深刻的政治问题。前政权遗留的问题很大程度上取决于格鲁埃夫斯基的命运，如果2018年他被认定无罪，马其顿社会民主联盟的许多支持者最终会失望，而这将给马其顿内部革命组织民族统一民主党带来新生。与此同时，将格鲁埃夫斯基送到监狱将会进一步强化社会对马其顿社会民主联盟的支持，使马其顿内部革命组织民族统一民主党内部更加动荡，这样可能会进入一个政治新时期（以马其顿社会民主联盟为主导），否则，如果格鲁埃夫斯基的支持者发表公开回应，这将会导致出现新的社会冲突。

对格鲁埃夫斯基的指控在东南欧地区并不是什么新鲜事。在斯洛维尼亚、克罗地亚和罗马尼亚，前总理因腐败而被判刑的情况都有发生。但该地区也发生过其他领导人遭到迫害和离开的情况。

2018年马其顿的情况将给出答案。

2. 阿尔巴尼亚族融合民主联盟会保持不变吗？

在2017年年初选举后的僵局期间，作为马其顿第三支政治力量，阿尔巴尼亚族融合民主联盟在谁最终组建政府问题上最有发言权。由于马其顿社会民主联盟和马其顿内部革命组织民族统一民主党几乎无法自己组成政府，与阿尔巴尼亚族融合民主联盟组建联盟是获得权力的先决条件。马其顿社会民主联盟成功地在2002—2006年打败马其顿内部革命组织民族统一民主党，与阿尔巴尼亚族融合民主联盟联手掌管马其顿。作为2001年由游击队创建的一个党派，阿尔巴尼亚族融合民主联盟现在已经在2002—2006年和2008—2018年执政，并可能持续到2020年（及以后）。该党派几乎是治理结构中的一个永久性固定装置。

然而，阿尔巴尼亚族融合民主联盟作为阿尔巴尼亚族政党，长期以来，它一直被认为对犯罪行为同样负有责任，因为该党与格鲁埃夫斯基和马其顿内部革命组织民族统一民主党是8年的联盟伙伴，在两党联合执政期间，格鲁埃夫斯基发生犯罪行为，阿尔巴尼亚族融合民主联盟也难辞其咎。虽然该党是最大的阿尔巴尼亚族党派，但它却失去了很大一部分的阿尔巴尼亚人选票。此外，在2016年和2017年选举中，阿尔巴尼亚人对该党的投票率相当低。在地方选举期间，阿尔巴尼亚族融合民主联盟采用了与马其顿社会民主联盟合作的战略，防止新的阿尔巴尼亚党派激增。

因此，即使没有选举，该党在2018年很有可能会面临阿尔巴尼亚族中更多对手的挑战。其中一个这样的力量是塞拉（Ziadin Sela）领导的阿尔巴尼亚人联盟，该联盟虽然属于马其顿社会民主联盟和阿尔巴尼亚族融合民主联盟的执政联盟的一部分，但实际上对阿尔巴尼亚族融合民主联盟（以及马其顿社会民主联盟与阿尔巴尼亚族融合民主联盟的战略合作）持批评态度。据说，它支持扎埃夫政府的动机仅仅是由于马其顿内部革命组织民族统一民主党失去了势力。然而，在2017年地方选举之后，阿尔巴尼亚人联盟采取了更加对抗的立场，这可能让2018年的冲突更加激烈。2018年阿尔巴尼亚族融合民主联盟与阿尔巴尼亚人联盟之间的更深层次的分歧可能导致由马其顿社会民主联盟领导的联合政府发生严重危机。

同时，马其顿社会民主联盟也面临着联合政府中阿尔巴尼亚族融合民主联盟的深刻批评，尽管这不会导致其在马其顿人中失去支持（然而，它已经损害了马其顿社会民主联盟在阿族人中的声誉）。但是，直到目前为止，在广大公众特别关心的犯罪问题上，阿尔巴尼亚族融合民主联盟似乎没有受到特别检察官办公室的调查。阿尔巴尼亚族融合民主联盟被认为是一个高度腐败的政党，其领导人历来就时常卷入一些丑闻。事实上，特别检察官办公室已经免除了对他们的调查，而且他们已经获得了不可撼动的地位，同时在许多针对涉及马其顿内部革命组织民族统一民主党官员的案件调查中，阿尔巴尼亚族融合民主联盟都被免除了调查和起诉，从好的方面想，这被认为是特别检察官办公室执行双重标准，而从最坏的方面想这是一种政治进程，无论哪种方式都挑战调查进程的合法性。

3. 名称问题将如何影响国内政治？

2018年对马其顿而言，无论是在国内还是在外交方面，决定性的问题将是解决与希腊长达数十年的名称问题。解决马其顿名称问题是开启该国与北约和欧盟双重融合的密钥，也是区域一体化的关键。尽管如此，寻求解决方案，特别是向马其顿公众传达解决方案，对任何马其顿的政治家来说都是最艰巨和风险最大的任务。其中一个原因是来自希腊的网络上相当广泛的要求，要求改变马其顿名称的"普遍性",即使该国的名称适用于所有情况和惯例,包括国内和国际上使用,同时还意味着要改变种族和语言的名称,那么,马其顿宪法和公民身份证都要改变。这被大多数马其顿人认为是耻辱。至于国家,除情感成本之外,名称和所有以前发放的身份证和护照的更改也会导致一些财务和机构成本。

意识到这种情况,因此,马其顿社会民主联盟承诺,在任何解决方案被接受之前,马其顿都将举行公民公决。关于名称的全民公决的最终结果可能与马其顿加入北约有关,以便减少民族问题的严重性,并帮助人们以相当务实的方式重新命名。然而,虽然举行全民公决将有助于马其顿社会民主联盟获得对名称变更的认可,但也会给民族认同带来冲击且冲突会升级。实际上,马其顿人投票同意改变现国家名称是不可想象的。他们很可能会转而反对马其顿社会民主联盟和扎埃夫。

与希腊的争端也涉及象征性政治。在格鲁埃夫斯基的领导下,《斯科普里2014》项目被认为是前外交部部长努力推进的主要象征性标志,这是一个向希腊发出的公开声明,该声明对古代马其顿名称的使用提出了异议。从这个意义上说,毫无疑问,这个项目是在表明对希腊的怨恨(除此之外,该项目还有许多其他背景)。正因为如此,加上有一些国内的原因(违反城市规划、腐败、非民主的措施、不符合审美标准的项目),这些年来,在反对派中有心照不宣的共识,即一旦格鲁埃夫斯基被解除权力,《斯科普里2014》项目将被撤销。马其顿社会民主联盟也对该项目采取了尖锐的言辞,并且与组织抗议活动的民间运动合作,呼吁拆除纪念碑和建筑物。然而,在马其顿社会民主联盟政府执政初期,他们改变了基调,认为他们在处理这个项目时需要小心谨慎。现在主要的观点是撤销该项目将代价高昂,并且政府无力负担这种昂贵的操作。到目前为止，还没有采取任何措施实际拆除最令希腊人和当地人困扰的有争议的雕像（如古代马其顿国王的雕像）。因此，2018年将是马其顿是否能最终拆除（部分）《斯科普里2014》建设项目的关键一年。

除了所有的象征性政治之外，我们不能忘记，从根本上来说，马其顿未来的发展轨迹甚至整个巴尔干的基本问题都取决于是否会就名称问题达成永久协议。就国内政治环境而言，这绝对是对马其顿社会民主联盟经久的考验，也可能为马其顿内部革命组织民族统一民主党的复兴或新的右翼（或运动）创造机会。同时，阿尔巴尼亚族融合民主联盟将处于有利的位置，因为阿尔巴尼亚族选民更愿意就名称问题达成妥协。在这个意义上，阿尔巴尼亚族融合民主联盟可以给马其顿各方施加额外的压力。

然而，名称问题的主要问题是，即使保持现状（新名称未得到认可），该话题本身不断被提起也会引起负面情绪，并影响政治家们的行为。换句话说，即使马其顿解决了名称问题，也可能出现危机，因为一部分人群的成功（名称改变）肯定会被另一部分人视为羞辱，反之亦然。

（四）罗马尼亚

对罗马尼亚的政治阶层来说，2018年似乎是很忙碌的一年。虽然2018年对于罗马尼亚司法的未来来说，是决定性一年，但2018年也是罗马尼亚各省统一一百周年，罗马尼亚将进行紧张筹备；在未来两年内，罗马尼亚将进行总统、地方和议会选举以及为计划在2019年的欧洲议会选举做准备。

2018年年初对政治阶层来说不是很乐观，因为罗马尼亚人对这个国家的发展及方向大部分是消极的。根据罗马尼亚评价和对策研究所在 2017 年 12 月初展开的研究表明，罗马尼亚中 3/4 的人认为方向是错误的，接受采访的人中有 60% 不满意他们目前的生活水平。只有 1/4 的人对生活状况感到乐观，认为 2018 年的生活会比以前要好。罗马尼亚人对生活担心的主要原因是政治危机。参与研究的人中大部分（27%）考虑的是，政治危机是 2017 年最令人担忧的问题，可以说，政治事件比经济问题更令人担忧，而涨价则是人们关心的第二个问题，占 24%。此外，90% 的受访者对政治家的表现不满意。参与研究的近一半人认为，政府对于 2017 年的演变负有责任。因此，2018 年的关注重点首先是政治危机，其次是涨价问题，最后才是政治领域的演变问题。

1. 紧张准备的一年

（1）政党准备未来的选举

2018 年各政党将开始筹备未来两年举行的选举，为 2019 年欧洲议会选举、罗马尼亚总统、地方市长和议会选举做准备。与各党派谈判和组成联盟相关的动荡才刚刚开始。最重要的是，各党派必须先选定他们支持的候选人，之后他们将进行紧密的宣传活动。

2017 年有三个主要政党选定了主席，因此确定了比较稳定的方向。相反，一方面，社会民主党（PSD）由于是执政党而承受着压力，另一方面，该党应该提名一位领导人参加总统选举。社会民主党主席正面临多项犯罪指控。欧盟反欺诈办公室（OLAF）已经通知罗马尼亚当局开始对涉及社会民主党主席参与在使用欧洲基金上的欺诈行为进行调查。在这种情况下，社会民主党的战略很难确立起来。最近，关于政党内部存在两种权力斗争的传言开始流行。看起来，2018 年政府要准备重组，但这样做引起了社会民主党内部的不满。因此，政治危机严重影响经济发展，拖延真正的需求和必须执行的项目。

（2）"大联盟"一百周年的筹备工作

对罗马尼亚来说，2018 年是非常重要的一年，因为罗将庆祝有罗马尼亚人居住的古代省份的"大联盟"和罗马尼亚国家形成一百周年。这个联盟过程始于 1918 年 3 月，当时第一个省份加入该国，1918 年 12 月，随着最后一个省份做出类似的决定，从而形成了"大罗马尼亚"，这一疆域广大的领土目前由两个独立国家所有——罗马尼亚和摩尔多瓦。因此，这件事对罗马尼亚人来说非常重要。2016 年成立百年纪念机构，从属于政府管理机构，由总理领导。其主要目标是协调筹备和组织国家的"大联盟"一百周年和第一次世界大战胜利的庆祝活动。

"大联盟"一百周年被认为是继罗马尼亚加入欧盟后的第一个国家项目，但由于该项目是在总统选举前一年确定的，因此被认为是仅仅做表面功夫，因为由于组成联盟多数的协商导致了政治上的不稳定。当局的期望是制定一个具有文化实质的国家周年纪念项目，不仅是政治庆祝活动，旨在积极地影响罗马尼亚的未来。目前，特别的文化活动已经在各主要城市进行宣传。

（3）准备接任欧盟轮值主席国

2019 年上半年，罗马尼亚将接任欧盟轮值主席国。因此，2018 年，罗马尼亚进入欧盟确定议程的最后一轮。罗马尼亚将与其他两个国家芬兰和克罗地亚合作，最后确定这三国担任轮值主席国的主要议题。担任轮值主席国的职责是，罗马尼亚将成为欧洲决策过程的核心，因为欧盟理事会的作用是与欧洲议会合作谈判和通过欧盟立法和预算，达成协议并协调欧盟政策。

在目前非常复杂的欧洲和国际背景下，这个时期似乎排满了重大而紧要的活动，因此罗马尼亚的作用非常重要。首先，罗马尼亚将不得不面对英国脱欧事件，英国将在2019年上半年正式脱离欧盟。其次，2019年5月底将举行欧洲议会选举和欧盟委员会主席的选举。最后，2019年将确定2020—2027年的欧盟预算。罗马尼亚强烈希望可以像以前一样获得类似数额的欧洲基金。获得该基金必须有一个准备充分的议程和专家团队，制定优先事项并与其他欧盟成员国建立联盟。

此外，罗马尼亚还将处理与在罗举办欧洲各项会议有关的若干内部问题，如布加勒斯特的住宿和交通问题。将在同一年举行的总统选举对罗马尼亚及其政治阶层的管理能力也是巨大的考验。

2. 2018年司法改革的斗争继续

司法章节的修改仍然是2018年重要的事件，并对塑造罗马尼亚社会的原则和价值观产生影响。在政府的支持下，备受争议的司法改革于2017年年底在圣诞节前一周迅速通过。修改三项法律（第303/2004号、第304/2004号和第217/2004号法）的最终决定权在参议院，议员们在2017年12月11日和13日确定，于12月19—21日通过。

圣诞假期过后，同一党派的一位议员也提出了对刑法的几项修正案。此修正主要针对滥用职权等行为如何追究刑事责任进行了重新界定。法令规定，官员贪污涉及的金额若少于20万欧元，将不用被判处监禁，另一项修改是国会议员、市长和总统在这方面有更大的权利。虽然随后法律修改草案的发起人宣布撤回了该提案，但他说一些修改条款仍然可以作为刑法修正案的一部分获得通过。如果这些措施实施，将大大削弱反腐败斗争。

所涉及法律条款的修改主要的威胁不仅仅是司法管理和组织的变化，而且还涉及追溯的问题，这可能导致现在采取反腐败措施

五　国内政治

的机构完全失效，如国家反腐局和国家廉政局。他们振兴罗马尼亚政治阶层的努力可能会被抵消。

因此，司法问题是2018年罗马尼亚时间表的一个重大问题。首先，期待总统对此的反应。根据立法程序，总统有权颁布这些法律、在罗马尼亚宪法法院进行抗议或再次提交议会。问题是总统只能将法律再次提交议会一次。新提案由议会返还给总统后，无论如何更改，他都必须签署。但尽管如此，这可能仍是改变法律的一个机会，因为总统可以因此提出进一步的辩论并可以依赖外部压力。

首先，总统坚决宣布，被定罪或起诉的人不应在本国担任重要职务。他还强调了在罗马尼亚宪法中引入完整性原则的重要性。总统还有发起全民公决的权力，以获得关于法律问题的意见。2017年，在与司法改革有关的第一次骚乱期间，总统使用了这样的手段，但由于布加勒斯特的大规模抗议活动已经明确表明公众对司法改革的不满而被放弃。2017年11月初，再次提到使用这种手段，因此，2018年可能会使用全民公决的措施，以阻止对法律某些条款的修改。

其次，根据立法程序，罗马尼亚宪法法院也有权做出决定。最高上诉和司法法院已经将相关法律条款提交宪法法院，因为这几项条款违反了宪法。宪法法院关于司法的辩论定于2018年1月23日举行。

最后，不同的利益相关者可能会对罗马尼亚的法律修改提出其他方案。美国国务院和其他7个欧盟国家驻罗马尼亚使馆对罗最新的司法措施表示关注。国际媒体越来越关注罗马尼亚的事态发展，并提请注意目前的情况。一些主流国际媒体表示，罗马尼亚人需要西方政府的帮助来打击腐败，而另一部分人则认为，对欧盟来说，东欧国家日益紧张的民主问题比英国脱欧更具挑战性。这些信号表明国际机构密切关注罗马尼亚司法改革和政治发展状况，并可以利用他们的影响力来对罗马尼亚司法领域的问题施加压力。该措施曾在波兰实施过，欧盟委员会以波兰国内进行的司法改革有违欧盟确定的"法治国家"规定，准备根据欧盟条约第七条对波兰实行制裁。那么，欧盟也可以由此对罗马尼亚实施制裁，这将导致终止罗马尼亚在欧盟委员会的投票权。

此外，2018年1—2月，民间组织了社会上大规模抗议活动。定于1月20日在布加勒斯特举行大型抗议活动，来自全国各地的人都到布加勒斯特参加抗议活动，这可能会影响下一次宪法法院的会议。2018年1月1日在布加勒斯特举行了第一次抗议活动。因此，预计2018年罗马尼亚会遭受来自外部伙伴和公众的压力。

（五）塞尔维亚

展望未来总是模糊不清，因为这既依赖科学（而不是诗歌），也依赖经验。多年来，塞尔维亚实行稳定化政策、削减预算和对外国企业的投资优惠政策。然而，大量居民向外迁移和低生育率，加上政府投资低、工资低和公共就业受到严格限制，带来经济增长率低。

2018年的重大政治事件包括：贝尔格莱德地方选举；与科索沃对话的结果（由塞尔维亚总统亚历山大·武契奇于2017年10月底开始推进）以及随后政治局势的变化。

1. 地方选举

首都贝尔格莱德地方选举于2018年2月初举行，最终于2018

年3月上半月举行。在地方议会中占多数的人将组成市政府并选出市长。

2. 议会选举

议会选举可能符合领导执政党——塞尔维亚进步党及其联盟伙伴的总统的利益，因为分析显示，执政党在塞尔维亚首都赢得的选票额增长缓慢且占比持续下降，可能达到40%—45%。即使当初质疑由执政党控制的首都选举中，由执政党组建地方政府的人士，也认为这一迹象是执政党有强烈的削弱的信号。

塞尔维亚社会党与当地强人德拉甘·马尔科维奇（Dragan Markovic）联合称为棕榈树，马尔科维奇是小城市雅戈丁那的市长。贝尔格莱德地方选举显示了为什么社会党不与塞尔维亚进步党组成预选联盟，而寻求扩大与沃伊斯拉夫·舍舍利（Vojislav Šešelj）领导的塞尔维亚激进党组成联盟。

反对党最有可能在贝尔格莱德地方选举中胜出；前民主党领导人，2008—2013年担任贝尔格莱德市市长的商人德拉甘·迪拉斯（Dragan Đilas）得到了武克·耶雷米奇（Vuk Jeremić）的支持，并得到另一位塞尔维亚总统候选人萨沙·扬科维奇（Saša Janković）的赞助，民主党名列第二；名列第三的是新贝尔格莱德市市长领导的地方倡议联盟。

在过去的两年中，一些右翼党派可能并没有吸引更多的选票，因为选民更加保守，并且反对执政联盟的欧盟一体化政策。

在议会选举的情况下，统一的爱国联盟是可能胜出的，而武克·耶雷米奇和萨沙·扬科维奇的伙伴关系将更加脆弱。

然而，塞尔维亚总统和他的政党许诺，他们与科索沃的谈判将有进展，根据与欧盟的协议，要使"塞尔维亚和科索沃之间的关系全面正常化，在塞尔维亚与科索沃谈判结束时达成具有法律约束力的协议"。为了在2018年达成协议，有必要等待选举。然而，2017年12月25日，塞尔维亚总统武契奇发布公告称，俄罗斯应该加入与科索沃的对话，并需要修改宪法，表明政府可以寻求新的选举以走出僵局。一方面，塞尔维亚民众对科索沃和梅托西亚有强烈的感情以及支持塞尔维亚与东方伙伴发展合作，另一方面，塞尔维亚政府与西方也要加强合作。西方施压塞尔维亚，要求其执行法庭对在科索沃犯下的罪行的判决结果，使塞尔维亚坚定了其立场。

2018年最新的议会选举没有什么事是不可能的。为了继续执政，武契奇及其合作伙伴需要展现经济进步和外交政策成功的图景。

3. 结论

塞尔维亚正在等待亚历山大·武契奇总统使其强盛，武契奇希望自己成为30年来第一位坚决捍卫科索沃和梅托希亚权利的总统。虽然在贝尔格莱德选举后，执政的塞尔维亚进步党将能够组成执政联盟，但反对党将会或多或少地拥有执政联盟党的同等席位。

（六）斯洛伐克

1. 新的政党出现

2018年1月，一个新的政党——"在一起"（Spolu）和一个新的政治运动斯洛伐克进步运动在内政部登记，它们被允许提名自己的候选人参加选举。这些新的运动或政党为吸引那些厌倦当前国民议会中的政党的选民提供了机会，因为不愿意投票给自20世纪90年代初以来那些非常活跃的政党或政治家的选民越来越多。在这方面，斯洛伐克进步运动有可能吸引这些选民，因为他们的成员不具有政治背景。然而，其成员的多样性也可能是一个劣势，因为他们来自社会中的保守派以及自由派这两种政治领域。在这方面，他们的计划和优先事项对帮助潜在选民做出决定非常重要。目前，该运动的成员在全国各地组织展开活动，并展示未来的愿景。斯洛伐克2018年1月发布的第一次民意调查显示，在被问及的人群中，愿意投斯洛伐克进步运动的选民占1.9%。未来几个月预计还会增加。

另一个政党"在一起"有更复杂的构成。它是由议会现任议员组成的，自从他们离开上次选举中进入议会的党派，他们就不再代表任何议会党派。近年来，该党领袖贝布拉维先生参加了好几个政党，这可能会让那些寻找新面孔的选民望而却步。

2. 总统与政府之间的分歧

2018年刚刚开始时，基斯卡总统和政府之间发生争执，这次是内政部部长卡利纳克，他质疑总统对墨西哥的正式访问和使用政府飞机。事实上，总统和政府之间的关系从一开始就紧张，自基斯卡在总统选举中击败总理菲佐，两者之间的关系就开始不正常了。此外，现任总统在当选之前没有任何政治经历，并经常批评政府，尤其是涉及方向党成员的腐败危机。此外，总统和他的顾问被视为亲美和亲欧洲派，强烈反俄和反华（在达赖喇嘛窜访斯洛伐克期间，基斯卡总统会见了他）。他的观点和立场也使社会两极化，有一些无条件支持总统的团体，也有强烈批评他的团体，这反映了斯洛伐克社会目前的两极分化现象。

此外，还有对总统过去任职公司逃税的调查以及围绕总统竞选筹资问题的调查。总统公开指责内政部长对调查进行了干预。

但是，回顾总理对总统发起的每一波批评的时候，其结果总是背道而驰，最终反对的是总理本人。因此，斯洛伐克的许多政治评论员警告总理不要进一步扩大争执，这可能会让他失去支持，因为多次民意调查显示，总统仍然是国内最值得信赖的政治家。

关于总统本人，预计他将发表的声明涉及明年的总统选举以及他决定再次参选。他多次说过，由于家庭原因，他不会竞选，但最近政府代表的攻击可能导致不同的声明。

3. 市政选举

市政选举将在2018年11月举行。人们将投票选出地方议会的代表以及全国各地村镇领导和城市市长。

传统上，地方政党形成联盟与执政党组成的联盟不一致，但更多地反映各地党派成员之间的关系。

至于选举的预期行为和结果，执政的方向党仍然比较强大，特别是居住在农村的老年人口当中，方向党的支持率很高。联盟的其他党派也有可能获得成功，但可能与其他政党联盟。

总的来说，预计地方选举将证明选民对现有政党和已建立的各个政党的信任度持续走低的趋势。根据地方选举的结果，无党派候选人有机会获得成功并获选，但反对党成员也可能获得成功。

在这次选举中，两个新的政治党派和运动——"在一起"和"斯洛伐克进步运动"将受到密切关注，因为它们的表现对于2020年举行的议会选举至关重要。

4. 反腐游行

2018年不可能排除学生组织更多抗议活动的可能性。尽管政府反腐局局长与学生代表之间的会议已于2017年11月下旬公布，但究竟是否按照计划在2017年12月中旬进行游行并未公布任何信息。在支持抗议活动资金上的争议以及支持者的实际政治派别能够说明为什么政府和总理对公民的这些运动持傲慢态度。此外，仍然有学生的要求没有得到满足。我们可以预计，随着时间的推移，在斯洛伐克各地将会组织更多的抗议活动。

此外，2017年的学生运动已经对政府施加了强大的压力。

5. 联合政府的稳定

在这一年中，不能排除在执政联盟中重新出现分歧的可能。执政联盟有不同的目标。支持《伊斯坦布尔公约》就是一个例子，司法部部长卢齐亚·日特尼扬斯卡（最有可能是桥党提名的候选人）支持该国际文件，但其他所有成员都反对。这样可能不会威胁到执政联盟，但更自由和开放的成员和更保守的成员之间的差异将会一直保持。

6. 反对极端主义运动

不同的非政府组织，连同政府支持的不同措施，正在对年轻人中日益增长的极端主义倾向采取行动。从对青少年所做的一项民意调查来看，斯洛伐克社会受到与欧洲社会相同的趋势的影响，那就是对西方自由民主的批评越来越多，对威权主义政权的向往越来越强烈。

自2013年选举马里安·科特勒巴担任班斯卡—比斯特里察州州长以及2016年他的党进入国民议会以来，斯洛伐克社会一直在进行讨论。民意调查显示，他的政党有一个固定的支持率，约为8%。激进的观点与年轻人对那些过去25年来一直处于权力位置的所谓的标准政治家缺乏信任有关。此外，斯洛伐克在经济领域还面临其他挑战：一方面缺乏合格的劳动力，而另一方面很多青少年失业，尤其是中东部地区，青少年失业率较高。这反映多年来在市场和现有的教育体系之间缺乏协调。尽管从宏观来看，斯洛伐克经济在增长，但人们对生活水平的提高持怀疑态度。此外，由于越来越多的年轻人关注一些负面网站和"Facebook"，致使他们对欧盟和北约组织的怀疑也越来越多。

2018年是充满纪念日的一年，1月1日是捷克斯洛伐克分开25周年，10月将是建立第一个捷克斯洛伐克共和国100周年。在这种情况下，斯洛伐克和捷克正在准备一系列不同级别的活动。2018年8月，还有华沙条约组织军队进入捷克斯洛伐克社会主义共和国60周年纪念。

（七）斯洛文尼亚

斯洛文尼亚2018年政治的两件大事是夏季和秋季举行的两次选举。6月初很可能会举行议会选举，地方选举将于11月18日举行。

1. 背景：斯洛文尼亚选举体系及相关问题

根据1992年的议会选举法，投票是一项普遍而平等的权利，每个18岁以上的公民都有被动和主动的投票权。斯洛文尼亚的意大利族和匈牙利族两个少数民族还可另外选举两名议员，每人代表各自的民族。斯洛维尼亚议会选举由总统召集。

候选人由政党或选民提出，但两者的程序不同。政党选择候选人，然后决定候选人名单。每个选区不同的提名名单由三名议员认可或由每个选区分别认可，由至少50名选区的选民签名认可。还有一个关于性别的规定：在每个候选人名单中，任何一个性别人数都不能少于总数的35%。如果候选人不是由政党选出的，这个程序的难度就更大，因为独立候选人名单必须得到各自选区至少1000名选民的支持。

斯洛文尼亚全国共分8个大选区，每个选区又分11个小选区，每个小选区推出一名代表。匈牙利和意大利这两个少数民族被分配了两个额外的选区，每个选区选举一名少数民族代表。得票率超过4%的政党才能进入议会，而达到这一目标的政党则通过选区和国家两级分配席位，并进行额外的调整，对在选区中获得高比例选票的候选人给予优先考虑。

斯洛文尼亚自独立以来，这种经过调整的比例代表制度一直是其政治的关键特点之一。作为这种甄选程序的结果（即使有最低得票率的调整），议会中的席位通常在具有相当规模的政党中分配，其中一些政党也可能由极少数的议会议员代表。这个结果通常会使政府的组建变得更加困难，而且这个过程本身也会相当长。但是，它确实使小政党不仅在政府的形成中发挥非常重要的作用，也会在整个政治生活中发挥重要作用。而负面的问题是，激进或极端的政党也有政治上的机会，如果他们帮助政府获得议会多数，那么，他们甚至可以成为政府的一部分。比例代表制的替代方案是多数选举制，它不那么复杂，并且提供了更多的透明度，因为选民直接就会知道他们的选票将最终选出谁，而不会重新分配比例。然而，它对大型政党极为有利，较小的党派在决策中发言权较少，重要性也较低。

关于选举问题的辩论首先在1996年12月的全民投票中提出，此后，斯洛文尼亚政党就此问题一直存在分歧。斯洛文尼亚民主党提议改成多数选举制度，提出了两项可选提案，但没有一项获得足够的支持，尽管后来质疑结果并提交给宪法法院。在2000年修改宪法时将现行选举制度写入宪法。2017年，关于选举制度问题又开始提上日程，当时全国选举委员会再次质疑宪法法院评估选举制度的合宪性。除了提出比例代表制不透明外，他们还质疑选区分配不平等，对不同选区的个人投票给予的重要性不一样。无论宪法法院作出什么决定，2018年的选举最有可能仍会按照现行制度进行。

2. 2018年议会选举和可能的结果

目前计划参加夏季选举的政党数量很多，而且可能会有几个新的政党参加。可能争夺席位主要政党有：

（1）执政党

①现代中心党（SMC）：中心政党，总理米罗·采拉尔（Miro Cerar，以前称为米罗·采拉尔党）在2014年选举中获得34.49%的选票和36个席位。最近的民意调查该党的支持率至少下降20%，一些民意调查结果甚至低于7%。现代中心党的主要任务是提出政府在执政最后几个月的工作重点，作出政治上可接受的决策，也为下届政府留下改革的空间（如改革养老金制度等）。

②斯洛文尼亚退休人员民主党（DeSUS）：1996年选举后进入斯洛文尼亚政府中的一个政党，常常成为联盟组成和失败的决定因素。他们在2014年选举中获得了10.18%的选票和10个席位。目前的民意调查仍然约有10%的支持率，略有下降。然而，这一数字可能会改变，因为该党主席——外交部部长卡尔·埃里亚韦茨（Karel Erjavec）在与克罗地亚的边界争端中表现非常积极。

③社会民主人士党（SD）：左翼政党，新当选总统博鲁特·帕霍尔（Borut Pahor）是该党主席。在前一次选举中获得了5.98%的票数，得票率很低。但该党的支持率在近年来有所上升，达到20%左右，其中一部分原因是他们倡导社会保障和福利分配，而另一部分原因是该党的现任主席德扬·齐丹（Dejan Židan）相当受欢迎，他在宣传"特朗"（teran）酒专属斯洛文尼亚这件事上发挥了积极作用。

（2）反对党

①斯洛文尼亚民主党（SDS）：最大的右翼反对党，在前一次选举中的得票率相当稳定。2014年，他们以20.71%的得票率和

21个席位排在现代中心党之后。在最新民意调查中，他们的支持率能够达到20%以上，甚至达到25%，但最后的结果可能会因最近的丑闻而发生变化，报纸披露，民主党从波斯尼亚和黑塞哥维那的一个可疑来源获得非法贷款。

②左翼联盟：在2014年选举中，与左翼政党联合成为联合左翼参加选举，后来改组为一个政党。他们获得了5.97%的选票和6个席位，但拒绝加入政府的执政联盟。最近他们的支持率略有增长，在10%左右，但可能达到15%。

③新斯洛文尼亚—基督教民主党（NSi）：传统的基督教民主右翼政党，在2014年大选中获得了5.59%的票数和5个席位。最近，它成为反对民主党的最大右翼党派，但民意调查尚未表明其支持率，可能仍在7%左右。

④布拉图舍克联盟（Alenka Bratušek，ZAB）：从以前强大的积极的斯洛文尼亚党分离出来的一个小党，在2014年选举中有4.38%的得票率，得到4个席位。据民意调查显示，布拉图舍克联盟在2018年的选举中不会超过议会的最低得票率。

最重要的是，自2014年以来，左翼和右翼政党都成立了一些新的政党。在新出现的右翼政党当中，可能出现与民主党结盟的政党，最主要的是儿童和家庭运动党，这是前民主党国会议员、右翼的环保主义者安德列伊·祖什（Andrej Čuš）和马里博尔前市长、新人民党的法兰克·康勒（Franc Kangler）成立的联盟。截至目前，除几个大党之外，新成立的党派中只有儿童和家庭运动党进入民意调查行列，支持率低于3%，这看起来似乎不会对右翼党派构成严重挑战（或可能作为联盟伙伴）。在中左党派当中，出现了两个有趣的现象。马尔让·沙瑞克（Marjan Šarec），也是总统候选人（仅次于帕霍尔），成立一个政党，民意调查结果，用记者术语来说就是这是一个"新面孔"的政党。这种说法是指在上一次选举时,新成立的政党选举获胜的普遍现象。对于沙瑞克而言,民意调查显示约有15%的支持率,这一数字是非常高的。另一新的政党可能是由新成立的现代中心党议会的一名前成员建立的反腐败政党——博扬·多博夫舍克(Bojan Dobovšek)的好国家党。

然而,最大的挑战将是任何潜在的赢家,无论是斯洛文尼亚民主党、马尔让·沙瑞克党,还是社会民主人士党组阁,这些党派都已经公开宣称,他们拒绝与斯洛文尼亚民主党组成联盟组阁,因此,右翼政府将是政府组阁的一个挑战。一方面,左翼的选票将会非常分散,但另一方面,要赢得选举的多数票更难。

(八) 匈牙利

2018年,匈牙利在政治上的一件大事就是筹备议会选举。为了了解匈牙利政治的未来,有必要简要地介绍一下匈牙利政府的成就。到目前为止,青年民主主义者联盟—基民盟(FIDESZ-KNDP)已经连续赢得了两个任期,这增加了政策的稳定性,同时为匈牙利政府经济和政治体制改革提供了前所未有的机会,这也是不可逆转的。在过去8年中,匈牙利政府是根据以下原则进行决策的。

第一,在对外关系中追求利益为基础的政策已成为匈牙利外交政策的一个越来越显著的特征。对这一原则的不断追求导致匈牙利与西方盟国的关系陷入困境,匈牙利将其外交重点转向俄罗斯、中国等国家。然而,矛盾似乎是,直到现在,匈牙利的努力所取得的收益一直不是很大。

第二,匈牙利在经济上执行的以国家利益为主的做法使其与欧盟委员会发生了碰撞，该委员会认为自己是"条约的卫士"，要求各成员国坚决执行单一市场的规则。

第三，除了对企业进行保护和支持，匈牙利政府还试图将家庭作为社会的基本单位进行保护和维护。保守和传统的价值观在匈税收改革中发挥了重要作用，重塑了社会和劳动力市场政策。在许多情况下，在社会政策中执行的是自助原则，而这种社会政策在大多数情况下都得到了人们的赞同。

根据笔者分析，青年民主主义者联盟—基民盟政府在2018年选举前后不会改变方向。到目前为止，大多数人群已经或多或少地接受了上述三个基本原则，这可能是在过去8年中青年民主主义者联盟—基民盟受欢迎的原因，没有任何其他人对此质疑。

根据笔者之前的分析和预测，在过去的半年里，执政党的声望越来越强大，同时反对派力量也在努力寻找机会进行挑战。随着时间的推移，反对党似乎处在胶着状态，如果他们想要在2018年的议会选举中发挥重要作用，他们就必须形成并修改他们的策略，以应对越来越得到支持的执政党。

笔者预测2018年仍会延续当前的政治趋势，不会发生根本性变化。最新的对政治的一项调查证实了笔者的预测，它显示了青年民主主义者联盟日益强大。根据"视角"（Néoöpont）研究所2017年11—12月的民意调查显示，执政党青年民主主义者联盟—基民盟在成年人口中的政治支持率增加。他们的支持率上升了1个百分点（从35%升至36%），这项民意调查于2017年12月1—18日进行，共2000人参与了调查。最大的反对党尤比克党（Jobbik）的支持度明显下降，该党的支持率仅达到8%，比1个月前降低了1个百分点。但是，这种支持率的轻微下降可以被视为抽样误差。与此同时，其他反对党（社会党、民主联盟、共存党、政治可以

◆ 下篇　2018年展望

是另一个样）的受欢迎程度根本没有改变，显示处于胶着状态。

分析那些最有可能在2018年议会选举中投票的人的数据，就会出现非常相似的情况。即使在这样的数据中，青年民主主义者联盟—基民盟的支持率也增加了3个百分点，达到51%。这些数据同时也表明尤比克党的支持率下降了2个百分点，2017年12月的数据显示只有14%的人支持尤比克党。距离尤比克党最近的追逐者是民主联盟（DK，9%）和政治可以是另一个样（LMP，9%）。根据民意调查显示，在即将举行的选举中，社会党（MSZP）的支持率只有8%。

从理论上讲，这些数据指出了三种可能出现的情况，在选举中有三种不同的结果，但第一种情况最有可能发生。

第一种情况：持续目前的趋势，执政党赢得选举（最有可能）。

第二种情况：其中一个反对派力量将在未来几个月采取行动，使执政党的支持率大幅滑坡，通过政治创新，成功重塑匈牙利的政治格局。未来的情况将需要媒体广泛报道这些创新举措（不太可能）。

第三种情况：在接下来的几周内可能会组建一个反对党联盟。这些反对党可以努力处理他们的意见分歧。在现在这个阶段，这两种情况似乎都不太可能（最不可能）。

政治家的选择和接受将对匈牙利选举的结果至关重要。匈牙利选举制度的一般规则一直支持胜利方，以加强该国的政治稳定。即使在民众对执政党支持率突然下降的情况下，政府也可以在明确的议会支持的基础上推行他们的政策。因此，在这个制度中，选民主要是为党派投票而不是为人投票。只有一个例外，总理候选人的提名可能是选举活动中的关键一步。匈牙利世纪末经济研究所的调查试图揭示，在匈牙利公民中谁是支持率最高的总理候选人，且这一问题为什么很重要。该调查于 2017 年 12 月 12—18 日在 1000 名成年人中进行。调查结果是，52% 的人支持欧尔班担任匈牙利总理，而其他候选人得到的支持率则少得多。考拉乔尼先生（Karácsony）得到 13% 的支持票，塞尔女士（Szél）获得 11%，沃瑙先生（Vona）获得 9% 的支持票。可以看出，由于欧尔班的支持率优势巨大而有很大可能成为下一任总理，因此，青年民主主义者联盟—基民盟也有很高的受欢迎度。

在这种情况下，反对派不得不提出创新的想法，以下情况显示了反对派必须要解决的问题。尤比克党重新塑造公共话语的尝试失败了，该党倡导建立工资联盟（即可以通过组建"工资联盟"来实现欧盟成员国同等的工资水平）。这种做法显然令人失望，并没有带来预期的效果。另一主要反对党社会党尚未提名总理候选人，这清楚地显示了社会党在 2018 年议会选举中存在的问题和不确定性。然而，他们现在面临的最大障碍是，他们必须为 2018 年议会选举搭建一个联合平台，但根据"视角"研究所的调查，以社会党目前的支持率，他们不可能击败青年民主主义者联盟—基民盟。

根据笔者的分析，青年民主主义者联盟—基民盟最有可能赢得 2018 年议会选举，问题在于 2018 年该党在选举中可以获得简单多数还是 2/3 的胜利，这将决定政府如何平衡愿望和机会之间的矛盾。

首先，青民盟在过去 8 年中已经拥有雄厚的政治基础，这得益于稳固的经济基础。只要人民能够感受到并从持续的经济增长中得到好处，如收入增加、低通货膨胀率、稳定的预算以及获得欧盟转移的机会，那么，他们对青民盟政府就没有严重的威胁。但是青年民主主义者联盟的战略家们必须考虑一个重要方面：明确支持匈牙利成为欧盟成员国的匈牙利人和年轻一代,因为这些人支持欧盟单一市场给予的自由。因此,在 2018 年竞选活动中,青民盟必须在其反欧盟观点的核心支持者与支持欧盟观点的人群之间进行平衡。

其次,与新自由主义外交政策有不同的看法,这些看法在匈牙利人中非常流行,但即使在这种情况下,只要人们能够从经济增长中获益,就不会对政府的政策构成严重威胁。但即使这样,也必须让民众明白新自由主义的外交政策的结果是什么。换句话说,在 2018 年选举的政治辩论中,不仅是与俄罗斯的特殊关系,而且东部开放政策都会受到质疑。

最后,新重商主义和保护主义政策的成分在匈牙利也很受欢迎。只要该政党的竞争力不受这项政策的影响,保护匈牙利公司、在移民问题上保护匈牙利的劳动力市场、保护家庭,这些很容易被"出售"给匈牙利民众。

总而言之,鉴于选民的不同想法以及当前世界经济和世界政治所提供的机遇,匈牙利政府不得不再一次在 2018 年"走钢丝"。

六 经济发展

（一）波兰

正如以前所讨论的，波兰的经济发展更多的是靠私人投资推动。从未来发展的角度来看，应该关注两个新的动态：波兰航空业的发展以及未来从宏观经济看波兰的国际债务问题。

根据民用航空局2016年公布的数据，波兰机场流量超过4000万人次，增长17.7%。2014年，有2700万人次通过波兰航空港，2013年有2500万人次，2012年有2400万人次。2017年，波兰最大的航空港是华沙—肖邦机场，客流量1575万人次，增长了22.7%。排在第二位的是克拉科夫机场，客流量583万人次，增长了17.2%。排在第三位的是格但斯克，460万人次，增长14.7%。此外，卡托维兹的乘客人数增加了21%，总流量为389万人次。莫德林（靠近华沙的廉价机场）的旅客人数略有增长，流量为293万人次，增幅为2.5%，数量比弗罗茨瓦夫的乘客数量要多（285万人次），但弗罗茨瓦夫机场人数的增幅比莫德林机场的增幅高，为18%。最后是波兹南，也是增幅最低的，为8.2%，旅客流量为185万人次。

根据"Fly4free.pl"网站显示，波兰航空公司（LOT）计划在2017年接待乘客700万人次，2018年，波兰航空公司预计开设20

条新航线，如到新加坡、杜布罗夫尼克和特拉维夫，接待乘客人数将达到 1000 万人次。预计接待乘客人数将增长 15%—20%。华沙机场目前看很有发展前途。2016 年，伦敦希思罗机场接待了 7570 万人次，增长率仅为 1%；巴黎戴高乐机场的情况也类似：旅客 6590 万人次（增长 0.3%）；法兰克福机场接待旅客 6070 万人次（下降 0.4%）；伊斯坦布尔阿塔图尔克机场接待旅客 6000 万人次（增长 2.1%）。

以上述结果和计划为条件，波兰政府决定成立新的股份公司——波兰航空集团（Polska Grupa Lotnicza，PAG）。此外，该集团将包括"LOTAMS"和"LS"两家机场服务公司。波兰航空集团的主要活动将集中在购买飞机并将其租给航空公司。正如这家新集团的负责人拉拉尔·米尔恰尔斯基（Raral Milczarski）所说："波兰航空集团的成立将使波兰航空业有机会与其他航空集团进行更有效的竞争，从而获得更好的初始市场地位和财务支持。"

波兰航空集团的股本为 12 亿兹罗提，由国库提供。这笔数额的大部分（10 亿兹罗提）将用于航空租赁基金，飞机主要是租给波兰航空公司（LOT）。波兰政府认为，波兰迄今为止缺乏从事此类活动的实体，因此，这些利润过去都是留在波兰境外。而现在，在波兰航空集团内建立一个新的租赁公司就可以将这些资金用于为波兰经济"输血"。

正如集团总裁米尔恰尔斯基所说的，下一步，波兰航空集团应该在证券交易所上市并在国际市场上出售债券。这种面向市场的举措可能被理解为对波兰航空财务问题的补救。2012 年 12 月，波兰航空公司获得了 5.27 亿兹罗提的补贴。根据最高审计局在其 2016 年的报告中所评估的结果，该项补贴使承运人免遭破产。但是，这意味着波兰航空公司在 10 年内不能获得另外的公共援助，而下一次公共补贴可能会到2022年。

根据波兰航空公司2017年提供的初步数据，该运营商创造了2.833亿波兰兹罗提的利润。据官方估计，波兰航空公司接待旅客680万人次。2016年，波兰航空公司获得3.03亿兹罗提的净利润，而2015年，波兰航空公司净亏损3.271亿兹罗提。由于新的投资政策出台，情况发生了变化。2012年11月，波兰航空公司收到了第一架波音787—8梦想飞机。国内航空公司租用了8架这样的飞机，取代了老旧的波音767，并为开辟新的航线提供了机会。目前，波兰航空公司的梦想飞机定期飞往纽约、芝加哥、洛杉矶、多伦多、东京、北京和首尔。2017年5月，他们将与新加坡建立联系。值得注意的是，梦想飞机也将执行从布达佩斯飞往芝加哥和纽约的航线。

除了对航空公司进一步的发展持乐观看法外，波兰还将面临没有偿还的债务。872亿兹罗提（相当于440亿人民币）的债务包括：批发债券为617亿兹罗提，债券和外币贷款为201亿兹罗提，零售债券为54亿兹罗提。正如媒体在2018年1月25日所说的，国家将偿还价值86亿兹罗提的十年期债券，2007年仍由卡钦斯基政府出售，之后，至2010年由图斯克政府出售。2017年5月，波兰从2013年起以14.6亿兹罗提的价格收购五年期债券；5月，偿还10亿瑞士法郎（负债利息）；6月，波兰政府将捐赠200万欧元；7月，波兰以187亿兹罗提的价格购买五年期债券；10月，以197亿兹罗提的价格购买自2016年开始的两年期债券；11月，波兰以欧元和日元偿还债券。零售债券将每月少量偿还。

那么，核心问题出现了：从哪里获得资金？财政部门解释，没有什么可担心的，因为这一年的国家债务不会用纳税人的钱支付，政府所需的资金将从一些公司和银行借来。为了偿还债务而从市场获得资金不应该成为问题。仅在第一季度，财政部计划向投资者借款，这些投资者主要是银行、保险公司和投资基金，总额高达 350 亿兹罗提。

2018 年的预算指出，波兰在该年的借款需求总额高达 1817 亿兹罗提。这是偿还 2018 年全年所有债务、利息和当年的公共财政赤字所需的资金。这个数字听起来令人咋舌，但它却不十分特别。2016 年，波兰从投资者手中借了近 1500 亿兹罗提，2017 年借款超过 1200 亿兹罗提。

2018 年计划的首次债券拍卖非常成功。政府借款 60 亿兹罗提，但有些人愿意以 137 亿兹罗提的价格购买国家的债务。因此，对波兰的债券有大量的需求。此次拍卖之后，波兰已经可以偿还当年全部借款需求的 1/3（因为政府已经在 2017 年年底准备还款）。还有一点比较重要，波兰的新债务比旧债务的利率低。2018 年需要购买的债券，其年利率为 2.5% 和 3.75%（取决于是哪种债券）。在上次拍卖会上出售的债券将每年支付 2.5%（五年期）和 2.75%（十年期）的利率。

在物流方面，波兰航空业的进一步发展为波中两国进一步合作提供了机遇。首先，中国的金融机构可以抓住机会投资波兰航空集团的债券和股票，其次，加强在物流和基础设施投资方面的进一步合作。其中一个例子就是在华沙和罗兹之间建造一个中心机场的计划。未来两年，政府将准备可行性研究报告，而最终的投资应在 2027 年前完成。波兰政府已经决定，以波兰航空集团这个新架构作为服务于波兰利益的新模式。

波兰国际债务问题仍然是可能对波兰经济产生影响的重要问题。2012 年 10 月，财政部将最后一笔债务交给伦敦俱乐部，金额为 2.97 亿美元。20 世纪 70 年代的债务由盖莱克（Edward Gierek）

政府偿还。而从另一个方面看，正如财政部门所注意到的那样，波兰外债大幅下降。2017年6月底，债务的比重为31.8%，意味着下降了2.9个百分点。下一次要讨论的更重要的问题是公共债务。尽管波兰的公共债务超过了1万亿兹罗提的心理预期，但目前其占国内生产总值的比重刚超过54%，并不像克罗地亚（公共债务占GDP的84%）、斯洛文尼亚（占GDP的80%）和匈牙利（占GDP的73%）那样高。就欧洲债务水平而言，波兰的表现不错，但波兰债务的年增长率在欧盟排名第二位，只有拉脱维亚的增长比波兰快。

（二）捷克

2018年，捷克经济将继续稳步上升，增长速度预计将保持在3%以上，这与欧盟国家和全球经济的稳健增长预期密切相关，特别是受到新兴经济体和美国经济强劲增长的推动。捷克共和国的整体经济形势是积极的。由于"工资的提高是低失业率、高参与率和职位空缺多的结果"，预计私人投资和家庭消费将在2018年和2019年动态增长。私人投资和公共基础设施建设将得到欧洲结构和投资基金2014—2020年计划的资助，实际利率较低。

捷克的财政政策仍然保持扩张性，短期内对经济活动产生积极影响。至于货币政策，捷克国家银行于2017年年底开始将利率上调至0.5%，并于2018年1月继续上调（利率上调25个基点）。货币政策的紧缩对于保持通胀预期不变是必要的。捷克国家银行希望逐步提高利率，并使其政策正常化。

下一个经济政策将取决于2017年10月捷克共和国大选后的新政府结构，这次大选由"ANO 2011"运动党赢得胜利。2018年1

月初，巴比什总理的内阁批准了一项新的政府计划，其中有6个要点：第一，推动捷克共和国的数字化建设（国家行政管理的电子系统和惠及每个人的互联网接入）；第二，在欧洲增加话语权；第三，增加政府对基础设施项目的支出（例如，建设高速公路、铁路、数字基础设施和老人院）；第四，实行养老金改革；第五，改革公共财政（降低税收和提高公共部门的工资，平衡预算）；第六，提升安全（公民的安全、能源安全、食品安全等）。这些措施可以进一步支持家庭消费，刺激私人和公共投资，从而实现国内生产总值的实际增长。"ANO 2011"运动的经济计划强调降低税收（个人所得税、增值税等）。这项计划包括重要的财政改革，尤其是提高公共部门的工资，酒店业增值税税率从21%降至15%，减少个人所得税和公司税。这些措施可以进一步支持家庭消费并刺激私人和公共投资。

上述措施预测的短期风险主要包括劳动力市场的发展（持续的劳动力短缺、可能的工资增长）和通货膨胀压力。捷克共和国利率的增长（即捷克共和国与欧元区之间的利率差上升）可能导致捷克克朗进一步升值，并可能对捷克的外部竞争力和对外贸易产生负面影响。尽管来自捷克和欧洲经济的宏观经济数据是积极的，但仍然存在一些结构性挑战。捷克共和国将加大对人力资本和基础设施的投资，增加劳动力供给和住房供应等。

（三）马其顿

1. 谁负责马其顿经济政策？

意识到马其顿的经济状况不佳，因此在2016年选举中，马其顿社会民主联盟（SDSM）的竞选口号是努力让所有马其顿公民

"恢复'体面的'生活"。在马其顿社会民主联盟支持者中有很多人期望,作为一个成功的企业家和市长,总理扎埃夫将他的一些实用经验运用到决策当中去,从而带领马其顿经济复兴,改善广大人民的生活。他任命德拉甘·特弗多夫斯基(Dragan Tevdovski)教授担任财政部部长,特弗多夫斯基教授极力推崇"斯堪的纳维亚模式",他负责削减或至少使不断攀升的债务稳步下降,将国家经济重新定向,向更加有效率和更加社会化的方向迈进。然而,根据马其顿社会民主联盟和大企业的代表之间的协议,扎埃夫还任命大亨科乔·安久舍夫(Kocho Angjushev)作为负责经济事务的副总理。可以看出来,与前几届马其顿政府一样,扎埃夫的政府对少数富翁和强大的高层人士十分友好。此外,马其顿经济部部长属阿尔巴尼亚族融合民主联盟(DUI)党派,而且政府还有很多机构负责各种经济事务,而这些政府机构往往被认为追求独立的经济计划(也许是受到特殊利益的影响)。总之,2018年马其顿的经济政策是由几个不同的利益方共同制定,但对于他们的方法是否能够适用也没有明确的想法,这导致经济政策存在一些不确定性和不一致性。与马其顿内部革命组织民族统一民主党和格鲁埃夫斯基执政时期一切都集中并遵循核心领导的时代不同,在马其顿社会民主联盟政府中,似乎对经济远景和战略持开放态度。不同的管理者有不同的方法并采取彼此不同的措施,有时看起来他们都有不同的现实基础。这些矛盾很可能会在2018年成为焦点。

2. 马其顿2018年的现实乐观吗?

2017年以前,马其顿经济表现不佳,比邻国乃至整个欧洲都表现得差。2017年它也经历了自独立以来最严重的政治危机,并于2018年进入了相对稳定的状态。主要反对党马其顿内部革命组织民族统一民主党在领导层变革后表现出合作态度。欧盟表示支持马其顿政府。所有这一切导致马其顿政府以及马其顿人民银行、国际货币基金组织和世界银行认为，尽管2017年马其顿的表现不佳，但在2018年，马其顿将能够回到经济增长的轨道上来。据估计，马其顿2018年GDP将增长3.2%（2017年仅增长0.5%）。主要预期是政治稳定性的加强将有助于提高市场信心，并增加国内外私人投资。政府乐观的另一个原因是希望在2017年完成一些政府措施，如提高最低工资，促进更多的私人消费。最后，区域和欧洲经济逐步并稳步地恢复是人们对马其顿经济预期较高的另一个原因。

但是，还是要对马其顿经济审慎预期。相对的政治稳定（同时也很脆弱，但这超出了该报告的范围）是马其顿重新获得投资者信任的必要但不充分的条件。2017年，马其顿政治逐步稳定下来，但经济的稳定并未完全实现。事实上，投资者重拾信心的基础是坚信2018年马其顿社会民主联盟政府将加速马其顿加入欧盟和北约的进程。双重加入被认为是唯一重要的措施，因此影响对经济的信心。然而，加入欧盟和北约是马其顿政府影响有限的措施，实际上，这是一个与希腊妥协的过程，而希腊本身并不确定会投马其顿一票。尽管马其顿和希腊两国政府都表现出必要的、达成协议的政治意愿，但希腊民族主义的煽动和相当广泛的对修改宪法的要求使得双方维持现状或甚至恶化关系的趋势成为可能。因此，在短短几个月内，对马其顿未来的乐观情绪有可能会降温，这将导致投资者采取有限的和限制性的方式。从这个意义上说，在名称问题上没有进展的政治稳定的继续维持可能使马其顿难以达到预测的3.2%增长。

同时必须考虑到，尽管马其顿社会民主联盟采取了一些福利措施（如提高最低工资），但还有其他一些措施会增加生活成本。从这个意义上讲，虽然这仍可能改善 GDP，但这并不意味着公民的生活水平有所提高。如前所述，负责马其顿社会民主联盟政府经济事务的人是企业家，推崇一种新自由主义和凯恩斯主义的相当尴尬的组合方式，这导致他们的方法中存在许多不一致和不确定性。这是一个值得关注的严重问题。事实上，为了将备受赞誉的政治稳定转化为经济成果，需要一个强有力的和合适的政治领导结构。从这个意义上讲，政治稳定需要进行全面的经济改革（所有国内和国际机构都指出了这一点，不管属于哪个意识形态，甚至政府本身）。

最后，与欧洲的交往日益增加（特别是与德国公司的合作是马其顿出口加工部门的关键）和与本地区各国的合作日益增长会促进马其顿的经济增长的想法值得质疑。仅 0.5% 的经济增长率不能仅归因于政治的不稳定，也与经济因素有关。而且，还有希腊这个不确定因素存在。除了掌握马其顿的政治未来之外，希腊也是马其顿最大的经济伙伴。马其顿的大部分投资都来自希腊，马其顿南部的大部分经济活动都是为希腊服务，包括为希腊客户提供的服务，这些希腊客户因价格较低而来到马其顿。虽然由于时代不同了，20 世纪 90 年代（全面经济禁运大大削弱了马其顿经济）的情况不会再发生，因为希腊政府更有合作的意愿，但是，民族主义情绪仍然可能会阻碍双方的许多经济合作关系。假设马其顿民族主义者激发对希腊政府的反对情绪，虽然人们仍然可以认为两国政府之间的政治关系没有因此而恶化，但人与人之间的关系理不顺可能会反过来影响两国的经济合作。

即使马其顿达到或甚至超过了经济增长 3.2% 这个目标，但它仍然很难达到 2017—2020 年年平均增长 5% 的标准，而这是马其顿社会民主联盟 2016 年竞选期间的主要承诺。从长远来看，这是一个值得关注的迹象,因为马其顿社会民主联盟4年执政期已经过了1/4(当然,他们无法在第一年的一半时间组建政府)。然而,2017年0.5%的增长率和2018年达到3.2%的增长率(如果能够发生的话)意味着,在其执政期的一半,GDP年平均增长率必须达到1.75%,这是一个不容乐观的事实。

3. 公共财政

马其顿2018年的预算将是历史上最高的,达34.4亿欧元。尽管马其顿内部革命组织民族统一民主党的财政政策及其未履行遏制奢华和浪费的承诺受到了批评,但马其顿社会民主联盟执政后在很多方面保留了许多马其顿内部革命组织民族统一民主党的做法,并有可能在2018年继续朝着这样的方向发展。虽然马其顿社会民主联盟在2018年已经启动财政整合进程,减少预算赤字,平衡支出,但该联盟政府的借款仍高达预计公共支出的10%,同时也使新的贷款利率更加有利,这样可以用较低的利率偿还一些现有的债务,目前,马其顿债务总额约为8.5亿欧元。马其顿社会民主联盟政府也考虑在2018年发布欧洲债券,这一措施在马其顿内部革命组织民族统一民主党执政时提出就遭到严厉批评。批评认为,如果实施所有这些金融市场的措施,那么,马其顿的债务占GDP的比重将超过50%。

与此同时,马其顿社会民主联盟政府一直保持甚至增加了马其顿内部革命组织民族统一民主党制定的公共收入预算。而马其顿内部革命组织民族统一民主党被认为是通过各种形式(和不当行为)榨取利益的党。但是,马其顿社会民主联盟政府在2018年年初推出的一项显著措施是,每年赚取超过100万马其顿代纳尔的自由职业者应缴纳增值税,该措施在制定时未进行适当的沟通,存在一些缺点,严重打击了为外国公司进行在线工作的马其顿人,主要是在IT行业（该行业是马其顿经济的几个亮点之一）工作的人。

就公共支出的分配而言，马其顿社会民主联盟政府认为它大大增加了战略投资的资金分配。然而，正如前几次报告所指出的那样，很快就可以看出，很多被视为战略投资的项目实际上是对非生产性部门（如民间社会和非政府组织）的投资。

4. 收入

马其顿财政部预计平均收入增长4%，然而，实际增长被认为是根据通胀调整后的一半。如果达到这个目标，该国的平均收入（税后）将在380欧元左右（马其顿社会民主联盟政府制定的2020年目标是达到500欧元，这仍然是一个长远的目标）。据称，这一增加收入的措施是政府2017年采取的政策措施的直接后果，如将最低工资提高到1.2万马其顿代纳尔以及宣布增加公共机构工资（医疗保健和教育从业人员增加5%，军队增加10%）。政府甚至承诺从预算中拿出部分资金帮助部分私人公司弥补成本差额。

提高最低工资的规定在公众中引起了很大反响。政府及其支持者认为这是一项绝对可靠的措施，已经对私营部门的13万多名员工产生了积极影响。然而怀疑者警告几种不利影响：首先，尽管所有的雇主现在都遵循规定并按照规定支付新的最低工资，但他们中的许多人强迫员工将与他们以前工资的差额以现金形式归还。这是由于缺乏适当的劳动法规对员工进行保护以及社会工作者缺乏发言权的结果。其次，提高最低工资的规定允许雇主任意确定员工必须达到的产出标准，这意味着许多员工在工作场所面临更高的绩效期望（即他们不会按小时获得报酬，而是按照雇主制定的产出标准获得报酬。在同一行业，不同的雇主可以设定不同的标准）。

（四）罗马尼亚

2018年在罗马尼亚经济领域的关键词是不确定性。2017年年底最重大的立法修改是通过了财政法案，2018年将实行货币紧缩政策，这是将对罗马尼亚的经济发展产生重大影响的两件事。

2018年罗马尼亚经济将增长，但与2017年相比，增长速度较慢。罗马尼亚政府对2018年的经济发展表示乐观，预计经济增长率为5.5%。所有重要的国际机构都提高了罗马尼亚2018年的增长预期，但比政府预期的增长率要低。据世界银行发布的最新报告《全球经济展望》，罗马尼亚2018年经济增长率将为4.5%，而2017年6月预测罗将增长3.7%。欧盟委员会将其在2017年11月的预测值从3.7%调整为2018年预测的4.4%。国际货币基金组织也做了类似的调整，对2018年罗经济增长预估值从3.4%升至4.4%。如果罗马尼亚真能按照这样的增长率发展，2018年罗经济增长速度将是第三年位居欧盟第一位（第一位或第二位）的国家。

经济和金融分析人士都认为，罗马尼亚正处于经济过热时期，预示着又回到与2008年类似的情况。那时，罗马尼亚经济增长速度具有令人印象深刻但不可持续的特点，随后遭遇了严重的经济危机的打击。当时最需要的是投资，但缺乏国内投资，而国内政治变化的不可预测性也导致外国投资者不愿在罗投资。取而代之的是利用消费刺激经济增长，而由于国内市场无法提高工资以及满足其他财政要求，因此依赖进口。但是，进口的增加极大地影响了贸易和经常账户余额，导致本国货币贬值，利率和通货膨胀提高，最终影响了消费。2018年是鼓励消费措施的所有负面影响都会发生的一年，从而会影响到生活水平。与此同时，近年来推动的财政宽松政策促进了经济增长。这两种做法综合起来对国家预算施加了重大压力，因此政府决定对财政法进行修改，而这次的修改即将对私人部门产生重大的影响。

领英（Keysfin）公司于2017年12月做了一项调查，收集了来自各个活动领域的150名商人的意见，由此得出的主要结论是，他们的乐观情绪下降，而与2017年夏季推出的前一版调查结果相比，与经济发展相关的不确定性增加了。

研究中，超过3/4的参与者（76%）认为财政法及其变化是不确定性的主要来源。这种商业环境的不可预测性将在新的一年中对罗马尼亚产生巨大的损失。在这种情况下，商业投资和扩张计划被取消。这种情况令人担忧，因为研究中38%的参与者认为贷款成本也有上升的风险。这些公司认为，实施这些措施需要在管理上付出努力，而这方面的努力是大量且昂贵的，否则将导致扭曲竞争状况、增加税收负担、通过取消税收优惠来阻碍投资、公共与私人环境之间的劳动力市场不平衡以及对外国投资者的吸引力下降。所有这些问题都可能导致罗马尼亚经济出现严重后果和阻碍。

在领英公司的调查中，商业人士关注的第二个问题是通货膨胀率上升（65%的受访者）。通货膨胀的趋势始于2017年年底，12月价格继续上涨，当时的通货膨胀率同比上涨3.3%，而11月为3.2%。与2016年12月相比，增幅最高的为非食品（4.11%）和食品（4.07%）。罗马尼亚国家银行（RNB）将其2017年的通胀预期从早前的1.9%调整为2.7%。到2018年年底，预测的通货膨胀率为3.2%，而2018年上半年的涨幅更大。不过，罗国家银行制定的通胀目标仍然是2.5%。

通货膨胀率上升超过预期以及赤字的增加会使2018年实行货

币紧缩政策。关键利率已经上升至2%，而2015年5月以来的利率稳定在1.75%。贷款上涨和利率上升将削弱养老金和工资的增长。在这些情况下，罗马尼亚人的薪水可能会更少，而财政法的修改会进一步影响上述情况。由于雇主向员工支付的最低薪水增加，而利息减少，员工自行缴纳的社会保险利息也减少，而公司对这笔减少的利息不予支付，因此，净工资中不会感觉到所得税的减少。对于以本国货币进行贷款的罗马尼亚人来说，这个问题更加微妙，因为这将需要支付更高的利率。

2018年，罗马尼亚国家银行决定干预和减少消费，限制消费信贷。罗马尼亚国家银行已经表示，在某些情况下申请人的负债程度已经超过了70%，与准入门槛相比翻了一番，并且用于消费的贷款数量高于2007—2008年的数量，这再次证实了罗马尼亚有可能重陷国际金融危机之前的经济风险。

有53%的领英调查参与者认为，本国货币的变化及其对欧元的贬值是另一个需要被特别关注的主要不确定因素。官方数据显示，2017年欧元对列伊的平均汇率在过去5年中增幅最高，为1.72%，2017年年底增幅为2.61%，表明过去的8年在持续上升。即使是这样，波动似乎并不高，因为在罗马尼亚经济的某种特别情况下，它们也很重要。而且，在2009—2017年，波动很小，约为1%。

在罗马尼亚国家银行的监督下，目前的汇率制度是浮动汇率制，通胀目标也被用作货币政策的工具。一般来说，在不可预见的、可能对经济造成冲击的情况下，允许采取灵活的措施。2018年年初，国家银行宣布汇率在5%—6%之间波动，因此，与2017年的变化相比，波动幅度更大。该决定被认为对罗马尼亚公司有利。

2018年，罗马尼亚的公共预算处于不可持续的状态，因此受到了来自总统、反对党和私人部门的许多批评。不满意的主要原因是缺乏对某些措施造成的影响进行可靠估计和计算。由于国家银行的措施和上面提到的其他变化，消费放缓是确定的，因此，预算所依据的经济增长率预期过于乐观。与2017年的水平相比，收入和支出两者数量的估计是独立的，因此对预算产生了不切实际的影响。罗马尼亚在2017年税收收入方面存在重大问题，并且有可能无法达到既定目标。

这将导致预算赤字占GDP 3%的目标无法达到，可能会超出这个目标。设定2018年的预算赤字水平为GDP的2.97%。但预算似乎没有考虑欧盟委员会在2017年年底纠正大幅度偏离预算赤字的建议。这主要是与占GDP的0.8%的结构性调整有关，因为如果不考虑这点，罗同时又采取了增加工资和养老金的措施，欧盟委员会预测2018年预算赤字应占GDP的3.9%，2019年预算赤字占GDP的4.1%。如果这个限定不予考虑，罗马尼亚有可能违反欧盟程序而导致风险。罗马尼亚的结构性赤字的偏差是所有欧盟国家中最大的。鉴于罗高速的经济增长率，因此情况令人担忧。

在预算支出方面，对低水平投资的批评很多。私人部门提请注意的是，对中小企业项目的支持减少了。重要的基础设施项目资金不足，导致项目受阻。即使2018年要完成一些高速公路的大项目，但拨给道路基础设施的预算严重不足。

（五）塞尔维亚

就经济而言，2018年的重大事件包括：国家将出售贝尔格莱德机场的特许权（法国万喜机场公司被认为最有可能获得经营贝尔格莱德尼古拉·特斯拉机场 25 年的特许经营权）以应对预算赤字、贝尔格莱德选举和巨大的资金缺口。

大量移民、对外国企业持续的补贴和低投资政策、继续打压国内企业、养老保险制度的可持续性以及公共债务不断减少（从 2016 年 12 月的 248.2 亿欧元到 2017 年 10 月的 243 亿欧元，这部分是由于当地货币第纳尔的走高①），机场特许经营和把电信公司和商业银行（Komercijalna banka，控制大约 12% 的塞尔维亚银行业）私有化，由外国资本拥有部分股权（欧洲复兴开发银行拥有 24.4% 的股份，国际金融公司 10% 的股份，还有一些小的拍卖持有人）②，服务于政府融资债务和系列选举所需支付的实际政策的成本，最终导致 2017 年塞尔维亚 GDP 增长速度仅为 1.9%③。

对失业减少的统计主要是由于移民潮和调整公式计算出来的。2015 年有 6000 人离开塞尔维亚到经合组织国家，而在 2005—2014 年，移民人数约为 3.1 万人，塞尔维亚每年自然减员约 3.5 万人（每年死亡和新生儿的差额）。2014 年的平均数可能与 2015 年相等，这意味着 2015 年和 2016 年加在一起，塞尔维亚可能损失了近 20 万人，也就是说，由于人口迅速减少，塞尔维亚已成为老龄社会，其年龄结构迅速老化，因为这些离开塞尔维亚的人差不多都是塞尔维亚的中年人。

在以服务业和农业为基础、工业生产率低、补贴仍然很高的社

---

① https://beta.rs/ekonomija/ekonomija-srbija/81215-javni-dug-srbije-na-kraju-novembra-62-6-odsto-bdp.
② http://www.rtv.rs/sr_lat/ekonomija/aktuelno/komercijalna-banka-pausalne-informacije-stete-svima_869311.html.
③ https://beta.rs/ekonomija/ekonomija-srbija/80883-zavod-za-statistiku-rast-bdp-a-srbije-1-9-odsto-u-2017-a-infla cija-tri-odsto, Accessed on: 29.12.2017.

会里，恶化的人口状况挤压养老金制度。外国直接投资通常会对中等收入、就业和税收产生不利影响①。除了 IT 服务外，大量廉价、熟练的劳动力离开塞尔维亚。

世界经济论坛的竞争力报告中，塞尔维亚在 137 个国家中排名第 78 位，因为一些项目的表现而排名稍好，如艾滋病毒流行率、最低通货膨胀率、确定工资的灵活性和传统的良好教育。尽管如此，保留和吸引人才的能力仍然是排名中最差的 5 个国家之一。

因为私有化和有限的让步，塞尔维亚经济将继续走在低工资、工人权利不受保护的路上。长期来看，由于高技能和半技术型劳动力的移民以及教育结构改革不力，将会服务于廉价旅游并对经济发展带来影响。

目前，对经济发展的预测是容易的，但预测影响它们的所有因素则是不可能的。预测小型经济体的经济发展还存在风险。这些小型经济体比大型经济体更容易受到外部影响。小型经济体对外贸依存度必然高于大经济体。大型经济体是国际市场上的定价者，而小型经济体则是价格接受者。塞尔维亚经济在进口和出口方面都是价格接受者。此外，作为一个小型经济体，在国际资本流动、大型经济体中央银行的货币政策以及大国地缘政治博弈发生变化时，塞尔维亚极易受到影响。

国际货币基金组织（IMF）和世界银行预测，2018 年的外部经济环境有利于塞尔维亚的经济发展。世界经济增长率将达到 3.7%，而塞尔维亚的主要贸易伙伴是欧盟和邻国。国际货币基金组织预测欧元区的经济增长率为 1.9%。欧盟委员会（EC）预测塞尔维亚邻国的经济有利于塞的经济发展。然而，欧盟委员会也

---

① https：//beta.rs/ekonomija/ekonomija-srbija/80883-zavod-za-statistiku-rast-bdp-a-srbije-1-9-odsto-u-2017-a-infla cija-tri-odsto, Accessed on：29.12.2017.

考虑到了一些不确定性：欧洲银行体系的健康状况、英国退出欧盟谈判的结果、美国的经济及其全球政策以及中国的结构调整计划。

得益于世界经济和塞尔维亚经济的良好运行结果，各方对塞尔维亚2018年的经济发展预期非常乐观。欧盟委员会预测预算盈余略有增长，占GDP比重为3.6%。2018年公共债务将降至占GDP的70%，国际货币基金组织对2018年塞尔维亚经济的预测略有不同：经济增长率为3.5%，通货膨胀率为3%，经常项目账户赤字占GDP的3.9%。

塞尔维亚国内对2018年经济发展状况的预测更加乐观。塞尔维亚政府认为，经济增长是建立在健全的基础之上，即生产、出口和私人消费的增长。政府预计2018年的经济增速约为4%。外债已经降至GDP的62%，失业率在2017年达到12%，2018年可能还会下降。政府希望不要像2017年那样遇到糟糕的天气而使农民受到损失。

对2018年塞尔维亚经济发展情况，塞尔维亚国内的非官方预测也相当乐观。经济科学发展基金估计，到2018年，塞尔维亚经济可能会达到4%的增长率，同时，价格稳定，就业增长温和，实际工资增长率在3%—4%之间，贸易赤字预计与2017年持平或略高。

经济增长将很大程度上取决于私人消费，主要是私人部门就业和收入的增加，消费信贷和宏观经济稳定性的提高会大大增加家庭消费。因此，2018年私人消费可能增长3.3%，公共支出增加2.5%，失业率降至11%。

但塞尔维亚政府需要小心的是，宏观经济稳定性仍然相当脆弱。外债和公共债务仍然很高。对第纳尔的升值可能会延续外贸赤字的上升。由于国内需求上升和石油价格上涨，消费者价格上涨带来一定的风险。债务再融资和偿还利息相当可观。债务及其还款容易受汇率波动的影响。

然而，塞尔维亚经济的增长虽然逐渐加速，但增速仍然不大，明显低于其他中东欧国家（CEE）。2017年对塞尔维亚经济增长产生重大影响的灾难性干旱并不是其落后于中东欧其他国家经济的主要问题。

中东欧国家在西方的巨大帮助下进入了"转型"阶段，但塞尔维亚经济仍然不太乐观。

在20世纪六七十年代，塞尔维亚经历了与日本相当的"经济奇迹"，领先于其他中东欧国家。但是后来塞尔维亚进入了经济遭到破坏的"转型期"，其原因是：经济封锁、北约的打击、内部市场虚假的私有化和急剧的自由化，导致塞尔维亚制造业几乎消失。1989年，塞尔维亚的制造业跌至GDP的50%以下。因此，在"转型期"内，塞尔维亚经济就是从那时开始衰退。

如何摆脱经济衰退？唯一的答案就是新的工业化。但为了重建制造业，巨额投资是必要的。由于非工业化，塞尔维亚没有足够的资本积累来源。塞尔维亚努力逐步"摆脱危机"。不惜代价为再工业化创造条件，为国内和国外投资创造有利的投资环境。主要采取了如下措施创造良好投资环境：第一，金融稳定；第二，能源供应；第三，"外部经济"，即充足的运输基础设施；第四，进入国外市场。

塞尔维亚已经基本完成了第一个条件。财政整顿措施产生了预期的结果。2017年，塞尔维亚实现了预算盈余。塞尔维亚国家银行（NBS）维持了第纳尔汇率稳定。2017年公共债务降至GDP的62%。通货膨胀率低于目标水平。

价格的稳定对商业很重要。政府意识到了这一点。塞尔维亚已经连续第四年将限制公共部门的工资和养老金作为金融稳定的一项措施。但由于存在通缩的危险，政府正在谨慎地扩大有效需求。而问题是如何将通货膨胀控制在一个理想的范围内。有人建议通货膨胀率应控制在3%以下。塞尔维亚接近这一通货膨胀水平。

实现第二个条件的前景是乐观的。塞尔维亚已将其最大的电厂德耶尔达普（Djerdap）水电站和尼科拉·特斯拉（Nikola Tesla）热电厂进行了现代化改造。中国在过去的3年里一直在塞尔维亚建设一座新电厂"科斯托拉茨（Kostolac）热电厂B3"。该工厂将在2020年前建成。另有一条能源管道"土耳其管道"在不久的将来通到塞尔维亚。因此，塞尔维亚的能源供应也会重组。目前，塞尔维亚正在建设的新厂房保证能源供应。

塞尔维亚正在着手实现第三个条件——充足的"外部经济"。全国已经成为交通基础设施的巨大工地。最重要的是"第10走廊"——高速公路和铁路线。该走廊总长2300公里，始于萨尔茨堡，穿过萨格勒布—贝尔格莱德—尼斯—斯科普里至萨洛尼卡。这条走廊从尼斯经季米特洛夫格勒（Dimitrovgrad）到达伊斯坦布尔，预期2018年建成。高速公路"第11走廊"将从罗马尼亚经过贝尔格莱德连接到南亚得里亚和意大利。该高速公路预计于2018年完成。此外，贝尔格莱德—萨拉热窝高速公路也在计划之中。

"第10走廊"的铁路分支已经建成，通过连接希腊和土耳其将东南欧与中欧联系起来。塞尔维亚最重要的是贝尔格莱德—布达佩斯铁路线的现代化改造。该项目将与中国和匈牙利一起实施。该铁路线预计时速200公里，将通行时间从8小时减至3小时。该铁路线于2023年前完成。塞尔维亚本身已经承担了贝尔格莱德—诺维萨德部分的现代化改造工作，这部分预计在 2020 年之前完成。

"条条道路通罗马"这句老话现在可以改成说："条条道路通贝尔格莱德。"交通基础设施建设的重要性已经显现出来。欧洲最大的家具制造商——瑞典的"宜家"已在"第 10 走廊"沿线建立了一个大型商店。沿着这条走廊，已经有意大利、土耳其、德国公司及其他国家的公司建立了工厂。

塞尔维亚与欧盟、欧洲自由贸易联盟（EFTA）、中欧自由贸易区（CEFTA）、俄罗斯、白俄罗斯、哈萨克斯坦和土耳其签署了自由贸易协定，于是塞尔维亚的自由贸易区范围已经涵盖从大西洋到太平洋的广大地区。在塞尔维亚与美国的贸易中也享有普惠制。

官方的经济政策受到了意大利谚语的哲学启发："谁走得慢，且进展顺利，谁就能到达远方"。塞尔维亚国内经济逐渐摆脱了危机。随着 2018 年雨水的丰沛，塞尔维亚农业预计比前几年有所改善。2018 年，塞尔维亚 GDP 有望适当增长，随着失业率下降，国内消费和出口也将缓慢增长。通过大西洋和太平洋之间的自由贸易以及良好的国内商业环境，塞尔维亚正在成为投资者的天堂。在完成基础设施和能源供应计划后，预计塞尔维亚国内和海外投资将会加速，因此每年的经济增长率有望达到 5%—6%。

（六）斯洛伐克

斯洛伐克共和国当前的经济正保持着积极的增长，该增长态势很可能在 2018 年继续。斯工业密集型经济主要集中在机械和汽车生产方面。这些部门具有进一步增长的巨大潜力。例如，捷豹路虎在2017年开始在斯洛伐克西部城镇尼特拉建设一座工厂[①]。对2018年宏观指标的任何量化预测都是可能的，也是有价值的，然而，还需要强调2018年斯洛伐克经济最可能的发展及其趋势。从更广泛的角度看，分析斯洛伐克的经济增长，不应该单独分析斯洛伐克，而应该将它从一个更广泛的视角来理解，即应该反映西欧和中欧经济关系的复杂现象[②]。

从斯洛伐克的进出口方面看，国家最重要的合作伙伴仍然是欧洲地区，尤其是欧盟。因此，除了必须创造有吸引力和可持续的国内经济条件外，政府需要高度重视与主要经济伙伴保持良好关系。此外，斯洛伐克的经济外交必须能够吸引新的国内和国外投资。

1. 斯洛伐克宏观经济展望

由于汽车行业新产品的启动，经济将创造新的就业机会，因此劳动力市场可能会过热。根据斯洛伐克国家银行的数据，这一趋势将带来工资增长的压力，失业率将在2019年年底降至7%。尽管前一年的就业发展超过了先前的预期，但就业增长应该适度放缓，因为劳动力供给和劳动力需求之间的不匹配正在形成，新员工越来越难以找到[③]。

2018年私人部门劳动力市场状况进一步改善，投资前景乐观，这些都将促进经济的进一步发展。据信，2019年实际GDP增长率

[①] Tomáš Madleňák, "Innovation of Energy Sector in Slovakia: high hopes without strategy?", Central European Day of Energy, 11 December 2017, https://www.ceep.be/www/wp-content/uploads/2018/01/Innovation-of-Energy-Sector-in-Slovakia_CEDE2017.pdf.

[②] Zdenko Štefanides, "Slovak economy should sustain solid growth momentum in 2018", The Slovak Spectator, 27 December 2017, https://spectator.sme.sk/c/20713591/slovak-economy-should-sustain-solid-growth-momentum-in-2018.html.

[③] Jan Toth, "Slovak Macroeconomic Outlook", National Bank of Slovakia, 29 March 2017, https://www.nbs.sk/_img/Documents/_Rozhovory/2017/Vystupenie_vcg_J_Toth_CFA_macro_outlook.pdf.

六 经济发展

将逐渐增至4%以上。此外，一方面，由于汽车行业和大型公共基础设施项目的投资蓬勃发展，投资增长预计将在2018年达到顶峰。另一方面，通货膨胀率将逐渐上升，今明两年的平均通货膨胀率将在2%左右。根据欧盟委员会的预测，这主要是因为随着工资上涨和私人需求旺盛以及2018年能源价格上涨，使得斯洛伐克的服务价格预期上涨[1]。

从宏观经济角度来看，斯洛伐克面临的相关问题之一是劳动力市场过热，这在逻辑上导致工资增长压力，预计会影响名义工资的变动。此外，我们不应低估劳动力供给与劳动力需求失衡造成的就业率下降。因此，当局将面临吸引合格劳动力的严峻挑战。然而，这不是一件容易的事，相对来看，2018年和2019年不可能发生任何明显的变化。

2. 斯洛伐克国内经济

关于斯洛伐克在国内的经济政策，毫不奇怪，2018年该国的主要兴趣在于支持和改善其国内产业，确保实现其能源政策目标，并且非常重要的是为国内外贸易创造一个稳定和有吸引力的环境。

谈到斯洛伐克工业，专家们认为，2018年对于汽车行业来说至关重要。缺乏合格的员工是决定汽车行业竞争力水平的关键因素。据估计，未来3年，斯洛伐克工业将需要大约4.5万名接受过技术和职业教育的员工[2]。这样一个发展趋势符合斯洛伐克的利益，这也是斯洛伐克当局面临的挑战。然而，2018年不会有什么

---

[1] European Commission, "Slovakia: growth strengthens, inflation picks up", European Commission, 2018, https://ec.europa.eu/info/sites/info/files/economy-finance/ecfin_forecast_winter_0718_sk_en.pdf.

[2] Anca Dragu, "2018 a critical year for the car industry in Slovakia", RTVS, 16 January 2018, http://enrsi.rtvs.sk/articles/news/152699/2018-a-critical-year-for-the-car-industry-in-slovakia.

大的进展，因为解决方案肯定是一个长期的问题。

在斯洛伐克，研发被认为是不发达的领域。尽管该国在过去十年中对这一部门的投资大幅增加，但在商业领域的研发投资仍然很低。然而，在2018年和未来几年，可以预计这一部门的投资将会增加，因为斯洛伐克始终以欧洲2020战略（即欧盟可持续和包容性增长战略）的目标为发展方向①。为了向这一方向发展，斯洛伐克得到了欧洲结构和投资基金的支持，这些基金为斯洛伐克促进经济发展、研究、竞争力等方面提供了各种机会②。

关于斯洛伐克国内经济事务，笔者希望强调"工业4.0"这一概念的作用，该概念提出了分散生产管理的想法。相应地，将有效建立机器、生产部门和环境之间的相互关系，使生产过程更加自动化、优化和有效。然而，这需要大量的新模型和应用程序来确保关键部分之间的顺利合作③。由于几家公司已经表达了对这种转型的兴趣，如果政府希望有发展前途的斯洛伐克公司在未来保持竞争力，就应该支持这些公司所做的努力。

3. 斯洛伐克对外经济活动

就斯洛伐克的贸易利益和整体经济活动来说，欧盟对斯洛伐克的关键作用是非常重要的。从斯洛伐克的进口和出口状况明显看出该国的专注点是机械和汽车生产。因此，同样在2018年，国家进口的主要产品仍将是用于工业生产的特定车辆部件和机器。那么，

---

① European Commission, "Europe 2020 Strategy", European Commission, https://ec.europa.eu/info/business-economy-euro/economic-and-fiscal-policy-coordination/eu-economic-governance-monitoring-prevention-correction/european-semester/framework/europe-2020-strategy_en.

② European Commission, "EUROPEAN STRUCTURAL AND INVESTMENT FUNDS 2014–2020: Official texts and commentaries", European Commission, November 2015, http://ec.europa.eu/regional_policy/sources/docgener/guides/blue_book/blueguide_en.pdf.

③ i-Scoop, "Industry 4.0: the fourth industrial revolution – guide to Industrie 4.0", i-Scoop, https://www.i-scoop.eu/industry-4-0/#Industry_40_is_not_just_about_factories_anymore.

毫不奇怪，斯洛伐克主要出口汽车和各种汽车零部件，而机器也是斯洛伐克主要出口商品。就具体的出口和进口目的地来说，德国及两个邻国捷克共和国和波兰在斯洛伐克进出口活动中起到了关键的作用①。

根据斯洛伐克能源政策建设的一个新项目将在2018年启动。欧盟的创新和网络执行局、波兰天然气运输公司"Gaz-System"和斯洛伐克的天然气管道运营商"Eustream"签署了一项协议，建立连接斯洛伐克和波兰的新管道。新的管道总长165公里，将使该地区的天然气资源多样化，斯洛伐克和波兰都将直接进入南北的各种天然气供应源。建设工程计划于2018年下半年开始，整个项目应在2021年年底完成②。该项目为斯洛伐克实现能源进口多元化提供了机会。此外，它还可以增强维谢格拉德集团在该地区的地位。

斯洛伐克也可以从未来欧盟与英国之间的贸易协定中获益。这个问题在斯洛伐克的对外经济交往中发挥重要作用，因为有相当数量的斯洛伐克公民在英国工作和生活。

吸引有价值的外国投资还有一个机会，这就是参与中国的"一带一路"倡议。参与该倡议可能会有一些问题，并且经常受到专家的批评，但是，斯洛伐克已经表达了对该倡议的兴趣，当然可以从参与中得到好处。

4. 结论

预计斯洛伐克经济在2018年将是积极的一年。从宏观经济的

---

① OEC, "Slovakia", Observatory of Economic Complexity, https://atlas.media.mit.edu/en/profile/country/svk/.

② Murat Temizer, "Slovakia-Poland pipeline gets □107.7 million EU grant", Anadolu Agency, 21 December 2017, http://aa.com.tr/en/energyterminal/natural-gas/slovakia-poland-pipeline-gets-1077-million-eu-grant/16062.

角度来看,实际国内生产总值的增长很可能会继续,失业率将在2019年年底降至7%。然而,该国即将面临劳动力市场过热问题,导致工资增长压力。

对于斯洛伐克的劳动力市场和繁荣的汽车工业来说,合格的劳动力很可能会严重短缺。此外,斯洛伐克研发领域面临的许多挑战仍然需要认真考虑,因为斯洛伐克在这方面的政策效率仍然低下。

最后,斯洛伐克2018年的对外经济联系出现了各种机会。在能源部门,欧盟、波兰和斯洛伐克的管道项目有望实现。此外,该国也受益于中国的"一带一路"倡议。2018年,斯洛伐克和欧盟面临的巨大挑战在于欧盟成员国与英国之间建立新的贸易关系。

(七)斯洛文尼亚

经过长期危机和经济停滞,斯洛文尼亚经济开始出现增长,在未来一年,斯洛文尼亚很可能将重点放在长期战略问题上。其中一个成果是出台了一份《斯洛文尼亚能源概念文件》。该文件旨在为斯洛文尼亚能源部门的发展和定位制定长期战略。这对确定斯洛文尼亚未来的能源生产和消费战略以及决定化石燃料尤其重要。

1. 回顾和背景

据统计,斯洛文尼亚最大的能源消费是交通(约39%)、工业(约26%)和家庭(约23%),消费每年增长几个百分点。近几年,地热和太阳能消费量显著增加(每年约12%)。大部分最终能源消耗是以化石燃料和衍生物(几乎一半)、电力(23%)、可再生资源(13%)和天然气(12%)的形式。仅在家庭中,主要能源来自木材和木制品(约占42%),然后是电力(24%),天然气

六 经济发展

（10%）等。

斯洛文尼亚在1991年以前就已经有了多样化的能源生产。水力发电站建于20世纪初，特别是建在索卡河（Soča）和德拉瓦河（Drava）上的水电站。第二次世界大战后水电站建设力度加大。目前，正在布雷日采（Brestanica）附近的下萨瓦河（Sava）上建造一座水电站。大部分火力发电站也是在上述时间建成，但此前也建有火力发电站，主要是在卢布尔雅那（Ljubljana）、布列斯坦尼察（Brestanica）、绍什塔尼（Šoštanj）和特尔伯夫列（Trbovlje）。核电站建于1981年，位于斯洛文尼亚和克罗地亚边界附近的克什科（Krško）。在南联邦时期，斯洛文尼亚和克罗地亚社会主义联邦共和国之间投资和所有权的分配比例为50∶50。尽管后来很多个体小型发电厂数量不断增加，并且在弗洛弗亚·雷贝尔（Volovja Reber）建立了第一座风力发电厂（但没有成功），但上述三种能源依然占据上风。目前，核电、水电和火电之间的比率略高于30%，这三个来源同样重要。所有电厂都归国有。

关于三种主要能源的状况有几个问题。计划在穆拉河东北部建设发电厂的计划遭到老百姓、环保组织和一些政治家的强烈反对。他们通过"向穆拉河前进"的示威方式表达了他们反对在这条河上兴建发电厂的态度。他们主要担心该项目对农业和旅游业的环境破坏及其他破坏性影响。另外，关于火力发电站的争论围绕绍什塔尼第六区块热电厂的建设变得政治化。2004年之后，政府决定分步骤逐步取代绍什塔尼热电厂第五区块（第五区块已经很旧，其中两个已经被关闭），利用更加现代和更加清洁的技术建设新的区块。但第六区块整个项目的准备过程一直伴随着腐败丑闻，第六区块事件成为日常政治斗争的一部分。不明确和不断增长的投资预算，以及主要依赖褐煤生产的能源规划成为各阶层政治辩论的焦点。对环境破坏的批评尤为强劲，声称这样错误的、对非可再生能源的投资不仅延长了斯洛文尼亚对煤/褐煤生产的结构性依赖，同时也使这种不可持续的部门保留了大量劳动力。由于建设第六区块的计划被不断打乱而最终失败，导致斯洛文尼亚的能源达不到自给自足，特别是在干旱的几个月里，水力发电量严重不足。克尔什科核电站（Krško）是斯洛文尼亚经济的另一个紧迫问题。争论的焦点是与克罗地亚的共同所有权，斯洛文尼亚的"GEN gergija"公司是唯一的核能发电企业代表，克罗地亚方面由克罗地亚电力公司（Hrvatska elektroprivreda）代表。在目前两国存在关于边界问题争端的情况下，对该核电站共享所有权被视为潜在的责任。关于建设克尔什科核电站第二区块的辩论也在进行当中。倡导该项目的建设方主要强调，通过建设核电站，斯洛文尼亚能够实现能源自给自足，特别是因为水电厂的生产不稳定。而批评方则关注环境问题和核能的潜在危害，而且还关注核废料问题。

除电力外，天然气供应是斯洛文尼亚经济的另一个主要问题，也是过去几年的一个紧迫问题，特别是主要供应商内部以及供应商之间政治关系的快速变化。2014年"南溪"管道项目（俄罗斯—黑海—保加利亚—塞尔维亚—匈牙利—斯洛文尼亚—奥地利）取消后，还有其他几个战略，其中一个也是失败的项目，是将伊拉克和阿塞拜疆的资源通过土耳其与欧洲连接的纳布科项目。德国与俄罗斯之间的"北溪"项目对斯洛文尼亚也没有利用的可能，因为斯离该项目最近的管道也相当远。

2. 新的《斯洛文尼亚能源概念文件》计划

该文件于2017年夏季首次发布，通过公开招标选定外包专家编写。最终草案于2017年12月公开发布，计划于2018年3月在议会进行公开辩论后通过。

该文件的主要议题是斯洛文尼亚的战略方向逐步向低碳经济转变。该文件还旨在为能源政策的三大支柱之间的平衡关系提供指导：气候可持续性、能源供应商的可靠和稳定的供应以及供应商的竞争力。主要的项目将得到国家资助，即绿色能源、可持续性和能源的有效利用。新能源概念的要点是：

第一，为了逐步将斯洛文尼亚转变为低碳社会，重点放在高效能源的使用、可再生能源和低碳资源的重要性以及高科技解决方案和服务的开发；

第二，逐步废除不可再生燃料，特别是煤炭（褐煤），计划到2050年完全废除；

第三，鼓励将私有、市政或国有旧楼改造为节能建筑；

第四，"生态基金"将继续存在，为可持续性改造活动（可持续供暖系统、隔热和门面改造等）提供财政支持；

第五，"生态基金"还将资助水资源保护、高效用水和废物管理系统的项目；

第六，国家财政将与欧洲融资计划相配合提供资助；

第七，引入可持续公共交通、汽车共享（最近在首都实现了电动汽车共享的新系统）和使用替代燃料——电力、生物燃料和氢气；

第八，将努力更好地组织能源供应，同时采用能源使用者共同出资的能源体系；

第九，更好地控制能源分配；

第十，鼓励热泵和其他可再生能源系统的采用，并开发更好的系统来管理大型和小型能源供应商之间的平衡。

虽然这份文件受到普遍欢迎，但批评者也不少。批评主要集中在文件的准备很仓促,同时,关于这个如此重要的问题公开辩论的时间很短。环保组织也批评对不可再生资源的宽容态度,说明与政治上强大的建设火力发电站的游说进行了不必要的妥协。关于核电站的战略很不明确也引起了争论。

(八)匈牙利

2017年是自1990年以后匈牙利经济中最好的年份之一,而2018年的经济指标预计将更加有利。2018年,匈牙利进入了一个新时期,面临的挑战重点正在慢慢转移,依赖廉价劳动力已经不可持续,匈牙利经济如何升级,如何发现新的竞争优势将是匈牙利面临的挑战。

匈牙利统计局(KSH)最新公布的数据显示,2017年前三季度,匈牙利的国内生产总值(GDP)增长率为3.9%。2017年的数据多次上调,在2018年看起来似乎仍然会调整经济数据。国民经济部公布了2017年GDP增长率为4.1%。

经过调整,2018年1月世界银行发布了对匈牙利的最新经济预测。将2018年的预测值从3.7%上调至3.8%。其他预测与对匈牙利2018年经济的评估相一致,都是非常积极的。如表6-1所示,所有对未来经济的预测都是增长的,非常乐观,尽管国际货币基金组织、欧盟委员会和《聚焦经济》都预测匈牙利经济增速会放缓。这个估计有两个原因:一个是预测值较低,因为国际货币基金组织的预测在2017年下半年没有对数据进行调整,另一部分原因是净出口下降,正如欧盟委员会在分析中认为的,匈牙利净出口为负数,拉低了GDP的增长。由于这个原因,经常账户盈余越来越少,但由于这种趋势的可预测性和发展的缓慢性,明年仍有回旋余地。

2017年匈牙利经常账户和资本余额为70亿欧元。根据匈牙利"GKI"经济研究所的估计，余额仍然占该国GDP的6.2%。2016年，经常账户和资本余额与2017年相同，占GDP的8.2%。这个差距是由于GDP快速增长。大量欧盟资金的流入也提供了稳定性。

表6-1　　　　　　　　　　匈牙利GDP预测

年份	2017	2018	2019	2020
世界银行	3.9	3.8	3.1	2.9
匈牙利"GKI"经济研究所	3.8	3.8	—	—
经合组织	3.9	3.6	2.8	—
国际货币基金组织	2.9	3.0	—	—
欧盟委员会	3.5	3.2	—	—
聚焦经济	3.5	2.9	—	—
匈牙利世纪末经济研究所	3.9	3.7	—	—
预测平均值	3.63	3.42	—	—

资料来源：World Bank GKI Előrejelzés 2018-ra；OECD Economic Outlook Volume 2017, Issue 2；IMF Country Report 2017；European Commission Winter 2017 forecast, Focus Economics 2018 January. Századvég, 18 November 2017。

出口数据恶化背后的原因是通货膨胀加剧，匈牙利企业的竞争力日益下降。目前，通货膨胀是由劳动力市场紧张（即合格的劳动力短缺）以及工资和薪水增加所推动的。正如我们在前面的分析中所指出的那样，工资和薪水上涨的部分原因是由政府措施引起的。净出口缓慢下降是欧盟委员会预测匈牙利货物贸易条件恶化的原因，欧盟委员会预测2017年和2018年匈牙利货物贸易只增长0.1%和0.2%，比同期欧盟的货物贸易要好，2017年欧盟的货物贸易增长率为-0.7%，2018年为-0.1%。

2017年和2018年的经济增长率将使匈牙利成为欧盟经济增长率最高的国家之一。根据欧盟委员会的统计，2017年和2018年，欧盟所有成员国的经济12年来出现第一次整体增长。需要强调的是，全球和区域经济环境是稳定的、有利的，并且欧洲经济体的GDP增长是强劲的。2017年，欧盟GDP平均增长率为1.8%，只有卢森堡（4%）和罗马尼亚（4.4%）的增长速度比匈牙利2017年的经济增长速度快。在支出方面，促进GDP增长的因素有四个：私人消费、政府消费、投资和净出口。

首先，匈牙利的私人消费支出需求在欧洲的比较中是比较突出的，匈牙利消费支出占GDP的4.8%，罗马尼亚占6.7%，而欧盟平均水平仅为1.5%。虽然私人消费是由收入增长推动的，但匈牙利决策者必须面对的是，这种收入增长能持续多久且不会影响竞争力（在这种情况下，汇率政策的重要性在未来几年将不断提升）。

其次，匈牙利GDP增长的第二个贡献是政府消费的变化。匈牙利政府支出的增长非常缓慢（1%），而欧盟平均水平为1.4%。匈牙利政府消费支出变化小表明匈牙利经济政策的可持续性。

再次，总投资方面，数据证实了匈牙利经济增长的途径广泛。数据显示，匈牙利总投资增长10%（与上年相比），而欧盟的平均增长率仅为2.9%。如果我们缩小视角，数据显示在建筑业的投资要强于在设备上的投资。

最后，欧盟委员会预计匈牙利净出口对GDP增长的贡献不大，2017年净出口增长率为－1%，2018年为－0.1%（欧盟委员会数据）。

潜在产出显示了劳动力、自然资源、技术、管理技能和特定资本的经济产出。潜在产出的扩大能够导致某一经济体的通货膨胀加速，而潜在产出的下降则通常会导致低通货膨胀率和国内生产总值增长率的下降。根据欧盟委员会的分析，匈牙利经济的潜在GDP产值比实际经济增长率低2.8%。有人质疑，欧盟委员会预测匈牙利的潜在产出是否有那么低，有人预计可能比欧盟委员会预测的高，很明显，事实是匈牙利经济的实际增长率明显高于匈牙利潜在的GDP增长，导致更高的通货膨胀。

表6-2　　　　　　　　　匈牙利通货膨胀预测

年份	2017	2018	2019
匈牙利"GKI"经济研究所	2.4	3.0	—
经合组织	2.3	2.7	3.4
国际货币基金组织	2.5	3.2	
欧盟委员会	2.2	3.2	—
匈牙利世纪末经济研究所	2.4	3.0	—
预测平均值			

资料来源：GKI Elŏrejelzés 2018-ra; OECD Economic Outlook Volume 2017, Issue 2; IMF Country Report 2017; European Commission Winter 2017 forecast, Századvég, 18 November 2017。

匈牙利中央银行同样预测了通胀的缓慢回升，到2018年将达到3%。根据表6-2的预测，情况可能会稍有不同，但都表明通胀提高。单位劳动力成本（ULC）的增加表明了同样的趋势。预计匈牙利的单位劳动力成本的增长在欧盟中是最高的，2017年为3%，2018年为2.6%，而欧盟平均值很低，2017年为1.3%，2018年预计为1.4%。如果分析实际单位劳动力成本（包括通货膨胀差距和汇率变化），匈牙利2018年实际单位劳动力成本的增长要比欧盟平均值低。

2018年4月，匈牙利将举行议会选举，这可能会影响该国的公共开支。根据不同的预测，公共赤字只会略有增加，但赤字的增加不会改变目前公共财政的稳定局面。根据匈牙利"GKI"经济研究所和匈牙利世纪末经济研究所的数据，预计的公共赤字占GDP的比重在2.5%—2.9%之间。尽管净出口下降会使经常账户余额恶化，但欧盟资金的流入仍将有助于该国的金融稳定。

在这方面，必须强调的是，2017年，欧盟已经开始对新的多年度财政框架进行讨论，2018年夏天将结束讨论。尽管人们不能预先看到结果，但最有可能的是，旨在帮助匈牙利经济发展的欧盟资金预计将大幅减少。根据我们的预测，2021年以后的变化将改变匈牙利经济政策的进程，因为到2020年匈牙利必须依靠自筹资金和外国直接投资来发展经济。这种预测的原因可以追溯到国际金融危机，表明如果一个国家的经济依赖于外部融资，则很容易增加其经济的脆弱性。很明显，匈牙利可以越来越多地利用欧盟的资金，但是，这些资金毕竟都是外部的。到目前为止，匈牙利经济已表现出稳定的迹象，事实证明，这些资金不是来自私人资本市场。因此，过去几年，匈牙利中央银行在鼓励国内储蓄方面采取了重大举措，预计2018年和2019年将采取进一步措施。

2018年匈牙利经济增长结构不会发生重大变化，因为投资（一部分是欧盟转移获得的公共投资，另一部分是由政府政策推动的住房投资）和个人消费将在2018年进一步推动经济发展。正如此前的分析显示，匈牙利目前的经济政策在2018年4月以前不太可能发生变化。然而，2018年下半年可能会带来经济政策的变化，导致匈牙利经济暂时冷却，因为通货膨胀加速，净出口缓慢下降，欧盟转移减少，将会为匈牙利经济发展带来新的机遇，其中推动经济增长的经济政策将是十分必要的。

七 社会发展

（一）波兰

2018年3月，波兰民调机构"CBOS"提交了关于公民对民主理解的报告。波兰舆论所讨论的核心问题涉及西方民主的好坏两方面、对最好的政治制度的认可、非西方民主制度与西方民主制度的关系以及对波兰现行政治制度的满意度。

在上述讨论中，民主被狭隘地理解为公民对政治代表的选择。此外，民主的定义是国家运行所遵循的价值观、规范和原则以及社会活动的条件。

波兰社会讨论的第一个问题是西方民主制度的政府比其他形式的政府有优势，10个波兰人中有7个（71%）同意这一说法，而1/6（17%）的人不同意。自1992年以来，波兰社会的大多数人一致认为，西方民主制度是一种良好的政府形式（1992年为50%，2008年为75%）。应该指出的是对西方民主的认可，因为最好的政治解决方案更多时候是得到右翼和中间派的拥护，而不是左翼的拥护。最大的政治团体的选民可以说是最赞成西方民主的波兰现代党（Nowoczesna）和库奇兹15党（Kukiz' 15）的支持者。现任政府（联合右翼党派）的选民中有77%的人认为西方民主制度是良好形式。但应该指出的是，公民纲领党（Civic Platform）中15%的选民认为另一种形式的政府可能对波兰来说更好。对西方民主持怀疑态度最多的在那些不打算参加议会选举的人中最为明显。

波兰社会也认识到非西方民主形式政府的重要性。1992—2007年，更多的波兰人认为这个国家需要非西方民主的政府形式。2007年，波兰公民开始认为西方民主政府比其他形式的政府更有优势。这种情况在2010年发生了变化，但自2011年以来，波兰人认为西方民主具有更多优势。2015年法律与公正党上台后，支持西方民主的人数有所增加。

对非西方民主原则持批评态度最多的是35—44岁的受访者，他们具有良好的教育背景，工资较高，对自己的财务状况感到满意，并认为自己属于左派。非西方民主的解决方案比起那些左派或中间派观点的人更能引起右派认同。在各党派的选民中，库奇兹15党的支持者允许非西方民主的做法，而波兰现代党和公民纲领党的选民反对这种做法。

那些拥有基础、中等或基础职业教育，来自收入低、尤其是人均收入最低的家庭的最年轻受访者认为自己属于右翼，这部分人更倾向于威权政府而不是西方民主政府。而持相反立场的是那些受过高等教育、经济地位高、对宗教缺乏认同的左翼政治倾向人群。从党派偏好来看，可以说大多数法律与公正党的支持者是基于威权而不是西方民主的实践和原则的，而波兰现代党和公民纲领党的选民则相反。但仍然应该注意到法律与公正党的支持者们有很多仍然相信西方民主原则（48%），而37%的人更喜欢威权政府而不是西方民主政府。

此外，2015年法律与公正党组阁后，越来越多的波兰人认为自己是民主派。2015年，有40%的人称自己为民主派人士，40%

的人称自己是非民主派人士。自2015年起，自认为民主派的人数已增至50%，而非民主派人士降至31%。但与此次调查相反，认为波兰的民主有作用的评估中，超过一半的受访者（52%，提高了7个百分点）认为民主没有发挥作用，2/5（40%，降低了5个百分点）认为民主发挥了作用。

年龄最大、生活在农村、接受小学教育或基础教育、人均收入较低和参加宗教活动（如星期天服务）的受访者，对波兰的民主作用有积极的评价。持不满情绪最多的人群是生活在最大型城市的居民，他们受过最好的教育，人均收入最高，不参与宗教活动或1年仅参与几次活动。

尽管生活在大城市的人群中，10个人中至少有7人表现出他们对波兰民主的不满情绪，但波兰人认为国家发展经济对民主很重要。大部分受访者也认为控制政府行为的独立法院，开放的公共活动和定期公众咨询是民主的重要组成部分。受访者中2/3的人认为，政治多元化，即不同政治团体之间进行选择以及法治，是民主的基本要素，而且民主被看作是权力非集中化，即中央政府将权力转移给自治政府和社会组织，国家对公民生活和保护少数群体权利的干预最小化。但是，除了政治权利，如上所述，超过50%的波兰人认为政府在控制经济不平等问题上的作用非常关键。

下一个问题是参加选举的意愿。1995—2017年，有参加选举意愿的波兰人从40%升至70%，而不会参加预投票的从10%升至40%。2004年7月是登记参加选举的最低值（41%）。这是唯一一次不愿意参加投票的人（42%）超过宣称参加投票的人。反过来，在2010年6月，愿意参加投票的人数占72%，2015年5月占71%。这两种情况都与总统选举有关。

2014年之后出现了重大转折。在2015年（总统和议会选举年），有参加选举意愿的平均值达到1997年以来的最高水平（64%），而且在2016年超过并增至67%。从2017年初步数据可以看出，这种趋势可能会持续下去（1—7月调查的平均值为68%）。

政治观点也显著影响政治参与度。可以理解的是，具有政治信仰的受访者更多地表示愿意参加选举。2017年前7个月，右翼支持者中，超过4/5（83%）的受访者表示会投票；左翼支持者中，3/4的受访者（75%）表示参加投票；2/5的受访者表示他们是中间派（65%）。据观察，1999—2001年的情况略有不同，这一期间，有左翼观点的受访者经常表示愿意参加选举。值得回顾的是，这也是左翼占上风的时期。那次动员的结果是亚历山大·克瓦希涅夫斯基在2000年总统选举中获得胜利，2001年9月议会选举中联盟民主左翼联盟和劳动联盟获得胜利。

到目前为止最主要的讨论主题是法律与公正党政府的最新变化：新总理马特乌什·莫拉维茨基、新外交部部长雅采克·恰普托维奇（Jacek Krzysztof Czaputowicz）、新国防部部长马柳什·布瓦什查克（Mariusz Błaszczak）。然而，右派选民的投票意愿比例最高，中间派选民投票意愿的比例最低。这意味着在即将举行的议会选举中，法律与公正党有望第二次获胜。应该指出的是，年轻人认为非西方民主形式的政府优于西方民主政府。自2015年以来，越来越多的波兰人宣称自己是民主派，越来越多的人希望参加即将举行的选举。而另一方面，政府需要"亲民"，因为定期的公众咨询被视为民主的重要组成部分。这可能会开启下一轮关于波兰民主协商概念的讨论。

（二）捷克

下一个捷克国内政策将取决于2017年10月大选后新的政府结构。移民问题和相关安全问题将需要在2018年反复讨论，这与新的反移民政党的兴起有关（特别是自由和直接民主党），也与捷克议会下院传统政党的流失有关。新的总理和总统也支持公众对移民的负面评论。捷克共和国很可能会一再拒绝欧洲难民再分配配额。这些发展似乎不合逻辑或是比较矛盾，并没有关于移民或经济不景气的官方统计数字，而这些数字经常成为该国右翼势力反移民的理由。预计2018年捷克经济将强劲增长，将再次成为欧盟失业率最低的国家之一。

2018年1月，总理巴比什领导的政府批准了一项新的六项主要计划。其中一点涉及安全（公民安全、能源安全、食品安全等）。此外，在2017年竞选期间，"ANO 2011"运动的领导者通过反腐败来保证社会的深刻变革。但由于巴比什先生对欧盟补贴的欺诈行为和损害欧盟财政利益的指控，这一反腐败承诺可能会引起争议。

（三）马其顿

考虑到2017年发展的一些趋势，预计在2018年，马其顿的社会发展主要在：马其顿民族主义继续转型，民间力量的衰落和缓慢重生，特别是行动主义以及环境行动主义的出现。

1. 新型的马其顿民族主义？

一方面，2017年是改变马其顿民族关系性质的一年。另一方面，马其顿族和阿尔巴尼亚族激起了情绪上的一些潜在触发因素。

在2016年选举后，阿尔巴尼亚族融合民主联盟（DUI）和其他阿尔巴尼亚族党派借此机会达成了民族认同的政治宣言，作为与马其顿内部革命组织民族统一民主党（VMRO-DPMNE）或马其顿社会民主联盟（SDSM）组成联盟形成新政府的先决条件。一些马其顿民族主义者走上街头抗议阿族人的要求；他们在马其顿内部革命组织民族统一民主党这个失败的领导层中找到了支持。2017年4月27日，民族主义者冲击议会；2017年年底，其中许多人因为恐怖主义罪和危害宪法秩序而被捕。与此同时，一旦新政府成立，阿尔巴尼亚族融合民主联盟推动民族认同，引起马其顿人民的进一步不满。这一趋势将在2018年继续。然而，阿尔巴尼亚族融合民主联盟仍然无法满足阿族人的要求；作为马其顿内部革命组织民族统一民主党的合作伙伴，2008—2016年，阿尔巴尼亚人对阿尔巴尼亚族融合民主联盟的表现仍然不满意，因此，阿尔巴尼亚族裔民族主义在当地成立了更多的组织。这种民族主义的组织以塞拉（Ziadin Sela）领导的阿尔巴尼亚人联盟为代表，他们呼吁下放更大的权力，很多人怀疑这可能是马其顿联邦化的前奏。这个趋势可能会在2018年继续发展。

除了这些发展之外，2017年年底，马其顿和希腊之间因为马其顿的名称引起的问题重新成为最主要问题。它不可避免地放大了民族主义的情绪和分裂。进入2018年，大约30%的马其顿族和95%的阿尔巴尼亚族愿意接受关于名称问题的妥协，而超过40%的马其顿族反对改名。这粗略地描绘了该国民族关系的新现实：既有马其顿族与阿尔巴尼亚族之间的民族鸿沟，也有马其顿族之间的鸿沟。

进入2018年，大多数马其顿族对最近的事态发展感到不满。此外，随着马其顿内部革命组织民族统一民主党的惨败以及党的领导人过去做出的无数让步，2018年他们缺乏政治声音和代表性。换句话说，随着马其顿内部革命组织民族统一民主党的衰落，为政治领域的右翼打开了很大的操作空间，保守的民族主义者组成的马其顿内部革命组织民族统一民主党以前的选区被抢走。鉴于巴尔干地区和欧洲各地的右翼势力再度兴起并出现新的右翼势力，因此对解决马其顿危机很不利。2018年，民族认同政治和名称问题将导致马其顿出现新的种族民粹主义力量，这将对该国政治格局的未来发展产生复杂的后果。

2018年新兴的马其顿民族主义者的纲领与以前不同。以前强大的马其顿内部革命组织民族统一民主党能够抑制、控制和指导马其顿的民族主义。根据当前形势的需要，格鲁埃夫斯基巧妙而经常地进行操纵性的宣传，能够调动起马其顿人的情绪。2018年，马其顿的种族主义思想纲领正在自下而上发展，独立于权力中心，而且朝着不同的方向发展。

2. 民间力量会发生什么？

马其顿政治危机的一线希望之一是出现了一个强大而活跃的民间社会，其职能不仅是对政治和公共事务进行监督。一些正式和非正式民间组织的出现为民众在公共领域表达越来越多的关注和批评（尽管常常表达不充分）的声音提供了空间。如果没有民间力量的逐步强大，政府就不可能在国内发生变革。

然而，进入2018年，曾经有自己声音的民间力量现在只是它自己的影子。最近，其发出的政治批评并不像过去两年那么明显，进行动员的潜在能力已经消失。其中一个主要原因是，他们中的精英的重要组成部分已成为马其顿社会民主联盟管理结构的一部分。更为常见的是，以前自称为反腐败战士的人现在自己也被卷入腐败行为中，通常，他们现在的任务是，在执政党——马其顿社会民主联盟发布政策和动议时，维护与马其顿内部革命组织民族统一民主党政策的连续性，并为该党进行公开辩护。

然而，到 2018 年，以前民间力量对马其顿内部革命组织民族统一民主党的抵制并非都是由马其顿社会民主联盟指使的，并非所有前马其顿内部革命组织民族统一民主党的批评者现在都对新政府表示支持。例如，那些处于权力中心之外的人仍然是在公众批评中最关键的一些人。他们保留了一个真实的、进步的、非民族主义的政治观念，促进了马其顿社会的前进，有助于打破社会和政治思想的停滞状态，这是马其顿社会民主联盟与马其顿内部革命组织民族统一民主党两党进行持续的社会和政治思想争论的副产品，也是阿尔巴尼亚族占主导地位的政党——阿尔巴尼亚族融合民主联盟联合执政的政府内部持久争论的副产品。从这个意义上说，反对马其顿内部革命组织民族统一民主党，但处于马其顿社会民主联盟结构之外的声音有越来越巨大的社交干预潜力，并有可能在 2018 年形成公众舆论的主体。

到 2017 年年底，马其顿社会民主联盟成为新的主导执政党，因为现在马其顿内部革命组织民族统一民主党被非法化，社会上没有足够强大的替代或关键力量。然而，如果反对马其顿内部革命组织民族统一民主党但非马其顿社会民主联盟的力量设法重组并重新回到公共辩论的主流，那么，马其顿社会政治格局将发生重大变化。

3. 政治环保主义的出现

2017 年，马其顿环境恶化达到高峰，污染成为广大公众的主要关注点。这为社会动员和政治争夺创造了新的场所，并且影响了马其顿的社会规划，绿色运动活动家和关心环境的声音现在占据了更加突出的位置。这种趋势将持续下去，并可能在 2018 年有所加强。此外，2018 年有几个环境相关问题可能影响国家层面的公开辩论，同时让位于地区的绿色行动主义。

在争取解决环境问题方面最棘手是在该国东南部地区建设外资所有的黄金矿。马其顿的三大矿山——在杰夫格里雅、瓦兰多沃和斯特鲁米察的城市附近的卡赞多尔（Kazandol）、伊洛维奇（Ilovic）和波洛夫·多尔（Borov Dol），被称为"魔鬼矿山"，在不确定的情况下通过非法渠道租给外国公司。虽然马其顿内部革命组织民族统一民主党政府认为，这些矿山能够带来当地的就业和经济繁荣，而当地居民除了不信任其经济逻辑之外，还关注开矿对当地环境产生重大影响。该矿山的开采将极大地影响公众健康以及当地的农业（这是马其顿最重要农业产区之一，农业是该地区最重要的经济活动之一）。2016 年和 2017 年，在基层进行动员导致全民投票，其中一些地方成功了，而另一些地方则没有成功。那些动员投票的环保主义者受到马其顿内部革命组织民族统一民主党政府的政治威胁和压力。因此，马其顿社会民主联盟的领导者——首相扎埃夫自 2017 年年中以来已承诺，马其顿社会民主联盟政府将阻止矿山的建设。然而，进入 2018 年，政府代表认为，没有合法的方法来阻止矿山建设，根据合同规定，采取这样的行动可能造成巨大的财政损失。与此同时，来自当地的报告表明，矿山已在建设中。这又导致了新一轮的基层动员，并将持续到 2018 年。然而，问题是，这个行动能否设法将马其顿东南部的各地动员起来并将各环保主义团体团结起来。

除了所谓的邪恶矿山外，2018 年，马其顿还有许多其他环境问题需要面对和解决。首都斯科普里以及其他城市的污染已经达到灾难性的水平，现在也成为政府媒体的主要新闻报道内容之一。公民要求政府负起责任。在 2017 年，大多数不满都是通过在线媒体表达出来的，并且仅有少量抗议和动员，但2018年，环保激进主义很有可能超越网络辩论而表达他们的不满。

最后，一个特别的问题是奥赫里德湖的地位。奥赫里德湖被认为是国家的"珍珠"，是28个联合国教科文组织世界文化遗产之一（大多数是自然或文化遗址，但只有28处同时拥有自然和文化遗址）；然而，它也是马其顿旅游业的中心。因此，近年来它引起了一些开发商和建设项目的兴趣。加上当地政府糟糕的治理，使奥赫里德湖环境条件恶化。联合国教科文组织一直在考虑降低奥赫里德湖的地位，引起当地人的抱怨。这导致出现了一个需要更好地保护奥赫里德湖的环保运动，这一运动肯定会在2018年发挥更大的作用。

（四）罗马尼亚

2018年的社会发展主要特点是工资和养老金增加。为促进创业活动的资金增加了两倍，尽管这听起来很有希望，但财政变化带来的挑战、本国货币贬值以及通胀风险增加，危及公民的生活水平。

1. 增加工资受到税收变化的阻碍

2018年开始，最低总工资增加31%，从1450列伊（相当于311.8欧元[①]）增至1900列伊（相当于408.6欧元）。政府的决定是为了减少贫困和受社会排斥人员。此外，税收从16%降至10%，这对罗马尼亚人来说应该是个好消息。尽管如此，由于社保缴纳主体的转移，即原来由雇主负责缴纳社会保险，现在改由雇员自

---

① 实际汇率约为1欧元=4.65列伊。

七　社会发展

已缴纳，这样，工资的总增加额将转化为净增加9.1%（97列伊，相当于20.86欧元）。如果劳动力领域立法的变化不会导致工资的上涨，那么，净工资的增长就会更高，是实际增长的3倍（差不多是65欧元）。

财政的变化也会带来员工总成本的上涨，这必须得到雇主的支持。此外，随着所有这些变化导致的官僚主义的增加，其影响可能与预期的相反，即公司会考虑裁员以及停止许多人的非法务工，而受影响最大的是年轻人和非技术工人。这将进一步给罗马尼亚打击地下经济的努力施加压力。欧盟委员会估计罗马尼亚的地下经济约为罗GDP的28%，在欧盟中属于第二高的水平，而非法务工占GDP的15%—20%。

因此，根据国际货币基金组织的分析，由于罗马尼亚贫困家庭通常包括失业人员、退休人员或闲散人员，而且这些贫困人口中只有不足1/5的人受雇，所以，减贫斗争没有得到预期的结果。

另一个问题是，虽然雇主必须将最低工资总额提高到1900列伊，但他们没有义务提高目前超过这一工资水平的雇员的工资。据专家介绍，如果雇主决定不提高工资以弥补因转移社会保险而使雇员遭受的损失，那么雇员的净收入将损失高达其收入的26%。罗马尼亚全国私营中小企业委员会在罗马尼亚进行的一项调查显示，83%的企业家没有能力提高最低工资，而60%的企业家会由于这一措施而解雇员工。

其他提高工资和薪水的法案是为公共部门增加工资，其中医生的工资在2018年实现翻番，而教师的工资将在5年内实现翻番。2017年7月生效的《单一支付法》规定，自2018年1月起公共部门的所有工资增长25%。

2. 承诺增加养老金

政府宣布从2018年年中开始提高养老金，提高幅度不是很大。政府决定在现有养老金价值基础上增加10%的养老金积分①。2017年1月和7月，养老金点数已经增加了两次。由于2017年第三季度国家养老金平均值为1106列伊（相当于237.85欧元），因此，这项措施对退休人员有利。但问题在于养老金的增加与经济增长之间的关系不是相互促进的。

根据目前的法律，养老金积分应该在每年年初发布，该积分是100%的通货膨胀率和50%的工资总额实际增长率构成的一个百分比。2017年7月通过增加工资的法律时未考虑到这些规定，养老金点数的增长超过了指数化值。因此，如果做出增加最低工资的决定时不考虑与经济增长和年度通货膨胀率的关系，那么，对社会保险预算的压力和隐含在国家公共赤字上的压力将会加剧，事实上这已经发生了。由于人口大量迁移和老龄化，罗马尼亚已经开始认真编制社会保险预算，同时注意债务水平，并考虑转移给下一代的债务问题。

社会保险预算的压力可以通过加强私人公共养老金制度来缓解。自2008年开始，罗马尼亚开发了一个系统，除了公共养老金制度（也被称为第一支柱）外，还有私人管理的养老基金，该基金被称为第二支柱。第二支柱可以说是对第一支柱的补充。2008年开始，雇主将雇员的养老金缴费中的2%转至私人管理的养老基金，转入养老基金的数额逐年增加，10年后达到6%的水平。管理这些养老基金的主要私营企业宣布2017年的投资收益良好。尽管如此，罗马尼亚向欧盟提交的2018年的趋同计划中，强制性的社

---

① 养老金积分是用来计算养老金价值的方法，根据职工每年的收入和缴费数额按照当年的平均收入转换成积分，退休时再用平均积分与法定的养老金数额相乘。

会保险缴费从5.1%降至3.75%。这样一来，政府部分地解决了增加国家预算的资金问题，因为国家预算只能负担增加后的养老金中很小一部分。因此，目前短期情况下是可以用上述方式来完成，但从长期看，要负担下一代公共养老金的资金，压力是非常大的。

3. 价格上涨的预期

通货膨胀率上升将导致整个经济中基础产品的价格上涨。例如，国家能源监管局已经宣布批准家庭用户最终天然气价格上涨8%以上。天然气供应商提出，由于国内生产的天然气采购成本提高了，因此要求提高最终天然气的价格。目前，国内天然气价格已经放开，能源监管局对家庭消费者的发票设定了最终关税。之前的价格是在2017年3月至2018年3月间的价格，但能源管理局在此期间结束前提高了价格。电费也随着不同费率增加，按照小时消费量计算。通过这种方式，能源领域成为通胀压力的来源。这也会影响食品的价格，面包店行业的代表表示，公用事业和劳动力成本已达到产品价格的50%以上，因此，面包和其他类似产品的价格必然要改变。预计食品价格上涨超过4.5%，如果农业2018年的状况没有良好的发展，价格上涨问题可能会恶化。

5. 支持中小企业的措施

希望创办小企业的人将有机会通过国家创业计划得到政府的支持。2018年用于中小企业融资的资金总额高达7亿列伊作为担保信贷。2017年，新成立中小企业的不可退还款项数额为20万列伊（约合4.3万欧元）。根据2018年预算的分配，将有最多3500个中小企业通过该计划获得资助。要获得资助资格，企业家必须在网上提交一份商业计划书，提供未来中小企业建立和发展行动计划，改善其经济现状，创造新的就业机会，雇用困难群体、失业人员、毕业生或采用创新的新技术增加投资。

旨在支持出口的另一项计划，为出口型经济运营商提供了2500万列伊的咨询预算。目的是制定和实施合理的出口战略，确定在其经营领域最佳的出口模式和出口机会。国际化的计划也侧重于中小企业。国家拨款创建网站和应用程序，促进中小企业走出去，参加国际博览会。2018年该项目的预算增至1000万列伊。

在针对不同社会类别的计划中，有一项针对建立和发展微型企业的年轻人的特别计划，2018年启动的这项新计划预算为1180万列伊。罗马尼亚还有一个国家计划，用于加强中小企业的妇女创业计划，该项目资金为100万列伊，于2013年首次推出。

其他支持还包括"首套住房"等方案，政府通过这些方案帮助人们进行抵押贷款获得房屋。这样，没有房子的人可以以比正常按揭贷款更优惠的条件获得这种贷款。"首套住房"方案是政府发起的优先支持经济部门的反危机措施之一，主要目标是恢复贷款，推动建筑业发展，这将扩大经济的积极影响，并刺激创造新的就业机会。该计划从2018年的国家预算中获得资金，其主要目标已经实现（如恢复贷款活动）。

（五）塞尔维亚

2018年塞尔维亚面临的三大主要社会挑战，包括扭转不断增长的贫困风险、应对人才流失的长期趋势以及达到欧盟制定的标准，特别是与第23章谈判有关的问题，如司法机构、人权和反腐败斗争。

1. 扭转不断增长的贫困风险

扭转贫困问题自2008年以来越来越重要，是2018年塞尔维亚一个重要的社会挑战。2017年11月欧洲反贫困网数据显示，塞族居民中有1/4（25.4%）处于贫困风险，这是欧盟平均水平的两倍，与2013年数字（23.3%）相比有所上升。根据联合国儿童基金会的数据，大约3.6%的人口生活在绝对贫困中（其中8.4%是儿童），而7.3%的人口生活在100欧元左右的贫困线以下。以上这些数字表明超过10万名儿童生活在贫困当中。最容易陷入贫困的是失业者、单亲父母、年轻的罗姆人、来自科索沃的国内流离失所者、残疾程度高的人以及没有养老金的老年人。贝尔格莱德（4%的人生活在贫困中）与塞尔维亚南部和东部（13%，主要是农村地区）之间存在地区贫困差距。贫富差距也在扩大，包括那些完全就业但工资较低的人（2017年第四季度，塞尔维亚的平均工资约为400欧元）。

非政府组织警告说，塞尔维亚政府虽然非常积极地制定2015年9月联合国可持续发展首脑会议通过的《2030年可持续发展议程》的目标，但迄今在国家一级落实目标方面进展甚微。

工人是塞尔维亚执政联盟（塞尔维亚进步党和塞尔维亚社会党）的选民基础，因此，政府将努力解决这一负面趋势。2017年年底，塞尔维亚议会通过了一项在2018年实施专门用于提供更多社会援助的预算，公共部门工资增长5%—10%，养老金增加5%。然而，尽管有所提高，但公共部门仍会出现不满和罢工。涉及教育系统、健康、社会服务和文化系统共50多万人的新法律将于2019年1月1日实施。但是，它已经引起争议，并有可能面临2018年各类公共部门的抗议。该法旨在使公共服务现代化，提高效率。但它的措施被公共部门认为太自由了，因为它们减少了员工的权利并增强了管理者的权力。

此外，政府显然特别关注执法和安全部门，已承诺将这些部门人员的薪水提高10%，并承诺在6个城市开始建造3万多套公寓，为军人、警察和情报人员提供好的居住环境。这一点将会导致其他公共部门的不满。

"社会卡"系统开始启动。其目标是控制个人和相关人员的财产和收入，以更好地调整社会困难群体的实际需求，并打击腐败和滥用社会关怀制度。但是，这个系统只处于早期阶段，不可能在2019年之前取得成果。

塞尔维亚劳动力问题将继续存在，如高失业率、低工资、日益灵活和自由的劳动法律、低质量和季节性工作的比例很高。所采用的法律和法规的灵活性可能会引发公共部门的抗议，抗议各行业恶化的工作条件和导致的不安全感。

2. 防止人才外流

在20世纪90年代发生的灾难性的"人才外流"期间，数十万受过教育的塞尔维亚人离开该国，主要到西欧、美国、加拿大和澳大利亚工作。在此之后，2008年以来，塞尔维亚再一次经历人才的流失。根据世界经济论坛数据，塞尔维亚是世界上人才流失程度最高的国家，出国工作的人数不断增加，尤其是受教育程度最高的人群。加上该国的低出生率，这一趋势对塞尔维亚的未来及其在未来世界经济中的竞争力构成严重威胁。

世界银行的专家认为，塞尔维亚在科学上的投资很低，多达80%的资金是公共部门的，私人部门没有搞科学研究的机构。这与在塞尔维亚大学大量的高素质工程师和科学家相矛盾。据世界经济论坛报道，塞尔维亚在数学和自然科学方面的优质教育获得了比捷克共和国或匈牙利更高的赞誉，但在保留国家人才的能力方面排名最后。虽然在科学工作的资助方面有所改善，但关键的结构性问题依然存在。

政府可能会试图与私营公司联合，激励他们投资科学研究。塞尔维亚投资基金是2017年创建的一家私人基金，支持研究机构与私营部门之间的创业和联合项目。但是,如果不对当前的投资科学研究的模式进行重大改革,这些措施的效果可能会很有限,重点还应放在改革教育体系使之适应数字经济需求。

鉴于西方的支持(主要是欧盟和美国)已明显不足,塞尔维亚很可能会在创新、研究和发展上,特别是与"第四次工业革命"有关的问题上转向与中国发展更紧密的伙伴关系。

最显著的尝试之一就是在博尔察(Borča)与中国路桥公司合作建设创新园区,预计直接雇佣约1万人,间接雇佣1.5万人。

虽然该项目本身还处于初期阶段,但该创新园区所处地理位置——在首都贝尔格莱德外和伏伊伏丁那肥沃平原大门的位置表明,建设博尔察创新园区是将农业传统经济部门与ICT创新网络相配合,创造更具竞争力的农业部门。

此外,塞尔维亚政府创立了一个新的国家创新与发展部,部长是内纳·波波维奇(Nenad Popović),后者是一位在研发方面拥有丰富经验的商人,任命工业数字化坚定的推动者阿娜·布尔纳比奇(Ana Brnabić)为总理,塞尔维亚总统亚历山大·武契奇(Aleksandar Vučić)曾提出关于"第四次工业革命"的说法,这些迹象表明,到2018年,科学和创新可望实现国家预算的增长。塞尔维亚又在几个城市建设了创业中心,随着今后几十个这样的中心在全国铺开,这一趋势可能会持续下去。

这样的结果加上欧盟委员会的资金支持以及与俄罗斯联邦的合作日益加强,可能会在防止人才流失问题上产生虽小但积极的影响。

3. 处理与欧盟谈判第23章和第24章相关的法律规定

塞尔维亚加入欧盟的谈判进程取决于第35章(科索沃)、第31章(共同外交与安全政策)、第23章(正义与基本权利)和第

24章（正义、自由和安全）谈判的成功。尽管关于科索沃和欧盟的共同外交与安全政策（CFSP）的章节是高度政治性的，但为第23章和第24章提供的基准是相当具体的，它们随后的实施也是非常透明的。鉴于欧盟对这两章非常重视，无法达成基准可能会影响其余谈判章节的开启（如2017年12月所做的那样）以及导致谈判过程的总体放缓。

2018年，塞尔维亚将继续在第23章和第24章与欧盟努力谈判。2015年制定的第23章实施行动计划正在修订中，因为它未能达到原来所设定的时间表，甚至被其中一个主要创始人、入盟谈判小组负责人坦贾·米奇切维奇（Tanja Miščević）称为"过于乐观"。预计，特别是在2018年3月贝尔格莱德选举期间，欧盟批评政府入盟谈判执行不力和缺乏进展将被反对党利用以反对执政党。

事实上，与反腐败、司法独立和法治方面有关的许多问题表现特别突出。塞尔维亚还将继续面临与新闻自由有关的严重批评。少数人权利问题也将得到重视，特别是邻国的欧盟成员国在塞尔维亚的居民。塞尔维亚宪法的预期变化（这也是第23章的要求）将导致塞尔维亚社会的两极分化，并将成为一个高度政治性的问题，因为其反对者认为其宪法的修改（正式按照欧盟基准要求）将打开潘多拉盒子，西方支持科索沃分离主义者长期最主要要求之一就是要清除塞尔维亚宪法的序言中将科索沃定义为塞尔维亚一部分的叙述。

（六）斯洛伐克

为了分析斯洛伐克当前社会形势和新兴趋势，需要考虑斯洛伐克社会的性质和发展状况。斯洛伐克社会受到国家历史、地理位

七 社会发展

置、人口、经济能力、政治现实和对外关系的各种因素的影响。一般来说，社会的发展是由全球化决定的，并且由于数字化的水平越来越高，社会被"无尽的"信息来源所包围。

一方面，斯洛伐克社会并非真空存在，它受到国外局势的高度影响。另一方面，与其他社会一样，斯洛伐克的人口面临类似的问题，主要有两个问题：国家的内政和经济事务（包括医疗和教育）和外国问题，特别是来自欧盟的问题。

1. 斯洛伐克的政治状况和腐败问题

斯洛伐克的社会对该国的政治局势、政府政策和精英的输出都非常敏感。在这方面，2018年的问题仍然存在，公共部门的某些政治丑闻和腐败问题引起了斯洛伐克人的注意。在2017年，社会上发生了几起反腐败抗议活动，抗议者呼吁内政部部长辞职，后者与一位黑幕商人有联系[1]，同时要求警察总局局长和国家特别检察官辞职。由高中学生和大学生组织的抗议活动要求对最严重的政治丑闻进行充分调查，主要是最近与该国商人拉迪斯拉夫·巴斯捷尔纳克有关的腐败案件[2]。几个著名的、有影响力的演员和歌手表示支持这些抗议活动。

由于上述丑闻尚未按正常程序进行调查，预计2018年它们仍将是保留问题，即使不是关键问题。反腐问题越来越得到公众的支持，尤其是在年轻的调查记者扬·库恰克（Jan Kuciak）及其未婚妻玛蒂娜·库斯尼洛娃（Martina Kusnirova）于2018年2月遇害

---

[1] Emily Tamkin, "They Spent Months Protesting Corruption. Now What?", Foreign Policy, 29 September 2017, http://foreignpolicy.com/2017/09/29/they-spent-months-protesting-corruption-now-what-slovakia-kalinak-bratislava.

[2] News Now, "Third Anti-corruption March in Bratislava Draws Thousands", News Now - The News Agency of the Slovak Republic, 25 September 2017, https://newsnow.tasr.sk/policy/third-anti-corruption-march-in-bratislava-draws-thousands.

之后。他们被发现在布拉迪斯拉发附近一个村庄的房子里被枪杀。尽管这一行为的动机仍然不明,但暗杀事件很可能与记者的调查工作有关。这件事对社会产生了非常大的影响。人们几乎立即开始对政府表达反对情绪。总理菲佐亲自谴责这一行为,并承诺将会进行严肃的调查。与已故记者调查的欺诈问题和斯政府高官与意大利黑手党可能有关的谋杀无疑将成为该国在2018年关注的重要问题。

2. 激进主义和极端主义的崛起

近年来,关于激进主义和极端主义上升的争论已成为斯洛伐克社会一个更为频繁讨论的话题,特别是斯洛伐克极右政党——"我们的斯洛伐克"在2016年议会选举中获得议会150席中14个议会席位。该党批评斯洛伐克的政治、经济和社会制度,言论激进引发了相当大的争议。更令人震惊的是,该党曾一度被指控犯有与诽谤国家、种族和信仰有关的罪行,还因种族、国籍、肤色而对他人进行诽谤和威胁。其中一个例子是米兰·马祖列克(Milan Mazurek),他因种族主义而被判刑①。

对于极右党派的存在和活动,斯洛伐克社会的舆论是两极分化的。首先,社会很大一部分批评该党的极端性和反制度性,并强调这种情况在现代民主的斯洛伐克国家中是不能被接受的。然而,社会的另一部分人仍然支持该党,有人认为这是唯一的能够替代传统的、极其腐败的斯洛伐克执政党的党派。由于该国存在很多极右翼政党,所以不应低估这一看法。

这种极右群体的存在使斯洛伐克社会非常极端,特别是在涉及该国少数群体罗姆人的问题,人们对国家当局和机构的普遍信任

---

① The Slovak Spectator, "Extremist MP sentenced for racism", The Slovak Spectator, 21 December 2017, https://spectator.sme.sk/c/20724301/extremist-mp-sentenced-for-racism.html.

问题，斯洛伐克加入主要区域和国际组织问题，对非政府组织、基督教宗教团体和同性恋团体的接受问题时都非常极端。

3. 移民

最近，中东的政治和安全危机，特别是叙利亚的危机造成了相当大的移民潮，这也影响了欧洲国家。因此，欧盟当局提出了配额制度，以便将寻求庇护的中东难民重新分配到所有欧盟国家。斯洛伐克一直是反对这一政策的国家之一。此外，斯总理威胁如果实施配额制度，斯洛伐克将退出欧盟[①]。

有关移民问题的辩论已成为斯洛伐克社会最具争议的问题之一。社会上相当一部分人对移民到斯国内持怀疑态度，这可以用几种方式来解释。首先，由于国家的历史背景，老一辈人没有这么多机会去体验不同的文化和人民，特别是来自中东的文化。其次，由于国家的宗教背景（斯洛伐克社会主要是基督教），在这种背景下，在欧洲，信仰伊斯兰教就会被报以怀疑。2018年全年，这些问题将继续在斯洛伐克社会占据主导地位。

4. 健康、教育和年轻人的外流

医疗保健和教育领域一直是斯洛伐克最薄弱的领域。缺乏财政支持和充分的医学研究导致斯洛伐克医疗人员外流，这反过来又对该国的整体医疗水平产生负面影响。此外，围绕这一领域的许多丑闻和腐败事件，如2014年斯洛伐克一家医院计划购买计算机断层扫描设备有关的丑闻。这件事引发了一场重大的政治后果，在首都举行了许多抗议活动[②]。政府没有遇到过这样的挑战，因此，

[①] Jake Burman, "EU in crisis as Slovakia threatens to leave over controversial refugee quota", Express, 9 October 2015, https://www.express.co.uk/news/world/610923/Slovakia-Robert-Fico-Refugee-Crisis-European-Union-Quota-Member-states.

[②] Radka Minarechová, "Healthcare infected with scandals", The Slovak Spectator, 9 February 2016, https://spectator.sme.sk/c/20087030/health-care-infected-with-scandals.html.

斯洛伐克的医疗保健问题未来无疑将是公众利益面临的一大问题。

教育领域也有类似的情况。斯洛伐克的教育机构面临财政赤字，斯洛伐克教育的整体水平很低。越来越多的斯洛伐克学生和教师在外国大学寻求教育或工作机会，捷克人更是这样[①]。由于人才流失严重，斯洛伐克当局和整个社会面临着非常严峻的挑战。因此，如果要将斯洛伐克建设成繁荣的国度，加强其区域和国际竞争力，当局需要创造一个更具吸引力和更透明的环境。

5. 结论

为了充分理解一个社会的现实和发展，我们需要考虑到它的历史、地理、政治、经济、社会制度以及对外关系。斯洛伐克的社会发展同样是受到各种因素的综合影响。

2018年斯洛伐克社会的利益重点是放在国内政治、安全和经济形势上。由于近年来受到精英阶层政治丑闻和腐败事件的困扰，斯洛伐克非常敏感地认识到这些问题。2017年2月斯洛伐克青年记者被暗杀后，2018年很可能会导致严重的社会和政治变化。

移民危机将继续受到社会公众的关注。当局也对这种情况极其关注。由于有关中东穆斯林向欧洲移民的问题，斯洛伐克人对此有争议，我们不应该忽视斯洛伐克极右党派有可能参与移民问题的探讨。

最后，从最近的趋势来看，斯洛伐克面临着可能影响该国未来的巨大挑战。该国需要注意的是，合格的斯洛伐克人才大量外流，他们认为该国的环境没有吸引力或不够透明。

---

① The Slovak Spectator, "EC: Funds for education still low", The Slovak Spectator, 9 November 2017, https://spectator.sme.sk/c/20693003/ec-funds-for-education-still-low.html.

（七）斯洛文尼亚

2018年，斯洛文尼亚社会的决定性问题将是关于公共部门，特别是公共部门的薪资制度，目前正在谈判中。当前或下届政府与公共部门及其他主要社会机构成功达成妥协无疑将决定整个社会的稳定和有效运行。

1. 背景：公共部门工资制度改革

1991年以后的头几年，公共部门的薪资制度令人混淆不清，部分是从此前南斯拉夫的规定继承而来，然后予以修正。1994年通过的关于公共部门薪酬的法律不得不与不同时期的40多种不同的法律条例相协调，并基于不同的原则协调，这使得薪金制度极不透明。第一部关于公共部门工资的系统性法律于2002年通过，但后来花了6年时间才与各社会机构协调成功并实施。而公共部门的工资增速大大落后于私营部门的工资增速，2002—2007年，公共部门的工资增速比私营部门工资的增速低了13.6个百分点。

2008年5月终于就新的薪酬制度进行谈判，并于2008年6月签署了一项公共部门集体协议。改革的设计师后来成为所有批评改革的目标，他就是公共管理部部长格雷戈尔·维兰特（Gregor Virant）。2008年9月，该系统开始运作。转入新系统后发生的任何失衡将分四次进行补偿。由于经济危机，第三次（原定2009年9月）和第四次（原定2010年3月）补偿被推迟，并在发生一系列公共部门的罢工之后，特别是2010年秋季的罢工之后，才决定只在2012年进行补偿。这次危机和在公共部门实施的缩减方案，也意味着未能实现公共部门与私营部门之间薪酬增长的平衡。关键的、里程碑式的事件是2012年公共财政平衡法，系统地规定了所有预算开支的缩减方法，所有公共部门的工资水平降低了 8%，对于所有增加预算的手段都予以取消。这对斯洛文尼亚的公共部门是巨大的打击。

2. 公共部门的罢工威胁

自通过公共部门薪酬紧缩的法律以来，新的不平衡经常出现。受到新制度严重伤害的几类公共部门雇员的问题以及公共部门内部的矛盾成为发生一系列罢工的动因。第一个反对新的薪酬制度的是法官，他们对单一薪资制度感到不满，在 2008 年 7 月至 2009 年 4 月举行了（白色）罢工，持续了 10 个月。2010 年，医生也举行了同样的罢工，9 月，医生取消了所有的加班，导致病人的治疗长时间延误，迫使政府在一周后达成协议。最大的公共部门罢工发生在 2010 年 9 月底和 10 月初。超过 8 万名雇员进行罢工，包括警察部队、海关官员、公共行政工作人员、国家电视台和广播电台员工以及健康卫生工作人员等。罢工浪潮迫使 2012 年政府通过储蓄法案，以平衡公共财政。2012 年 4 月，公共部门超过 10 万名雇员罢工，三周后，大多参加罢工的大型公共部门达成协议。只有警察持续到 2012 年 5 月底达成单独的协议。一年后，警察认为 2012 年达成的协议没有真正得到实施，另一波反对缩减公共部门预算的大游行开始了。政府新一轮大规模削减计划公布，威胁解雇大量公共部门雇员，这一计划公布后，2013 年 1 月，有 10 万人再次举行罢工。

从 2015 年开始，公共部门出现了另一种形式的不安定，主要来自公共部门就业系统内的以下不同利益集团：

第一，医生（但不是其他医疗健康工作者）提出工作人员不足而要求制定更好的工作标准，明确界定了超时工作问题，提高了加班所应支付的报酬。他们于 2015 年举行罢工，在 2016 年 11

月再次罢工，现在提出的要求是，某些医疗专业和职位应成为单一工资制度的例外情况，并按高于现在最高的第57档工资支付，该档工资支付标准以前只能付给政府官员。

第二，2015年，警察在移民危机中扮演了强硬角色，许多警察认为这场危机之后，他们没有得到充分补偿。警察再次罢工并持续了323天。2016年10月签署协议，允许将不同类别的警务人员重组并在未来几年提高不同类别的警务人员的工资级别，到2018年提升他们的晋升序列。

第三，2017年，公共部门中拿最低工资的雇员，即所谓的J集团（主要是技术人员和辅助人员）再次抗议要求重组该系统，特别是因为根据薪资制度，其中许多人的工资低于最低工资标准。2017年7月政府调整了这种持续的薪资制度的异常现象，并为此分配了额外资金。

第四，在医生和警察被允许重新分配工资制度后，教育系统呼吁重新评估教育工资制度类别。2017年年底和2018年的谈判不成功，教育系统（小学、中学和大学）、学前教育和其他附属行业人员定于2018年2月14日举行罢工。

在接下来的几周内将会发生的事情很可能是不同公共部门团体和集团组织的一系列相互关联的罢工，每个组织都有不同但相互关联的一系列要求。公共部门的其他几个机构于2018年1月24日举行总罢工，2月13日医疗保健工作者举行罢工。

3. 2018年的挑战

2016年11月降低医生工资水平是其他公共部门工资缩减的第一步。公共目标的压力在未来几个月还会增加，特别是在即将举行的选举之前，政府的地位非常薄弱。虽然大部分人的立场是保留单一工资制度，但要求重组的呼声越来越高，要求解决系统实施10年后出现的异常现象。政府方面坚决反对任何修改，声称所需的工资总额将超过5亿欧元。现任公共管理部部长鲍里斯·科普里夫尼卡尔（Boris Koprivnikar）声称，如果要修改，必须达成普遍的公众共识。这激发了斯洛文尼亚社会中的分裂，这是2008年危机以来最大的问题，即公共部门和私营部门之间的"竞争"，经常被其他更加激进的民粹主义政治人物用作证明公共部门的预算削减合理的证据。政府方面还提到其他可能导致预算缩减的风险因素，尤其是不可持续的养老金制度，这可能在未来几年构成严重威胁。

可以预计，如果罢工在议会选举前的几个月持续下去，公共部门的未来也将成为这场运动的重要主题。现在中立的"米罗·采拉尔"党领导的政府将不得不回应公共部门的要求，这需要其政治形象进一步"左倾"（如果他们同意这样做）或要求进一步的权利（如果他们拒绝），那可能会强烈影响政党的选票。

（八）匈牙利

近年来，匈牙利政府的社会措施集中在三个主要领域：人口、医疗保健和教育。人口趋势，特别是劳动力规模及其变化是经济增长的长期决定因素，然而，为了理解匈牙利政府的政策，必须考虑到匈牙利的一个与众不同的特征，就是害怕国家的衰亡：这个特点在西欧和亚洲国家的语境下很少被强调。政府认为，抑制人口下降的最好办法是通过改善家庭的财务状况来促进生育。政府在其他领域的措施是改善医疗服务和改革匈牙利教育体系。显然，最后两个领域的政策是反对派批评最严厉的，也是很容易找到反对和不同意见的领域。政府2018年的政策与这三个领域相一致并非巧合。

1. 2018年人口趋势与移民

正如笔者之前对匈牙利2017年社会发展情况分析时所指出的那样，匈牙利社会面临的最大的长期挑战之一是人口老龄化和移民带来的人口减少以及经济竞争力恶化（必须强调的是，人口和移民只会部分地导致竞争力的恶化，因为还有许多其他因素，如教育质量、基础设施、税收制度及其他政策）。

因此，匈牙利政府2018年的主要社会措施是试图解决人口减少的问题，正如总理欧尔班强调的"2018年将是家庭年"。他经常强调的是，家庭和睦的社会措施是对人口减少进行必要的干预，而不是人口迁移，而经济学家建议将这种措施作为劳动力短缺的中短期解决方案。

青民盟负责社会事务的议员谢尔迈齐女士在2017年12月表示，过去6年匈牙利的生育率从1.23提高到1.49。同时，她补充说，这个结果并不是很充分，且进展缓慢。她概述了改善这个问题的三大政策原则。第一，必须减少家庭的生活费用；第二，抚养子女不能等同于贫穷；第三，要让公众明白，抚养子女必须受到重视。

2018年1月1日生效的以下措施支持上述的原则：

第一，有两个以上子女的家庭或打算拥有两个以上子女家庭的抵押贷款将被豁免，贷款豁免的数额与拥有的子女人数有关（有3个孩子减少100万福林，3个及以上孩子减少200万福林等）；

第二，学生贷款也可以被豁免，有1个孩子的学生取消贷款，有2个孩子的，贷款免除一半，有3个孩子的全部免除贷款；

第三，获得一种家庭津贴不排除使用其他的家庭津贴（财产补助金、优惠信贷、结婚税津贴等）；

第四，有2个孩子家庭的福利将在2018年提高到3.5万福林，到2019年提高到4万福林；

第五，大学毕业后10个月内生育的母亲所得的福利金从1年延长到2年；

第六，儿童保育费（GYED）将提高到最高19.32万福林，对有子女的本科生（9.6万福林）和研究生（12.635万福林）也将提供支持。

上述措施表明，匈牙利一直努力抑制人口下降过程，并通过一切手段帮助养育子女。在保护家庭领域，舆论都是支持政府的做法，但医疗和教育制度是比较具有争议性的领域。

2. 医疗保健改革

另一个重点是医疗保健。其中一个关键点是卫生保健部门的收入水平。根据匈牙利政府和工会之间的协议，2016—2019年，医疗保健人员的薪酬和工资将上涨65%。2018年11月，薪水和工资将上调8%，而且，2018年1月，住院系统和紧急医疗系统人员的薪水和工资已经上调了10%。密切相关的部门是儿童保护、儿童保健和无家可归者、老年人或残疾人服务。这些部门的薪水和工资水平在2018年也将有大幅度提高，因为工资总额将平均增至23.3万福林，与2013年相比增加了60%—62%。

学医者也可以从政府补贴中受益。医学生补贴计划始于2018年，该计划将涉及3200名医学生，补贴一直持续到2021年，该补贴将达到最高每月4万福林。在注册并完成培训计划后，医学生必须至少在使用补贴的时间内担任医务工作者。必须强调的是，很多医生移民到欧盟其他国家，这在很大程度上对医疗部门造成了很不利的影响，医务人员的数量从几年前的约900人降至2017年的400人。

与此同时，2018 年将划拨大量资金用于医疗保健基础设施。负责医疗保健的国务秘书欧诺迪—什聚奇（Ónodi-Szűcs）强调，政府在 1990 年以后制定和实施了最大的医疗保健计划。该计划于 2010 年之后开始实施，资金达到 5000 亿福林。他指出，最大的基础设施项目首先由农村发起，而医疗保健基础设施（医院、救护车等）的建设在首都及其周边地区却被忽视了。在不久的将来，新项目试图打破农村现代基础设施与布达佩斯过时基础设施之间的差距。该计划已于 2017 年启动，以布达佩斯和佩斯州为重点，预计未来 7—8 年内资金总计达到 7000 亿福林左右。从这个数额来看，2018 年将花费 300 亿福林。

3. 教育体制

匈牙利政府为其教育体系（小学、中学和高等教育）改革和现代化作出了重大努力。正如之前分析的，这些改革的基本思路是使教育系统更接近劳动力市场的需求，提高匈牙利经济的竞争力。虽然这一基本思路没有受到质疑，但实现这一目标的手段却受到媒体的批评。主要的批评是，匈牙利的教育系统资金不足，以及政府实施的改革对年轻人的思考和判断能力没有加以鼓励，有在匈牙利社会加强独裁的倾向。资金不足是一个明显的问题，因此，2018 年的教育措施显然试图缓解教育系统内的财政紧张问题。受到抨击的第二点，与前几届政府（1990—2010 年）自下而上的方式相比，本届政府采取的是自上而下的方式，是想要控制社会。控制教育领域支出是本届政府自上而下治理的结果。

2018 年在教育系统的支出将比 2017 年多出 1300 亿福林，而匈牙利在教育系统的总支出将达到 2 万亿福林。增加的支出集中在三个主要领域：一是基础设施项目，二是中小学教师的工资和薪水，三是高等教育教师的工资。

第一，2018年将继续发展基础设施建设。2018年将花费1260亿福林用于购买514所学校的设备、建筑和基础设施。

第二，高等教育国务秘书帕尔科维奇强调，2013—2018年，中小学的工资平均上涨了50%。因此，现在的教师在经过20年的工作后，平均每月可以获得约33.5万福林，而他们的薪酬在2013年之前为17.2万福林（最近一次涨工资是在2017年10月）。

第三，2018年1月1日，高等教育教师的薪酬提高了5个百分点。这是2016年开始的三阶段改革的一部分。由于该计划，2016—2018年薪酬平均提高了27%，教授级别的平均薪酬为55.4万福林。

另一个关键因素是，2017年匈牙利大学和学院可以申请欧盟资金，并且可以在未来几年使用，该基金总额达1300亿福林，由高等教育机构申请。帕尔科维奇强调，符合高等教育战略和国家工业发展目标的高等教育机构可以申请。他补充说，大约有25%的学生参加了工程和理工学院的课程，并且在未来的几年中这个比重将提高到40%。

可以看出，一方面，与家庭有关的政策和措施仍然是政府关注的焦点，这一政策的进程是不可改变的，特别是在议会选举之前，而且，这不仅是因为它们符合政府长期的社会和经济战略，还因为它们在公民中非常普及。另一方面，卫生保健和教育体制改革仍然是热门话题，不仅因为结果并不乐观，还因为政府缺乏资金，但政府在这个领域的意图似乎没有阐述明确。

八　外交关系

（一）波兰

新任总理马特乌什·莫拉维茨基（Mateusz Morawiecki）和新任外交部部长雅采克·恰普托维奇（Jacek Czaputowicz）试图揭开与欧盟关系的新篇章。在双方紧张关系持续两年之后，波兰政府与欧盟和欧盟的西方成员国（主要是德国和法国）开始了缓和。第二个重要事件是美国国务卿雷克斯·蒂勒森在华沙（2018年1月26日）的访问。这次正式访问确认了"波兰与美国之间的密切关系"。

首先，总理马特乌什·莫拉维茨基会见了欧盟委员会主席容克。波兰首先提出举行这次会面，主要是为了针对波兰法治问题进行对话。讨论的主要议题包括能源和气候政策，主要讨论天然气的发展趋势，触及了"北溪"问题。与容克的谈话还涉及防务政策，特别是在防务领域的"永久结构性合作"（PESCO）计划。正如波兰总理宣布的那样，未来合作的意图在很大程度上是趋同的，并且对数字单一市场问题给予了特别的重视。总理莫拉维茨基解释说，单一欧洲市场进一步发展经济对波兰很重要："让我提醒你们，我们80%的出口产品出口到欧盟国家。"正如波兰方面的证据所表明的那样，波兰首先把与欧盟的真正的经济合作放在首位,而波兰司法改革问题不应该成为华沙和布鲁塞尔之间关系的主题。

此外,外交部部长恰普托维奇会见了欧盟委员会第一副主席弗兰斯·蒂默曼斯(Frans Timmermans),并表示愿意继续就改革波兰司法机构的要求进行对话。正如恰普托维奇部长宣布的那样,波兰政府将就波兰的改革提供一份全面的"白皮书",有争议的问题由专家组进行讨论。蒂默曼斯副主席应邀赴波兰进行深入讨论。随后,波兰外交部部长与柏林的外交部部长举行了重要会议。在会见德国外交部部长西格马·加布里尔(Sigmar Gabrie)时,双方就欧盟的未来、英国脱欧、关于新的多年度欧盟预算的谈判、移民危机、东部政策、安全问题、能源和气候政策以及2018—2019年波兰在联合国安理会的席位问题进行了讨论。值得注意的是,波兰政府表示希望新的德国政府成立后,魏玛三角区的合作将得到延续。此外,恰普托维奇部长应德国库博基金会(Koerber-Stiftung)邀请讨论了双边关系问题。波兰方面会见了德国勃兰登堡州州长迪马特·沃伊德克(Dietmar Woidke)、德国政府德国—波兰社会间和跨边境合作协调员以及德国外交部、国防部、总理办公室官员,德国联邦议院议长和德国前长期财政部部长沃尔夫冈·朔伊布勒(Wolfgang Schäuble)以及联邦议会外交事务委员会主席诺伯特·罗特根(Norbert Röttgen)。

与德国的关系被视为波兰外交政策的优先事项,不仅是因为经济合作,而且也是因为历史原因和波兰对第二次世界大战战后补偿的左右为难。2017年9月底,在法律与正义党的倡议下,成立了一个议会小组,估算德国在第二次世界大战期间造成的损失赔偿额。根据波兰议会分析局的意见,波兰共和国有权向德意志联邦共和国提出索赔。与上述理由相反,德国联邦议院科学家团队的意见认为波兰的主张是毫无根据的。恰普托维奇部长在与德国外长西格马·加布里尔的联合新闻发布会上发言时提到了这个问题。正如波兰方面所说,关于战争赔偿的讨论将在专家一级进行。同时,他评估说,在现阶段"这不是两国政府间关系中的压舱石"。

最重要的访问是在2018年1月26日,当时美国国务卿雷克斯·蒂勒森(Rex Tillerson)访问华沙。正如美国国务卿发言人所说,这次访问是"讨论强大的美国与波兰双边关系中的一系列问题,包括全球挑战、地区安全和经济繁荣"。这次访问有两个层面:经济和政治战略。蒂勒森访问波兰时正值美国推动美国液化天然气(LNG)向中欧出口并占领俄罗斯能源供应的据点。正如恰普托维奇部长强调的那样,杜达总统和蒂尔森国务卿谈判的话题也包括能源合作在内的经济合作。波兰方面希望赢得华盛顿支持"三海"合作区域项目(波罗的海、亚得里亚海和黑海),在中欧能源安全方面较少依赖俄罗斯市场。

然而,与美国能源部门的合作不应仅理解为与俄罗斯合作的背道而驰,还应该成为未来与俄罗斯谈判时的讨价还价的手段。美国的天然气不会很便宜。冷凝、运输和恢复都将会对价格产生影响。考虑到能源供应的多样化,这可能是一个好的举措。美国的天然气在国内市场价格便宜,每千立方米的价格约为161美元。由于运输成本,欧洲自美国进口的原材料更加昂贵。结果,美国天然气的价格可以达到每千立方米约180美元。目前,俄罗斯的天然气价格每千立方米价格为185美元。2017年11月,国有的波兰石油和天然气开采公司——波兰国家石油天然气公司(PGNiG)与天然气供应商"Centrica LNG"签署了一份为期五年的美国液化天然气供应合同。

应该提到的是,与俄罗斯天然气工业股份公司(Gazprom)的合同将于 2022 年到期。波兰政府采取了所有行动，如波兰的液化天然气装置，从美国、卡塔尔或其他地区进口天然气，建设连接管道，这些也是未来与俄罗斯谈判的一个潜在因素。在这种情况下，波兰参考了立陶宛的案例：克莱佩达的液化天然气码头在与俄罗斯天然气工业股份公司的新合同谈判中发挥了至关重要的作用，最终立陶宛与俄罗斯天然气工业股份公司以降低约 20% 的价格谈判成功。

美国方面从政治角度宣称，不会要求与波兰谈论民主状况。美国国务院宣布："民主就在那里。我们将内部政策问题留给波兰人，并相信他们所寻求的任何改革都符合他们的宪法和人民的意愿。"在这种背景下，在波兰的经济利益方面，美国方面把不干涉政策放在第一位。波兰和美国共同反对"北溪2"，美国国务卿雷克斯·蒂勒森说，双方都认为这破坏了欧洲的整体安全和能源稳定性，为俄罗斯提供另一种将能源部门政治化的工具。

战略和军事合作也是双边会谈的问题。正如美国消息来源所说，美国希望波兰作为该地区的稳定者，同时也是国际关系的稳定者，北约内部以及世界各地敏感地区的稳定者。这一理论得到了波兰总统助理克日什托夫·什切尔斯基（Krzysztof Szczerski）的支持，他将波兰称为美国的负责任的伙伴，是地区局势的稳定者。波美双方军事合作不仅涉及购买军备，而且涉及在美国的支持下加强波兰的安全，有可能增加驻波兰的美军。在会议期间双方讨论了爱国者系统的问题。美国雷神公司拟出售的产品包括 208 枚爱国者先进能力－3（PAC-3）分段式增强导弹，16 架 M903 发射台，4 架 AN／MPQ-65 雷达，4 个控制站、备件、软件和相关设备。美国国会认可的整套系统的价格约为 105 亿美元。但波兰计划在整个项目上花费大约 76 亿美元，因此，美国建议的价格不可接受。

许多波兰人认为,贝阿塔·谢德沃(BeataSzydło)的诉求是由莫拉维茨基的外交和世界事务政策造成的。他是为了遏止波兰与西欧国家之间关系的恶化。一方面,缓和的必要性是因为波兰司法改革导致了争议。另一方面,新开启的缓和期主要基于这样一种假设,即在对抗西欧两年后,波兰未能获得中欧合作伙伴尤其是匈牙利的支持,如对乌克兰问题。华沙和布达佩斯之间不同利益的明显迹象是,匈牙利不会促成乌克兰—北约国防部部长级首脑会议,而更愿意支持匈牙利在扎卡帕蒂亚(乌克兰西南部的一个地区)的文化协会,并缩小乌克兰与西方一体化的可能平台。

与美国的关系将加强波兰对俄罗斯的立场,这不仅具有战略军事意义,而且还具有经济意义。未来,2022年后利用能源多元化这张牌可能会为与俄罗斯天然气工业股份公司关于能源供应的谈判创造良好条件。但处于与俄罗斯冲突的"前线",波兰需要有更复杂的外交政策,而不仅仅是"一边倒"地倒向美国。在俄罗斯、中国和美国的三角关系政治背景下应考虑与中国的关系。而下一步的问题出现了:在"16+1"的双边和多边模式中,与美国的密切关系在多大程度上影响与中国的关系?波兰、德国与中国的影响之间关系的缓和可能发挥什么作用?

(二)捷克

在2017年10月大选之后,新的少数派政府由获胜党"ANO 2011"运动组建,后者是前执政联盟的小伙伴。2018年1月,巴比什政府没有通过众议院的信任投票。"ANO 2011"运动开始新一轮政治谈判,旨在形成一个稳定的新政府。至于外交政策的优先事项,看守政府强调在欧盟内部,捷克要自信地代表自己的利益,并进一步推动捷克的经济外交。

2018年1月，巴比什总理向在捷克的外国外交官保证，捷克将"继续成为国际社会的可靠成员，并积极参与关于欧盟未来的辩论"。看起来，移民政策问题将主导这一时期的欧洲议程。捷克由于没有执行移民的再分配限额而面临欧洲法院的法律程序。捷克还将在2020年后欧盟下一个多年度财务框架的谈判中维护自身利益。

根据捷克总理的讲话，捷克应该支持西巴尔干国家融入欧盟，促进与美国和以色列的战略对话。

泽曼总统一直强调需要改善与俄罗斯和中国的经济关系，这引起了一些政党（特别是基督教民主党，KDU-ČSL）和在西方的捷克公民的担忧。泽曼总统一直支持取消欧盟对俄罗斯的制裁，他时常因为在捷克外交政策中反对倡导人权而受到批评。

预计2018年11月，捷克将参加在索非亚举行的一年一度的"16＋1"领导人峰会。保加利亚将主办第七届中国和中东欧国家政治领导人峰会。2017年布达佩斯峰会回顾了过去5年的合作，并开启了这一倡议的新阶段。保加利亚首脑会议将有可能评估进展情况，并指明下一步的合作计划。

（三）马其顿

在执政的第一年，马其顿社会民主联盟（SDSM）政府出乎意料地积极参与外交事务。新政府的核心政治宣言之一是恢复马其顿的国际声誉，并将马其顿带回欧盟和北约双重一体化的道路上。这些目标不仅是马其顿外交战略的方向，也是马其顿作为一个国家生存和成功的迫切需要。因此，总理佐兰·扎埃夫（Zoran Zaev）

八 外交关系

和外交部部长尼古拉·季米特洛夫（Nikola Dimitrov，前马其顿内部革命组织民族统一民主党的有经验的外交官）制定了紧密的外交政策议程，与来自国外的同行频繁会面，这些会议成为国家的主要新闻。其他官员，如国防部部长拉德米拉·谢克林斯卡（Radmila Shekerinska）也有明显的外交活动。这一时期，在外交领域还发生了一些更显著的事态。例如，保加利亚和马其顿之间签署睦邻友好关系协定。总体而言，马其顿政府试图在国际舞台上展现"合作"形象，这一点在西方普遍受到欢迎。马其顿积极的外交政策预计会持续下去，甚至在2018年可能会增强，尤其是在国名争端方面。然而，对于似乎是一个相当简单的外交事务，挑战也会增加。而且，到2018年，马其顿的"魅力攻势"将受到限制，因为它将面临战略挑战，同时也是国内外交往中不可避免的两极游戏。

1. 国名争端和"睦邻友好关系"

与希腊的名称争端正在成为2018年马其顿公开辩论中最主要和最核心的问题，因此不仅是马其顿外交的优先问题，而且也是其国内政治的优先问题。虽然以前的报告分析了国内关注的问题，如达成跨党派协议的可能性以及对种族内和族裔间关系的影响，但我们将重点放在外交方面。

总理佐兰·扎埃夫将继续在解决名称争端方面发挥领导作用。虽然外交部部长尼古拉·季米特洛夫不断与他的对手尼科斯·科恰斯（Nikos Kotzias）先生会面，他们两人一直在创造有利的政治气氛，但马其顿方面的重大突破原则上已由扎埃夫本人宣布（他的角色有点像一个有魅力的领导人，与前总理格鲁耶夫斯基很相似）。2018年1月在达沃斯与希腊总理亚历克西斯·齐普拉斯（Alexis Tsipras）举行的会议是推进名称问题谈判的关键一步，扎埃夫宣布了几项象征性措施（如在斯科普里和 E75 高速公路上的机场重新命名，因为两者都称为"亚历山大大帝"）作为诚信的标志。扎埃夫还利用他与萨洛尼卡市市长雅尼斯·布达利斯（Giannis Boutaris）的良好关系为解决名称问题创造了动力（例如，他们在萨洛尼卡一起庆祝除夕）。扎埃夫的这些做法同时意味着要降低在联合国主持下的正式谈判代表的作用，因为马其顿官方任命的谈判代表是副总理瓦斯科·纳乌莫夫斯基（Vasko Naumovski），而纳乌莫夫斯基是马其顿内部革命组织民族统一民主党成员，坚持不妥协路线，扎埃夫自己和政府已经远离纳乌莫夫斯基。

然而，马其顿外交的实现空间和外交努力成功的可能性仍然有限，因为在马其顿和希腊，国名问题被认为是一个有争议的身份问题，不仅是政党，而且在塑造国家地位问题上，基层的动员在这一过程中发挥了作用。由于大多数希腊公众对齐普拉斯政府施加压力，扎埃夫将面临希腊不妥协的立场；而在国内，他将不得不试探已经不满的大多数马其顿人的耐心极限。扎埃夫的主要挑战是将谈判只限于国家的名字这个狭窄的区域，抵制希腊通过谈判改变马其顿语言的名称和马其顿民族的名称的压力。到目前为止，扎埃夫似乎不清楚谈判的范围究竟是什么。

然而，国名争端并非孤立发生，外部因素也会对马其顿政府提出挑战。一方面，扎埃夫将于 2018 年与土耳其建立更密切的关系，这是一个挑战，因为希腊与土耳其之间存在争端以及马其顿与土耳其历史上也有复杂的关系。另一方面，试图解决国名问题的最新的压力越来越大，这些压力来自西欧和美国，他们需要解决方案。在希腊，这被认为是国际金融危机以来希腊国际耻辱的延续，从而更加激怒了那些反对任何妥协的人。

然而，2018 年也为马其顿提供了一个机会，不仅要处理标志或身份政治，而且还要寻求全面改善与希腊关系的战略。这可能包括改善经济合作，改善整体的连通和加强人与人之间的联系。重要的是，希腊是区域倡议的一部分，这些倡议旨在改善区域合作和推动区域一体化，这也为马其顿创造了机会。

除了与希腊的关系，2018年，马其顿预计将继续与周边其他国家发展"睦邻友好"关系。虽然与塞尔维亚的关系仍不明朗，但马其顿已暗示与阿尔巴尼亚，特别是保加利亚建立强大的双边。2018年保加利亚担任欧盟轮值主席国的事实为马其顿政府争取保加利亚支持马加入欧盟的行动提供了动力。

2. 战略问题

马其顿社会民主联盟政府对其战略目标相当清楚，其战略可以简化为尽可能快地使用各种手段加入欧盟和北约，这是其外交政策的优先战略，没有别的战略选择。加入这两个组织，成为两个组织的成员，这样的身份本身被描绘为一个目标，这是马其顿作为一个国家生存的条件，对于马其顿成为两个组织的成员国后会发生什么没有太多的讨论。在国际舞台上的所有其他活动主要围绕双重一体化来定位。

2018年，马其顿政府将继续采取积极主动的"魅力攻势"方式，依靠与欧盟和北约官员以及代表举行的多次高级别会议，并将使公共外交（在活动资源有限的范围内）发挥显著作用。在这个过程中，马其顿社会民主联盟领导的政府可能仍然处于不太重要的从属地位，它只会重申并遵循权力中心提供的指导方针，而不会向任何人提出任何要求。从这个意义上讲，马其顿外交的主要目标是软性游说，没有任何国家利益的主张和进行重大谈判的企图。

对双重一体化的坚定承诺可能会使马其顿在全球环境中形成更

广泛的世界观。在这个过程中,马其顿不会阐述关于全球政治的权威战略,而反映的是西方的霸权主义战略,并把自己定位为欧盟和美国(特别是后者)的忠实盟友。虽然其实际贡献微乎其微,但马其顿在某些情况下可以成为有用的盟友。例如,历史上,作为申请加入北约战略的一部分,马其顿社会民主联盟和马其顿内部革命组织民族统一民主党政府一直并一致支持美国的外交政策战略,其中包括马其顿向阿富汗和伊拉克派兵;2017年,总理扎耶夫在联合国大会上斥责朝鲜,事先并没有就此问题进行辩论或申明其政策立场。

此外,马其顿社会民主联盟领导的政府在反映西方战略时特别活跃,以应对俄罗斯正在出现的威胁,甚至严格监控塞尔维亚在该地区的影响力(因为塞尔维亚政府被认为有一定的亲俄倾向)。从这个意义上说,这种情况可能会在与中国的关系中出现,因为美国的决策者和(在一定程度上)欧盟的决策者已经开始将中国作为对西方主导的世界秩序和西方制度构成挑战的成员之一。然而,随着2018年成为西方冷战全新延续的一年,可以肯定的是,这在一定程度上也反映在马其顿的外交政策中,尽管对于一个规模很小的国家来说,更加明智的做法应该是采取更为温和的方式。

但是,马其顿将受到全球格局变化的考验。马其顿在2018年面临的最大战略挑战将是对土耳其的定位以及中东冲突的潜在升级。直到最近,土耳其原则上与美国保持一致。但是,随着叙利亚最近的事态发展,土耳其与美国似乎正在逐渐分离。马其顿过去是双方的"全天候"盟友(扎埃夫特别倾向土耳其)。然而,一旦双方不再在同一战线上,那么,马其顿可能将作出选择。

3. 经济外交

经济仍然是马其顿外交的第二要素,因此,2018年经济不会成为焦点。尽管吸引外国直接投资被视为马其顿社会民主联盟经济战略的支柱之一，但迄今为止还没有整体的或针对性的方法。一个重要的新奇之处在于，在扎埃夫的领导下，马其顿政府越来越多地追随世界著名品牌（如谷歌或脸书），与追求政治的、强大的商人格鲁埃夫斯基政府不同。但是，没有明确的迹象表明，其中一些公司将在2018年对马其顿进行大规模的投资。

除了游说世界知名公司之外，与中国的关系也属于经济外交范畴。这是马其顿政府没有显示出热情或开展亲近活动的一个领域。虽然马其顿将继续发展与中国的关系，但态度不会改变，换句话说，主动性可能主要来自中方。对马其顿来说，重要的考验之一是2016年的尝试失败后组织"16＋1"高级智库研讨会。

与土耳其的关系也属于经济外交范畴。除土耳其之外，有传言称马其顿想在海湾国家获得经济利益。尽管在一定程度上土耳其自身经济仍有问题，但土耳其的投资可能会继续增加。亚洲另一位新生力量是日本。日本于2017年在马其顿开设了大使馆，2018年年初，日本首相安倍访问了巴尔干一些国家，呼吁在基础设施等领域加强日本与巴尔干地区的合作。2018年依然没有明确迹象表明日本对马其顿有任何投资，然而，相互的联系应该加强。

4. 舆论

到目前为止，政府认为其大多数外交政策立场是有道理的，政府认为它不是追求正确的道路，而是追求可能的唯一道路，同时谴责任何试图挑战马其顿国家利益的企图。迄今为止，这种对外交政策过分简单化的做法取得了成功，因为一直以来，马其顿外交政策的水平并不很高，没有受到专家或广大公众的实质审查和监督。但是，由于马其顿的外交将在2018年保持积极的态度，外交政策也会在国内事务上占据更重要的位置，政府将不得不更加努力地宣传其外交政策，同时也要就所有外交政策问题达成国内共识。

在这个过程中，马其顿社会民主联盟政府或许可以依靠党内对主要问题的共识，使工作变得更加容易。对于加入欧盟和北约而言，最重要的是对国名争议的批评。尽管如此，马其顿内部革命组织民族统一民主党似乎对这一问题保持相当保留的态度，并在此过程中对马其顿社会民主联盟给予了有限的支持。也许，这是马其顿内部革命组织民族统一民主党试图修复与西方关系的结果，因此也反映了马其顿社会民主联盟的亲西方热情，尽管传闻称马其顿内部革命组织民族统一民主党最近的态度发生变化，这是对马其顿内部革命组织民族统一民主党许多官员在腐败指控中争取更好的待遇进行权衡的结果。马其顿社会民主联盟可以得到最大的阿尔巴尼亚族党派——阿尔巴尼亚族融合民主联盟（DUI）的全力支持，使马其顿社会民主联盟在关键问题上采取更迅速的行动。迄今为止，唯一的反对派来自联合左翼（左派），他们持反对帝国主义和反对军国主义的观点，因此，反对加入北约组织，并基于法律论据和国家自决权的理由，反对任何国家名称的变更。超越政党政治的公众意见仍然存在分歧，这也许是政府对外政策立场可能受到挑战的政治舞台，尽管不大可能出现来自基层的挑战。

2018年的未知情况主要是政府是否允许就马其顿加入北约进行全民公投。根据宪法，任何参加军事联盟的动议只能在全民投票后执行。然而，马其顿社会民主联盟官员在这个问题上含糊不清，虽然没有质疑举行全民公投的重要性，但他们认为北约不是军事同盟，而是一个国际组织，不需要进行全民公投。然而，马其顿社会民主联盟领导的政府对加入北约举行全民公投的不确定性和犹豫不决表明，即使主要政党同意，要想达成全社会共识，也许并不像看起来那么容易。当然，如果关于加入北约的全民公投变成关于或涉及国名变更的全民公投，这一投票有可能导致马其顿公众的极端分化，那么，事态的发展可能会变得特别复杂。

（四）罗马尼亚

罗马尼亚外交政策的主线是建立在与美国和北约成员国的战略伙伴关系以及欧洲一体化的基础之上。预计2018年也不会改变这三个主要方向，因为罗马尼亚总统克劳斯·约翰尼斯（Klaus Iohannis）在最近发表的讲话中提到了相同的罗马尼亚外交政策，以确保罗马尼亚对外政策的可预测性。在动荡和具有挑战性的外部环境中，罗马尼亚的目标被视为安全和稳定的支柱和提供者，并在过去的几年中进一步加强了其所承担的立场。

1. 从欧洲视角看罗马尼亚未来的对外关系

作为欧盟成员国，罗马尼亚所承担的战略义务是加强其作为欧盟东部支柱的角色，以巩固由德国和法国"核心"领导的更深层次的一体化，并避免在过去几年，欧洲怀疑主义及其他民族主义在一些欧盟成员国所造成的动荡。罗马尼亚的主要目标之一是提高其在欧盟的作用和效率。

（1）申根区与欧盟合作与核查机制（MCV）

罗马尼亚设想了几项需要经过几年的努力达成的战略目标，其中最主要的就是加入申根区和欧元区。

如果加入申根区的目标最终将允许取消边界管制，那么对于罗马尼亚来说，2018年可能是重要的一年。罗马尼亚已经完成了技术要求，但由于涉及边境管制能力和腐败问题，它尚未获得所有欧盟成员国的共识。2017年年底，与加入申根区密切相关的积极信号出现，但尚未达成一个明确的结论，这可能取决于与内部政策领域司法相关的一系列问题。

此外，罗马尼亚仍处于欧盟合作与核查机制（CVM）框架之内，根据欧洲的指导原则推动司法改革的最终完成。在2017年年中，欧盟委员会主席容克提出，在罗马尼亚担任欧盟理事会主席之前结束欧盟合作与核查机制监督，这一提法非常乐观。但这个目标目前还很难实现，因为司法的变化已经引起了欧盟各方的无数批评。

（2）加入欧元区

欧元的采用是罗马尼亚融入欧盟的进一步举措，因为通过加入欧元区，就可以利用成员国的各种机会。罗马尼亚计划2019年加入欧元区，2015年夏季，罗马尼亚已经完成了马斯特里赫特标准所规定的所有与名义汇率有关的要求。由于捷克、波兰和匈牙利加入单一货币的态度相似，罗马尼亚放弃了计划日期，特别是发现罗马尼亚与欧盟之间发展水平仍然存在很大的差距。罗马尼亚的人均国内生产总值定位在欧盟平均水平的60%，但各地区的差别很大。由于自2015年以来，罗马尼亚与名义汇率有关的指标恶化，因此其加入欧元区的计划日期推迟到2023年。时间的限制又向后推移，使得罗马尼亚加入欧洲货币联盟的目标有可能变得越来越遥远。保加利亚2018年宣布加入汇率机制的意愿，以便在两年后采用单一货币。罗马尼亚目前的主要风险与五个趋同标准中的三个相关：不符合预算赤字要求、长期利率和通货膨胀的目标。

（3）欧洲理事会轮值主席国

自2019年1月1日起，罗马尼亚将在加入欧盟12年后首次接任6个月的欧盟理事会轮值主席国的任期。罗马尼亚是包括芬兰和克罗地亚在内的3个轮值主席国的一部分，将主持欧洲理事会在布鲁塞尔举行的会议、欧盟成员国常驻代表委员会（COREPER）的会议和约200个其他工作组的会议。

正如之前已经提到的那样，这意味着罗马尼亚在外交上面临挑战，要进行艰难的准备，罗马尼亚必须处理欧洲层面的复杂问题，其中包括未来财务框架的谈判。罗马尼亚将在欧盟建设中发挥重要作用，并且必须通过合格的人力资源、明智的外交和确定的目标来承担这一责任。罗马尼亚将主持2019年欧洲理事会首脑会议，该会议将在锡比乌举行，因此还需要后勤准备。

（4）其他利益相关领域

"三海连接倡议"是2016年夏季启动的中东欧国家新的合作形式，它是一种经济合作倡议。"三海连接倡议"峰会汇聚了来自12个中欧和东欧国家，三海地区——亚得里亚海、波罗的海和黑海（奥地利、保加利亚、克罗地亚、捷克、爱沙尼亚、拉脱维亚、立陶宛、波兰、罗马尼亚、斯洛伐克、斯洛文尼亚和匈牙利）的国家元首和代表。"三海连接倡议"的启动旨在为这些国家在能源、交通、电信和环境保护等领域加强合作和互联提供政治支持。该项目也得到美国的认可。

2018年首脑会议将在布加勒斯特举行，这对罗马尼亚有重要的利益。在确定的主要目标中，已经设想了几种实际的方法：选择若干项目促进南北互连，组织第一次商业论坛和商会网络，吸引美国在该地区更强的经济参与。

罗马尼亚还设想在2018年发展与法国、德国、波兰和意大利的战略关系，并继续致力于支持摩尔多瓦走上欧洲价值观和标准的道路，落实两国签署的促进摩尔多瓦共和国欧洲一体化战略伙伴关系文件。

2018年罗马尼亚外交面临压力,罗马尼亚通过举办100周年活动对外树立罗马尼亚的良好形象,不鼓励任何形式的民族主义倾向,并防止不再属于罗马尼亚的地区出现民族主义倾向。

这些主要方向得到罗马尼亚商会的支持,该商会将在2018年开展一系列对外经济往来,而负责的部门将组织参加国际展会和展览。例如,在2018年上半年,已计划在埃及、中国和白俄罗斯组织若干经济活动。

2. 罗马尼亚与美国和北约的关系

2017年,通过两国战略伙伴关系的重新启动和深化,罗马尼亚在与美国的关系方面获得了丰富的成果,美国再次确认其对该地区安全的承诺。罗马尼亚希望加强2017年两国友好关系的成果。这一合作意味着两国政治和军事领域的合作得到加强。在这方面,罗马尼亚将继续拨出其国内生产总值的2%用于防务。另一个重点是发展两国的贸易和投资关系。

罗马尼亚表明其打算成为北约可靠的合作伙伴,并且完全参与维持其最强大有效的集体防务联盟的地位。在这方面,罗马尼亚支持并促进美国和欧盟之间的合作,以确保所需的一致性和凝聚力。罗马尼亚支持北约在打击恐怖主义方面所发挥的作用,包括加强南方伙伴对付恐怖主义的能力。

在这方面,2018年布加勒斯特将在安全领域举办重大活动。这项名为"布加勒斯特模式"的活动是由罗马尼亚和波兰于2015年发起的一项倡议,它将北约成员集中在中欧和东欧的东部地区,以便在地区安全领域采取共同行动。这是一个进一步发展同盟国之间磋商的机会,以促进有关各方确保从波罗的海到黑海的安全、稳定和繁荣的共同方针,有利于欧洲与大西洋的联盟。2018年的活动将在华沙举行,其主要目标是为7月的峰会做好准备,加强北约在欧洲东部成员国的安全。

关于欧盟的安全问题，罗马尼亚安全和防务领域的重点是自成立以来就是其中的一部分的防务领域"永久结构性合作"（PESCO）。罗马尼亚在推动完成西巴尔干地区融入欧盟和北约方面也发挥了作用。罗马尼亚同样致力于参与并继续完成保加利亚担任欧洲理事会轮值主席国时的优先任务。

（五）塞尔维亚

未来一年，塞尔维亚外交政策的所谓支柱之间的差距会越来越大。根据塞尔维亚外交部部长伊维察·达契奇（Ivica Dacic）的说法，塞尔维亚共和国确定了2018年关键的外交政策优先事项：为维护其领土完整和主权进行原则斗争，继续与欧盟进行谈判，发展睦邻友好关系，与世界主要国家的经济建立更加紧密的联系以及军事中立。为了实现这些目标，2018年，塞尔维亚将更少地依赖西方外交政策的"支柱"，并将更多地依赖与俄罗斯和中国的合作。

关于科索沃问题，也将在2018年继续成为塞尔维亚外交政策的焦点问题。塞尔维亚总统亚历山大·武契奇宣布他将在2018年3月提出解决科索沃地位问题的提案。如果发生这种情况，塞尔维亚方面肯定不会提出一个最终或全面解决科索沃问题的计划。更可能的是，这只是提出了许多相互让步的建议，未来可以为双方都能接受的潜在解决方案创造结构条件。2017年，塞尔维亚领导了一场成功的外交斗争，以防止在众多国际组织中加入所谓的"科索沃"。2017年，塞尔维亚设法阻止"科索沃"成为教科文组织和国际刑警组织的成员，并且特别致力于挑战"科索沃"加入世界海关组织（WCO），在该组织中，这个自称为国家的地区地位仍然是冻结的。2017年，国际承认单方面宣布独立的"科索沃"的进程已经放缓，两个国家也撤回了先前宣布的承认（苏里南和几内亚比绍）。因此，我们可以期待，塞尔维亚今后会就"科索沃"问题向某些国际组织提出更多的可能性，但作为对充分执行"建立塞尔维亚自治省的协定"的回应，根据联合国安理会第1244号决议，保留驻科索沃维和部队以及针对科索沃解放军罪行的特别法庭继续不间断地工作。如果不能达成这样的协议，塞尔维亚将继续进行外交攻势，并继续阻止所谓的"科索沃"进入上述国际组织（教科文组织、世界海关组织和国际刑警组织）以及阻止"科索沃"宣布2018年寻求得到某些组织的承认（如欧洲理事会）。

塞尔维亚与欧盟之间的关系将持续在第35章的阴影下，这要求贝尔格莱德和普里什蒂纳之间的关系全面正常化。欧盟委员会主席容克最近发表声明说，塞尔维亚可能在2025年成为欧盟成员国，这给了塞尔维亚更多的希望，即与塞尔维亚的入盟谈判在2023年完成，随后于2024年签署加入条约并在2025年年底之前由成员国批准。为了使所提交的入盟计划得以顺利实施，欧盟委员会要求贝尔格莱德和普里什蒂纳之间的对话取得重大进展。因此，预计2018年塞尔维亚将继续支持"科索沃"参与区域合作委员会（RCC），东南欧合作进程（SEECP）等区域合作倡议和区域移民、庇护和难民倡议（MARRI）。

2018年，塞尔维亚将开启至少4个新的章节，即关于统计的第18章，关于财务和预算拨款的第33章，关于金融服务的第9章和关于渔业的第13章。关于第31章（共同外交、国防和安全政策），塞尔维亚尚未收到审查报告，尽管对第31章的审查在2015

年已完成。随着《西巴尔干：入盟前景可信，加强与欧盟联系》的新扩大战略（2018年2月6日）的宣布，预计2018年将是该战略能够看到希望的一年，但可以肯定的是，将根据新的区域发展情况对其进行修订和补充。与此同时，塞尔维亚将继续通过参与欧盟军事和警察维和行动，表现出对共同外交和安全政策的承诺，加强自身参与维和行动的能力，合作打击恐怖主义，并与欧盟协调难民问题。

为此，塞尔维亚将继续修订其在安全和防务领域的战略文件，以欧盟全球战略及其他欧盟战略文件为指导。然而，有理由担心，欧盟委员会要求塞尔维亚向俄罗斯实施制裁的要求可能会影响到第31章的谈判，正如美国负责欧洲和欧亚事务的助理国务卿霍伊特·布莱恩·易（Hoyt Brian Yee）2017年的声明所指出的那样（关于塞尔维亚无力"坐两把椅子"以及选择欧洲一体化而不是与俄罗斯合作的必要性）。塞尔维亚在这个话题上的立场是明确的：塞尔维亚是要与欧盟外交政策逐步接轨的，但全面采取欧盟的外交政策立场并不是塞尔维亚成为欧盟正式成员国的承诺。因此，要求塞尔维亚实施对俄罗斯的制裁不是一个可以接受的选择，塞政府不会接受来自布鲁塞尔或任何欧盟成员国的这种压力。

塞尔维亚方面需要保留来自俄罗斯的支持，防止"科索沃"自称独立在国际上合法化，因此，今后与俄罗斯的合作将继续是"有色的"，特别是2017年，"科索沃解放军"领导人哈希姆·塔奇（Hashim Thaci）提出倡议，美国应该加强参与贝尔格莱德和普里什蒂纳关系正常化的对话，塞尔维亚总统亚历山大·武契奇反对说，在这种情况下，塞尔维亚也可以要求俄罗斯也参与这个谈判过程。由于谈判形式的改变必须在得到塞尔维亚同意的情况下才有可能，因此，如果美国（潜在的）对解决科索沃问题进行强烈的干预，俄罗斯将不可避免地作出反应，也会进行干扰。在武契奇于 2017 年 12 月底访问莫斯科之后，很明显，塞尔维亚可以依靠这种帮助，塞尔维亚在与西方支持科索沃独立的"扑克游戏"中有着强大的讨价还价的"牌"。因此，哈希姆·塔奇表示科索沃可以成为"全球所有国家都参与的新的叙利亚"的恐惧很容易成为新的区域现实。武契奇 2017 年 10 月在贝尔格莱德报纸"Novosti"上发表的声明中表示，塞尔维亚关于解决科索沃问题的提案将考虑到塞尔维亚人和阿尔巴尼亚人的利益，但也将尊重美国、俄罗斯、中国和欧盟的意见。

塞尔维亚与中国的合作将继续加强，塞尔维亚将继续成为"16 + 1"倡议下巴尔干地区的枢纽。通过维护各级对话，塞尔维亚与中国的全面战略伙伴关系将得到进一步发展。塞尔维亚官方将寻求继续吸引中国投资者，这些投资者在过去几年已经成为塞尔维亚领先的基础设施承包商。日本首相安倍晋三最近对贝尔格莱德的访问也标志着塞尔维亚与日本之间经济合作的加强，但这种合作仍然较为温和，并将继续处于塞尔维亚与中国的"一带一路"倡议下合作的巨大优势的阴影之下。

2018 年，塞尔维亚将加强与另一个非常重要的国家——土耳其的合作，土耳其在过去一年中对巴尔干地区的影响大大增强。武契奇总统对土耳其总统埃尔多安最近的访问是这两位领导人 2017 年的第三次会晤，两国关系正在加速发展。埃尔多安与武契奇之间关于地区利益的相同观点和基于良好个人关系的默契已成为促进两国合作的基础。预计塞尔维亚和土耳其将在两个关键的区域项目上合作：贝尔格莱德—萨拉热窝高速公路和土耳其河流管道塞尔维亚部分的建设。由于这些项目的实现需要高度的地区稳定性，土耳其将有助于平息在波斯尼亚和塞尔维亚（桑贾克）

的塞尔维亚人和波斯尼亚人之间的种族和宗教紧张关系。在这种情况下,本次在伊斯坦布尔召开的会议上,波黑主席团成员和波黑穆斯林民主行动党(SDA)领导人巴克·伊泽特贝戈维奇(Bakh Izetbegovic)的出席是完全可以理解的。在巴克·伊泽特贝戈维奇于2017年11月声明他认为波黑应该承认科索沃,并且他对桑贾克的波斯尼亚人的地位不满意之后,塞尔维亚期待土耳其迫使他放弃这种言辞。在土耳其总统访问贝尔格莱德(签署15个州际协议)和新帕扎尔时,埃尔多安敦促桑贾克的波斯尼亚人支持亚历山大·武契奇担任总统,并指出,为了他们的未来和繁荣应与塞尔维亚人建立和平与合作关系。另一方面,武契奇承诺将尽可能吸引更多的土耳其投资者到塞尔维亚投资,强调在塞尔维亚欠发达地区中人口最多、失业率最高的桑贾克将从这两个国家签订的项目中受益匪浅。

这样的地区发展,特别是中国日益高速的发展、俄罗斯在塞尔维亚的影响力的提高以及塞尔维亚与土耳其的和解,引发了美国对塞尔维亚及其外交政策的更大关注,所以,在2018年,塞尔维亚应该期待美国尝试在该地区扮演更积极的角色。预计(目前)这种更大的参与将比"实际"更加口头化,美国政府将认真审视该地区进一步的发展,以及塞尔维亚为争取影响力而拉拢美国的欧洲盟友。对于塞尔维亚与北约的关系,塞尔维亚仍然致力于军事中立政策,但这不会成为塞尔维亚高度重视的北约"和平伙伴关系"框架合作的障碍。

(六)斯洛伐克

自从加入欧盟和北约以来,斯洛伐克外交政策和对外关系的性质从长远来看可以认为是不变的和持续的。斯洛伐克政治逐步适应超越自我的新挑战和利益，该国的对外参与反映了本国的利益追求以及欧盟和北约的区域和战略需求。据此，斯洛伐克2018年的对外关系也是遵循这一趋势而继续发展的。

首先，欧洲政策是斯洛伐克的主要优先事项之一。考虑到英国脱欧后的形势以及欧洲人对欧盟不断增加的怀疑态度，斯洛伐克既面临着一些挑战，也有一定的机会来塑造欧盟内部的环境。其次，斯洛伐克对外关系战略的制定将针对当前世界面临的重点安全和政治问题，因此，斯洛伐克当局也有可能在2018年就具体的全球问题制定其立场，并努力通过斯洛伐克的国际和地区合作伙伴以及盟国积极推动某些解决方案。最后，重点强调斯洛伐克2018年的展望及其对外关系，这方面的重点应该放在斯洛伐克的经济利益和经济外交上。考虑到该国的国家经济利益，2018年将努力促进有吸引力的外国投资，注重斯洛伐克在国际市场上的贸易选择以及积极参与国际各类经济平台。斯洛伐克的对外经济关系中的能源政策，是斯洛伐克对外参与最重要的部分之一。

1. 斯洛伐克将来能否成为欧盟中心，或者成为黑羊

斯洛伐克对欧盟的外交政策有两个主要方面。一方面，斯洛伐克的重大关切在于与欧盟主要行为体（主要是德国和法国）以及整个欧洲联盟要始终保持富有成效和积极的关系。另一方面，斯洛伐克在欧盟的参与度因其参加了中欧地区组织维谢格拉德集团，在很大程度上受维谢格拉德集团的政治影响。

2018年斯洛伐克外交预期的发展将继续面临两个焦点问题：欧盟与英国之间的脱欧谈判背景下脆弱的欧洲环境以及受当前移民危机影响的不稳定和紧张局势。尽管该国在英国脱欧谈判中不能也不会发挥任何重要作用，但英国居住着大量斯洛伐克人，这

影响了斯洛伐克对未来欧盟与英国关系的态度。2017年下半年，菲佐总理表示英国不会从谈判中受益，相反，英国需要向居住在英国的欧盟居民提供充分的保证①。这一事实如在今后没有任何改变，人们可以得出结论，2018年，斯洛伐克对英国和英国脱欧的态度也将保持不变，并且政府将继续推动为未来的利益而向居住在英国的斯洛伐克和其他欧盟公民提供福利。

斯洛伐克与欧盟的关系中的另一个重要问题与当前的移民危机和斯洛伐克反对欧盟移民政策有关。从2016年至今，政府的立场保持不变，即拒绝欧盟的配额政策，并要求欧盟制定替代计划。由于斯洛伐克的态度受到其他欧盟成员的批评，这种拒绝态度已成为斯洛伐克与欧盟的伙伴关系中最明显的障碍之一。虽然这个问题很可能不会在2018年主导斯洛伐克与欧盟之间的关系，但我们不能忘记，难以预料的移民危机仍然影响着斯洛伐克与欧盟的关系。

2017年，德国和法国同意为有意于进一步加强欧洲一体化的欧盟国家创建一个"子平台"。随后，斯洛伐克政府宣布对这一想法非常感兴趣，并希望成为欧盟核心国家，而不是属于"持疑欧态度的东欧集团"②。毫无疑问，斯洛伐克希望与欧盟建立更好和更强大的关系。考虑到斯洛伐克对移民危机的立场，这一举措是非常务实的，斯洛伐克与欧盟的关系越好，就越具优势，选择空间就越大。然而，斯洛伐克会发现，接近欧盟核心，似乎与维谢

---

① Liam Doyle, "Brexit should NOT be a UK victory! Slovakia PM says leaving CANNOT be tilted for Britain", Express, 24 October 2017, https://www.express.co.uk/news/world/870518/Slovak-PM-Robert-Fico-Brexit-can-t-be-a-victory-for-the-UK-brussels-summit.

② Tatiana Jancarikova, "Slovakia's future is with core EU, not eurosceptic eastern nations: PM", Reuters, 15 August 2017, https://www.reuters.com/article/us-slovakia-politics-eu/slovakias-future-is-with-core-eu-not-eurosceptic-eastern-nations-pm-idUSKCN1AV1YY.

格拉德集团达成合作更加困难,因为欧盟成员国之间的合作是基于对某些欧盟政策的"相互批评"。

2. 斯洛伐克处在不稳定的国际舞台

尽管斯洛伐克缺乏重要的全球和区域影响力,但该国将重点放在与斯洛伐克国家利益有关的某些问题上。根据斯洛伐克的国家利益以及当今国际形势的性质,2018年,斯洛伐克仍将继续前几年外交的发展模式。乌克兰、朝鲜半岛和叙利亚的局势也是引起斯洛伐克关注的问题。

斯洛伐克对乌克兰问题的关注有几种解释。首先,斯洛伐克的地理位置与乌克兰比较接近。此外,由于目前乌克兰危机导致出现的大量安全和政治威胁[1],且乌克兰局势仍然没有达到和平状态,因此这一地区利益应保持不变。但是,不能忘记斯洛伐克是北约成员国,北约在该国具有重要作用,同时北约也为斯洛伐克提供了各种机会,通过北约最有影响力的成员国(主要是美国)保证斯洛伐克维持了其国家安全利益。关于目前叙利亚和朝鲜半岛的危机,斯洛伐克此前已经表达过立场。因此,预计2018年斯洛伐克仍将采取类似的做法。此外,考虑到叙利亚危机导致大量难民涌入欧洲,因此,叙利亚危机对斯洛伐克具有很大意义。

3. 斯洛伐克的经济外交

斯洛伐克的经济利益和经济外交是斯洛伐克对外经济活动努力的重点。斯洛伐克所追求的有两大利益——吸引大量的外国投资和确保斯洛伐克能源需求。这一发展态势在2018年将保持不变。

斯洛伐克经济主要集中在机械和汽车生产。然而,其不断增长

---

[1] Balázs Jarábik, "Slovakia: A Small Neighbor With a Big Concern", Carnegie Endowment for International Peace, April 1, 2016, http://carnegieendowment.org/2016/04/01/slovakia-small-neighbor-with-big-concern-pub-63210.

的产出面临着巨大的能源需求[①]。由于能源部门在斯洛伐克经济中起着重要作用，因此，斯洛伐克外交政策的重大利益在于维持与关键的外国能源提供者之间的良好关系。同样重要的是，还要找到更多的选择，以满足日益增长的能源消耗。显然，斯洛伐克参与欧盟事务，其重要目标是维持能源政策在国家经济中发挥的重要作用。

如果斯洛伐克2018年吸引更多的外国投资，那它必须还要对潜在投资者更具吸引力，并且需要在这方面与主要的外国行为体保持富有成效的关系。中国就是一个例子。斯洛伐克当局已经表达了他们对中国"一带一路"倡议的兴趣。尽管许多专家和经济学家始终对这种可能性存在怀疑，但斯洛伐克官员们从"一带一路"倡议中或多或少地发现了各种外交机会。

4. 结论

总而言之，2018年斯洛伐克的对外关系不会有任何显著变化。目前政府的任务已于2016年开始逐步实行，因此，不太可能发生影响斯洛伐克外交政策的任何重大政治变革。

关于该国的欧洲政策，政府最近宣布斯洛伐克一直是欧盟核心的一部分，不希望被视为疑欧国家。因此，斯洛伐克显然会加强其在欧洲的参与。然而，仍有一些障碍与斯洛伐克这种欧盟的野心相冲突。

谈到斯洛伐克参与一些更为重大的国际事务时，任何有关的行动都是不可预料的，因为斯洛伐克缺乏足够的政治、经济或军事能力。但另一方面，斯洛伐克在具体的全球问题上表达立场时从

---

① Tomáš Madleňák, "Innovation of Energy Sector in Slovakia: high hopes without strategy?", Central European Day of Energy, 11 December 2017, https：//www.ceep.be/www/wp-content/uploads/2018/01/Innovation-of-Energy-Sector-in-Slovakia_ CEDE2017.pdf.

未犹豫过。

最后,在经济方面,斯洛伐克将继续吸引大量的外国投资并确保其能源部门的需求。如果斯洛伐克取得成功,它必须与世界上各种关键力量保持良好关系,并在该地区的主要经济行为体之间寻找生产性合作伙伴。

(七)斯洛文尼亚

2017年年底和2018年新年伊始,斯洛文尼亚面临几个外交政策问题。最值得注意的一个是,与邻国克罗地亚尚未解决的关于执行仲裁法院海上边界裁决的事件。然而,在过去几天,又出现了另一个问题,这也可能带来长期的后果。外交部部长提议议会最终通过承认巴勒斯坦国的决定。政府和议会仍在就这个问题进行辩论,还有一些来自国外的关键因素试图影响这一决定。承认巴勒斯坦国的决定可能会使斯洛文尼亚制定更广泛的外交政策,其影响超出了巴勒斯坦问题。

1. 历史回顾

1991年独立后,斯洛文尼亚不得不重新审视其与以色列的关系及其在巴勒斯坦问题上的立场。在前南斯拉夫社会主义联邦共和国时期,斯洛文尼亚就对巴勒斯坦问题予以积极关注。在联合国大会制定181(Ⅱ)的决议时,南斯拉夫与印度和伊朗一道积极推动巴勒斯坦联邦的模式。这三个国家最终决定在1947年11月的最后程序中投了不同的票,伊朗和印度投了反对票,而南斯拉夫则投了弃权票。尽管有反对意见,1948年5月在南斯拉夫发表宣言几天之后正式承认以色列国。苏伊士危机之后,铁托与纳赛尔之间的关系变得更加强大,南斯拉夫与以色列的关系更加危急,直到1967年6月的战争之后，双边的官方关系正式结束。同时，在此期间，不结盟运动的框架已经形成，这决定了作为成员国的南斯拉夫与埃及联合强烈反对以色列在中东地区的行动。南斯拉夫还在1974年11月投票赞成联合国大会第3236号决议，该决议申明巴勒斯坦人民有权在巴勒斯坦实现自决、民族独立和主权。此外，1988年11月《巴勒斯坦独立宣言》发布，正式宣布建立巴勒斯坦国，南斯拉夫也予以支持。

2. 1991年后在巴勒斯坦问题上斯洛文尼亚的立场

在南斯拉夫解体后，前南斯拉夫各国在与巴勒斯坦的关系问题上采取了不同的道路。塞尔维亚从南斯拉夫分离后马上就开始承认巴勒斯坦，当时它是"南斯拉夫"这个名称的继承者，而黑山在2006年独立于该国之后，也重新确认了对巴勒斯坦的承认。波斯尼亚和黑塞哥维那于1992年承认巴勒斯坦。斯洛文尼亚、克罗地亚和马其顿没有这样做，尽管斯洛文尼亚和克罗地亚已经声明支持巴勒斯坦的要求。但是，在1993年奥斯陆协定之后，斯洛文尼亚在拉马拉建立了外交代表办事处。

2012年11月，在联合国大会通过第181（Ⅱ）号决议65周年时，通过了第67/19号决议，旨在将巴勒斯坦提升为联合国的非成员观察员国。这是各国在巴勒斯坦问题立场的重要里程碑。这次投票是在以色列对加沙进攻之后发生的，这件事使欧盟分为三组。在所有欧盟成员国中，只有捷克是反对该决议的9个国家之一。其他欧盟成员在对联合国决议投赞成票和投弃权票的两组中几乎平分秋色。斯洛文尼亚当时是由斯洛文尼亚民主党（SDS）领导的右翼政府，在就此问题进行简单的政治辩论后投了弃权票。一些非政府组织呼吁向时任总统达尼洛·蒂尔克（Danilo Türk）发出一封公开信，并提出请愿。由于这次投票导致反政府集会而使政府陷入严重危机,因此,媒体对这个问题的关注很快就消失了。

2014年秋季新的联合政府掌权后,在瑞典于10月30日决定承认巴勒斯坦之后,左翼联盟(ZL)再次提出这个问题,该提案被提交议会外交事务委员会处理,该提案得到了议会大多数政党的普遍支持,反对党右翼斯洛文尼亚民主党除外。在一些沟通不成功之后,提出了两个其他决议提案,一个是布拉图舍克联盟(Zavezništvo Alenke Bratušek)的提案,另一个来自现政府执政党现代中心党(SMC)。现代中心党的提案没有设定承认的时间表,外交部部长卡尔·埃里亚韦茨(Karl Erjavec)提出,政府认为,对巴勒斯坦的承认只有在"情况经过彻底审查"之后才会发生。辩论还集中在程序上,即政府主张政府参与程序,而不是最初曾反对的,即议会可以独立通过决定。令人惊喜的是,终于开始进行表决。尽管普遍支持承认巴勒斯坦国的决定,但对该倡议投赞成票的只有两票。然后考虑现代中心党的替代方案,建议议会首先将该问题交给政府,然后仅根据政府的决议,议会就可以做出决定,而政府则根据议会的决定再采取行动。议会外交委员会的另一个重要结论是,必须采取一切必要的行动来促进欧盟共同承认巴勒斯坦的立场。除了第二个结论之外,还作出了一项决定,支持任何国际组织及其机构未来对巴勒斯坦成员国地位的认定(无疑是对2012年大会投弃权票的回应)。

3. 2018年1月对巴勒斯坦问题协商的建议

自2014年投票失败以来,现代中心党领导的政府立场是斯洛文尼亚将以欧盟普遍的共识协调其对巴勒斯坦的政策,并不会自行行事。在过去的两个月里出现了一个与这个政府官方立场相悖的新立场。在巴勒斯坦国总统马哈茂德·阿巴斯与欧盟外交和安全政策高级代表费代丽卡·莫盖里尼非正式会晤之后,斯洛文尼亚外长卡尔·埃里亚韦茨于2018年1月22日表示,斯洛文尼亚政府希望近期能促使议员通过对巴勒斯坦国家的承认。欧盟外交和安全政策高级代表费代丽卡·莫盖里尼提出欧盟委员会支持以色列和巴勒斯坦通过和谈解决耶路撒冷的地位问题,反对非法定居点活动以及呼吁冲突双方与国际社会进行谈判。

会议结束后,斯外长卡尔·埃里亚韦茨主动将提案再次提交斯议会外交委员会。这个建议不是2014年由联合左派党议员提出的建议,而是政府提出的。埃里亚韦茨声称,该提案已经形成,并与议会主席米兰·布尔格勒兹(Milan Brglez,他本人是现代中心党成员)协调,但是布尔格勒兹比现代中心党主席和总理米罗·采拉尔(Miro Cerar)更强有力地支持承认巴勒斯坦国地位。

对这一举措的反应来自不同的方面。在政府方面,提案中的立场,特别是立即承认巴勒斯坦的立场仍不明朗,同时也有人猜测目前的政府,特别是现代中心党成员可能会试图通过推迟这个问题来避免在6月的选举之前做出决定。但是,除了右翼新斯洛文尼亚基督教人民党(NSi)和斯洛文尼亚民主党(SDS)之外,政府和反对党都对该提案给予很大的支持。关于来自国外的问题有不同看法。最引起共鸣的是美国48个知名犹太组织的一封信,他们呼吁采拉尔总理不要做出这个决定。这封信在很大程度上被媒体看作是如果斯洛文尼亚作出承认的决定将会产生非正式经济和政治后果的警告。另外,斯洛文尼亚外长卡尔·埃里亚韦茨提到了一群以色列知识分子表示的支持,支持斯洛文尼亚承认巴勒斯坦,并且与瑞典外交部部长磋商,瑞典在决定承认巴勒斯坦之后犹太人没有对瑞典采取特别的行为。在一个更大的外交框架内,这一决定可能将斯洛文尼亚置于新兴的权力关系之中,特别是可能会改变与美国的关系,而美国是坚定支持以色列对巴勒斯坦政策的国家。

（八）匈牙利

2018年，匈牙利外交政策的重点将放在与欧盟机构及其他欧盟国家的关系上，这不仅因为2018年围绕《罗马条约》生效60周年举办的活动是欧盟重要的政治活动议程，另外还有两个重要的外交政策重点，一方面，在关于新的多年度财政框架的谈判必须在2018年年底结束；另一方面，2018年法德将联合加强对欧盟进行根本性改革（如欧元区、电子预算、军事合作）。

匈牙利外交政策的主要目标是制定谈判立场，以确保2020—2026年的欧盟转移资金的谈判顺利进行，并将匈牙利国家利益置于全面的改革谈判中。

然而，似乎很清楚的是，2020—2026年为匈牙利划拨的欧盟转移资金总额将大幅减少。匈牙利政府已经试图通过将中欧国家视为中期欧盟预算的净捐助国一事进行沟通。这一沟通的结果是，匈牙利外交政策更有可能利用快速经济增长数据作为2018年和未来几年谈判的论据，将这些数字解释为经济力量向中东欧转移的明显迹象，因为匈牙利总理试图描绘中欧国家非常有利的情况："到2030年，欧盟将主要由德国和维谢格拉德集团国家提供资金。"

尽管近年来增长迅速，但在2017年前三个季度，匈牙利、捷克、波兰和罗马尼亚的GDP仅占欧盟GDP的6.1%。很容易看出，维谢格拉德集团国家的人均GDP低于欧盟平均水平75%这个标准，这对欧盟支持的力度至关重要。笔者的结论是，中欧一些趋同地区的经济快速发展不仅会改变欧盟资金的支持水平（趋同地区是人均GDP较低的区域，根据2015年的数据，7个匈牙利地区中只有2个地区高于这个标准，即人均国内生产总值超过欧盟平均水平的75%）。

但这种情况使得西欧国家为中欧国家经济发展计划提供资金的意愿下降。因此，匈牙利的外交政策将尽一切努力减少可预见的"损失"。由于匈牙利有兴趣在未来接受大量的欧盟资金，因此，匈牙利外交政策可能会使用中国牌，匈牙利总理简单地说："如果欧盟不能提供财政支持，我们会转向中国。"

匈欧关系中还有其他的断层线。欧盟委员会在以下关键领域启动了侵权诉讼程序：欧盟移民配额、非政府组织的外资透明度和高等教育的透明度。2018年匈牙利外交政策必须跟踪所有这些事件，匈牙利政府需要非常谨慎地对待。除了已经存在的侵权事件外，正如笔者在先前的分析中指出的那样，匈牙利准备为波兰的事件进行抗争，2017年启动《里斯本条约》第七条引发了这起事件。

匈牙利的外交政策完全由国内政治决定，而这一决心将在2018年第一季度更加坚定的原因是国会选举，匈牙利的外交政策将有力支持执政党的国内政治运动。因此，匈牙利早先制定的密集的政治议程在今后几个月不会改变，匈牙利的移民政策尤其不会改变。正如在前面的分析中指出的那样，匈牙利的移民政策得到了大多数选民的认可，这个问题将在2018年再次提上日程，在移民问题上，匈牙利的外交政策不太可能与欧洲的决策者妥协。

另外一个方面是，德国似乎重新考虑并重新调整了强制性的配额制，德国的考虑是它的关于难民的想法如何在欧盟各国得到认可。在这种情况下，匈牙利的外交政策会更容易在其他辩论的问题上表达他们的观点并与德国人达成妥协。

德国大选后的政治僵局似乎被大联盟的缓慢形成所打破，然而，尽管与德国基民盟的合作也不容易，但与德国社会民主党（SPD）的合作似乎是对现在的匈牙利政府更复杂的挑战。对于法德关系来说，已经有了直接的新动力，两大欧洲国家的密切合作使得欧元区相对快速的改革成为可能。强大的欧元区对匈牙利的外交政策也是一个挑战，因为共同货币的稳定性对匈牙利的吸引力很强。保持本国货币的合理的经济论据很容易找到，但将该论据"卖"给普通的匈牙利人是比较困难的，在这种情况下，必须找到有效的沟通和外交政策依据。

在奥地利选举之后，匈牙利外交政策的决策者可能希望与奥地利的关系更加宽松，因为过去几年两国的政治关系紧张，两国对于大规模移民采取了不同的方式。然而，奥地利联邦可持续发展、农业和旅游部（BMNT）计划到设在卢森堡的欧洲法院起诉欧盟委员会允许匈牙利扩大帕克斯核电站一事。匈牙利外交部部长强调，奥地利的这一做法显然不会影响帕克斯核电站的实际建设，但这件事将对与奥地利新总理塞巴斯蒂安·库尔茨（Sebastian Kurz）的合作蒙上阴影。

维谢格拉德集团的走势在2018年匈牙利外交政策中将是一个非常关键的因素，因为在表达匈牙利和中欧对欧盟进一步一体化的步骤表示担忧的时候，维谢格拉德集团的共同态度非常重要。在维谢格拉德的合作中，匈牙利在2017年7月1日至2018年6月30日担任维谢格拉德集团轮值主席，因此，匈牙利最有可能利用维谢格拉德集团在2018年表达其意见。

因为竞选的原因，至少在2018年上半年，与俄罗斯的关系很可能会暂时搁置一段时间。如果执政党能够在2018年4月以后再次组建新政府，那么，没有理由不推动与俄罗斯的进一步经济合作，特别是在能源安全领域。匈牙利外交部部长在解释匈牙利极为珍视与俄罗斯关系的问题时说："从这里，从海洋的另一端向我们提出指控是很容易的，但你必须明白，如果有一个拥有 1000 万人口的国家，距离俄罗斯几百公里，因为缺乏其他任何基础设施而国内 85% 的天然气需要从俄罗斯购买，因此，您需要与他们进行对话。这是一个对话的时期。仅此而已，一个对话。"因此，这将表明，在对待俄罗斯的立场上，2018 年匈牙利将不会发生重大变化。

根据笔者的理解，2018 年匈中关系可能会采用与俄罗斯同样的方式，然而，谨慎是不太需要的，因为，正如笔者分析中所表明的那样，匈牙利舆论和反对党对于与中国关系的敏感度比与俄罗斯关系的敏感度要低得多。同时，必须强调的是，中国牌可能会用于 2020 年欧盟转移的谈判，这似乎是一个危险的外交政策战略，因为它可能导致匈牙利外交政策的可信度在中国遭到损失。

匈牙利与美国之间的关系也应该遵循同样的平衡战略，因为匈牙利的外交政策仍然试图加强与特朗普政府的关系，但是，正如前面指出的那样，美国对其外交政策设置了很强的价值堡垒，匈牙利的外交政策显然不能在这些堡垒中实行。尽管如此，匈牙利外长希望改善关系，并补充说，随着负责东欧地区的米切尔先生的当选，可能会进入一个新的时期。

总而言之，匈牙利的外交政策很可能比 2018 年更注重欧盟而不是欧盟以外的对外关系。其主要原因是德国和法国具有共同开展大规模欧盟改革的强烈意愿。主要手段是欧元区改革，同时就欧盟新的多年度金融框架进行谈判。欧盟预算可能会迫使"反叛"的中欧国家跟随。匈牙利外交政策将在 2018 年试图回答的问题是，在欧盟之外是否可以找到用于匈牙利国内进一步经济改革和基础设施项目的额外资金。